Damaris Kofmehl

Flieh, Valdir, flieh!

Damaris Kofmehl

Flieh, Valdir, flieh!

Er war
Straßenkind in São Paulo.
Er wurde
Bandenchef und Dieb.
Er ist
Streetworker für die Ärmsten.

Brunnen Verlag · Basel und Gießen

ABCteam-Bücher erscheinen in folgenden Verlagen:

Aussaat Verlag Neukirchen-Vluyn
R. Brockhaus Verlag Wuppertal
Brunnen Verlag Basel und Gießen
Christliches Verlagshaus Stuttgart
Oncken Verlag Wuppertal und Kassel

Bibliografische Information Der Deutschen Bibliothek
Die Deutsche Bibliothek verzeichnet diese Publikation in der
Deutschen Nationalbibliografie; detaillierte bibliografische
Daten sind im Internet über http://dnb.ddb.de abrufbar.

4. Auflage 2005
© 1999 by Brunnen Verlag Basel

Umschlag: Stephan Jungck, Wollerau
Fotos Umschlag und Innenteil: Damaris Kofmehl
Satz: Uhl + Massopust, Aalen
Druck: Ebner & Spiegel, Ulm
Printed in Germany

ISBN 3-7655-3642-3

Inhaltsverzeichnis

Vorwort

Liebe Leserin, lieber Leser,

als ich im Juni 1996 nach São Paulo reiste, um ein Buch über Straßenkinder zu schreiben, lernte ich ein Projekt kennen, das die Heilsarmee genau in jenem Monat eröffnet hatte, um Straßenjungen über Nacht zu beherbergen. Drei der allerersten Jungen, die ihren Fuß ins Projekt setzten, waren Obiracir, Paulo und Valdir.

Im Mai 1997 kehrte ich nach São Paulo zurück, um für längere Zeit in dem Straßenkinderprojekt mitzuarbeiten. Da erfuhr ich, daß sowohl Obiracir als auch Paulo nicht mehr am Leben waren. Obiracir war von Drogenhändlern erdrosselt, Paulo von der Polizei erschossen worden. Valdir hingegen arbeitete als Betreuer im Projekt mit und brannte nur so vor Liebe für die Straßenkinder. Wenn er ihnen aus seinem Leben erzählte, saßen die wildesten Jungs mucksmäuschenstill auf ihren Stühlen und klebten ihm förmlich an seinen Lippen.

Seine Geschichte ist so schockierend, so ergreifend und gleichzeitig so fantastisch, daß ich mich immer mehr dazu gedrängt fühlte, ein Buch daraus zu machen. Und so habe ich es getan.

Möge dieses Buch zum Segen werden für alle, die es lesen!

Damaris Kofmehl
São Paulo, im Sommer 1999

Im Angesicht des Todes

«Specht?» Die Stimme des Jungen klang heiser und verzweifelt. «Specht!» Er ließ seinen Blick über die Praça da Sé schweifen. In der Dunkelheit nahm er die Umrisse mehrerer Straßenkinder wahr, die sich auf dem Boden lagerten. Dicht aneinandergedrängt, auf auseinandergefalteten Pappkartons und grauen Wolldecken, saßen und lagen sie da, kicherten, rauchten Haschisch, schnüffelten Leim aus Plastiktüten und glotzten den mageren Jungen fragend an. Er mochte um die vierzehn Jahre alt sein, trug abgetragene Jeans und ein ausgeleiertes T-Shirt. Sein filziges Haar glich einer unwirklichen Perücke. Der Junge keuchte.

«Hat jemand von euch Specht gesehen?»

«Specht? Kenn ich nicht», antwortete ein dunkelhäutiges Mädchen, während es an seinen Fingernägeln herumkaute. «Wer soll denn das sein?»

«Ist das nicht der große Schwarze, der die Gegend hier unsicher macht?» fragte der Junge an ihrer Seite. «Der bekannt dafür ist, die Leute so rasch zu überfallen, daß sie nicht mal Zeit haben, sich sein Gesicht einzuprägen?»

«Genau der», bestätigte der magere Junge atemlos. «Hast du ihn gesehen?»

«Leute, hat jemand hier den schnellsten Dieb São Paulos gesehen?»

«Er war leider zu schnell, um gesehen zu werden!» Ein Grinsen ging durch die Runde.

«Was willst du von ihm?» fragte einer. «Gehörst du etwa zu seiner berüchtigten Bande?»

«Was geht das dich an?» entgegnete der Junge nervös. «Hast du ihn gesehen?»

«Soll ein gefährlicher Bursche sein, hab ich gehört. Mit dem würde ich mich nicht anlegen.»

Der Junge merkte, daß es keinen Zweck hatte, die Gruppe weiter zu befragen, und ging davon. Er steuerte auf die breite Treppe der Kathedrale zu und überflog mit den Augen die wenigen Gestalten, die zu dieser fortgeschrittenen Stunde hier herumlungerten, betrunkene Männer, Straßenkinder, Drogenhändler – das übliche Bild.

«Wir müssen ihn finden», murmelte der Junge, «wir *müssen* ihn finden!» Er beschleunigte seinen Schritt und ging zur Metrostation Sé, die um diese Zeit wie ausgestorben dalag, obwohl es hier tagsüber nur so von Menschen wimmelte. Ein Bursche mit Baseballmütze, kurzer Hose und einer halb gerauchten Zigarette, die an seinen Lippen klebte, kam von der anderen Seite auf ihn zu. Ihre Blicke kreuzten sich, und gleichzeitig zuckten beide die Achseln.

«Nichts. Und du?»

«Keine Spur. Und im Hotel?»

«Ratte ist noch nicht zurückgekommen.»

«Mann, ich hoffe, wir sind nicht zu spät.»

Sie traten ungeduldig von einem Bein aufs andere. Es war eine jener schwülen Sommernächte Ende Januar, in welcher man vor Hitze kaum schlafen konnte.

«Tiago! Narbe! Psst!» Die beiden Jungen wandten sich um und entdeckten Ratte auf der gegenüberliegenden Straßenseite. Er winkte sie mit einer flüchtigen Handbewegung zu sich hinüber. Er war groß und kräftig, und sein Gesicht war so schwarz wie die Nacht. Sein rechtes Ohr war seltsam zerfleddert, denn vor zehn Jahren hatten Ratten es angeknabbert, als er sich nachts in einem Tunnel schlafen gelegt hatte. Tiago und Narbe überquerten die Straße und gesellten sich zu ihm.

«Und?»

Ratte schüttelte den Kopf. «Ich schätze, er hat sich mit Marcia in irgendein Loch verkrochen.»

«Und was machen wir jetzt?»

«Gute Frage.»

Ratlos sahen sich die drei Burschen an. Narbe kniff die Augen zusammen und sog nervös an seiner Zigarette. In Wirklichkeit hieß er José, wurde jedoch von allen nur bei seinem Spitznamen genannt wegen einer breiten, häßlichen Narbe in seinem Gesicht, die sich der Siebzehnjährige bei einem Streit zugezogen hatte.

«Bist du absolut sicher, den Namen richtig verstanden zu haben?» hakte er nach.

«Ich schwöre bei meiner toten Großmutter!» bestätigte Tiago. «Sie sagten, Specht hätte ausgespielt. Sie sagten, er und seine Musketiere wären längst überfällig. Sie sagten, 1000 Volt würde das noch heute regeln.»

«Wie lange ist es her, daß du die Typen belauscht hast?»

«Vielleicht zwei Stunden.»

«Verd…» Narbe stieß ein paar Fluchwörter aus und kickte mit dem rechten Fuß eine am Boden liegende Büchse davon, als wäre sie verantwortlich für diese Situation. «Mit 1000 Volt ist nicht zu spaßen! Wir müssen uns vorbereiten, Jungs!» Er griff nach seinem Revolver, den er unter seinem T-Shirt versteckt hatte, um anzudeuten, was er unter «vorbereiten» verstand. Dann ließ er die Waffe wieder verschwinden.

«Wir müssen Specht warnen», sagte Ratte aufgeregt, «wir müssen die beiden finden.»

«Fragt sich bloß wo!» murmelte Tiago. In Gedanken vergegenwärtigten sie sich alle Orte, die sie bereits nach ihm abgesucht hatten, durchstreiften alle Gassen und Winkel, wo sich Specht mit Vorliebe aufzuhalten pflegte.

«Hat jemand von euch im ‹Drachen› nachgefragt?» wollte Narbe wissen. Tiago und Ratte verneinten. Diese Bar hatten sie in der Tat vergessen. Ein neuer Hoffnungsschimmer flammte in ihren Gesichtern auf.

«O.k., Jungs. Ich werde nachsehen», entschied Narbe rasch, «wir treffen uns im Hotel.»

«Ist es nicht besser, wir bleiben zusammen?» zweifelte Tiago.

«In zehn Minuten hab ich euch eingeholt», entgegnete Narbe nur.

«Und wenn er nicht dort ist?»

«Mein Gott, dann soll er selbst zusehen, wie er seinen Kopf aus der Schlinge zieht! Mein Leben werde ich jedenfalls nicht für ihn riskieren. Alles hat seine Grenzen.» Narbe warf die Zigarette fort und zertrat sie mit dem Absatz seiner Turnschuhe. «Wir treffen uns im Hotel. Seid auf der Hut, Leute!»

Sie trennten sich. Narbe machte sich auf den Weg zur Drachenbar, einer düsteren Kneipe in einem genauso düsteren Stadtviertel São Paulos. Hier sammelte sich nachts allerlei Gesindel an, Prostituierte, Zuhälter, Drogenhändler und jede Sorte von Banditen. Wer seines Lebens sicher sein wollte, machte in der Dunkelheit einen großen Bogen um dieses berüchtigte Viertel, denn wer hier zur falschen Zeit am falschen Ort auftauchte, konnte nur allzuleicht Opfer einer verirrten Kugel werden. Doch diese Tatsache beunruhigte Narbe nicht im geringsten, als er zielstrebig auf die Drachenbar zusteuerte. Er kannte sich hier aus. Dröhnende Musik drang aus dem Innern der Kneipe, vermischt mit Männerstimmen. Narbe begrüßte einige Bekannte, wandte sich dann dem Barkeeper zu und kam gleich zur Sache.

«Hast du zufällig Specht gesehen?»

Der Barkeeper rieb ein Bierglas sauber und schüttelte den Kopf. Narbe preßte die Lippen aufeinander und schaute über die vielen Gesichter in der spärlich beleuchteten Bar hinweg, in der Hoffnung, Specht auszumachen. Mit seinen Fingern trommelte er unruhig auf der Theke herum.

«Dann ist es also wahr», stellte der Barkeeper unversehens fest.

«Was ist wahr?»

«Daß 1000 Volt zurückgekehrt ist.»

Unwillkürlich zuckte Narbe zusammen. «Woher weißt du das?»

«Man hört so allerhand.»

«Was weißt du noch?»

«Man sagt, er hätte auf seiner Flucht einen Polizisten umgelegt. Das war vor einer Woche.»

«Und weiter?»

«Man sagt, er hätte ein paar der gefährlichsten Typen um sich geschart und sei entschlossen, sein Gebiet zurückzuerobern, koste es, was es wolle.»

Narbe schlug die Faust auf die Theke und fluchte leise vor sich hin. Was er hörte, gefiel ihm nicht.

«Es scheint sich was zusammenzubrauen, oder?»

«Das kannst du laut sagen», knirschte Narbe. «Wenn Specht hier vorbeikommt, sag ihm, er soll sich in acht nehmen.» Er wollte sich bereits abwenden, als ihm jemand von hinten auf die Schulter klopfte. Er wandte sich um und war einen Moment lang sprachlos, als er sich dem Gesuchten so unverhofft gegenübersah.

«Specht!» murmelte er mit sichtlicher Erleichterung. «Wir haben dich überall gesucht! Wo hast du gesteckt, Mann?!»

«Wir haben uns ein wenig amüsiert», antwortete Marcia an seiner Stelle und schmiegte ihren eleganten Körper an ihn. Specht legte seinen Arm um ihre Schulter und küßte sie auf die Stirn. Sein ganzes Auftreten und seine ganze Erscheinung zeugten ohne Worte von der Macht und Position, die er innehatte. Er war groß und schlank, hatte seinen Kopf kahlrasiert, trug braune Lackschuhe, schwarze Jeans und ein blaues, sauberes Hemd. Er hatte kastanienbraune Haut, große, schwarze Augen und einen Blick, der Autorität, Überlegenheit und Entschlußkraft ausstrahlte.

Er grinste Narbe belustigt an. «Und, wie läuft das Geschäft, Narbe? Habt ihr einige Scheine gemacht?»

«Mann, du amüsierst dich hier, und dabei ist da draußen der Teufel los», sagte Narbe.

«Ist euch die Polizei auf den Fersen?»

«Ich rede nicht davon», versuchte Narbe zu erklären. «Alle scheinen es bereits zu wissen, nur du nicht.»

«Was?»

«1000 Volt ist hinter uns her.»

«1000 Volt?»

«Genauer gesagt, er ist hinter *dir* her.»

«Ich dachte, er sei in der *febem*.» Damit meinte er das berüchtigte staatliche Jugendgefängnis.

«Ist abgehauen. Und ich brauch dir wohl nicht zu sagen, was das für dich, für uns alle bedeutet.»

Specht löste seinen Arm von Marcias Schulter und biß sich auf die Lippen. Das unbesorgte Grinsen auf seinem Gesicht war verschwunden. Er gab Narbe mit einer kaum merklichen Kopfbewegung zu verstehen, ihm nach draußen zu folgen. Er spitzte seinen Mund, wie immer, wenn etwas nicht so verlief, wie er sich das vorgestellt hatte, und starrte die Mauer auf der gegenüberliegenden Straßenseite an.

«Wissen es die andern schon?»

«Wir haben die ganze Stadt nach dir abgesucht, um dich zu warnen!»

«Wo sind sie jetzt?»

«Ich hab sie zum Hotel geschickt.»

«Gut. Sag ihnen, ich würde gleich nachkommen.»

«Aber…»

«Mach dir keine Sorgen, Narbe. Ich werde mir etwas einfallen lassen. Sobald ich entschieden habe, was zu tun ist, werde ich euch aufsuchen. Gib mir bloß ein paar Minuten Zeit, meine Gedanken zu ordnen, o.k.?»

«O.k.» Narbe entfernte sich raschen Schrittes, während Specht noch immer etwas konsterniert auf die gegenüberliegende Wand starrte und versuchte, die plötzliche Nachricht zu verdauen. 1000 Volt war hinter ihm her. Das bedeutete Ärger, großen Ärger. Nur wenige Monate waren vergangen, seit sie sich zum ersten und zum letzten Mal in die Haare geraten waren. Damals war Specht noch ein Einzelgänger gewesen, ohne Namen in der Unterwelt. Damals hatten sie ihn noch abschätzig «Neginho» genannt, «kleiner Schwarzer», und gedacht, er gehörte zu der Sorte von Typen, denen man beliebig auf der Nase herumtanzen kann. Doch diese Zeiten waren längst Vergangenheit. In der Zwischenzeit hatte er allen bewiesen, wozu er fähig war. Er hatte sich Ansehen verschafft, und aus dem «Neginho» war der «Negão», der «große Schwarze» geworden, bekannter unter dem Namen «Specht» wegen seiner raschen Überfälle, die er mit seiner Bande durchzuführen pflegte.

Marcia faßte seine Hand und legte sie sich auf die Wange. Sie sah ihren Freund beunruhigt an.

«Wer ist ‹1000 Volt›?»

«Niemand», antwortete Specht abwesend. «Zerbrich dir nicht den Kopf darüber. Es lohnt sich nicht.»

«Ich will es aber wissen!» beharrte das Mädchen auf seiner Frage. «Wer ist er? Woher kennst du ihn?»

«Vergiß es.»

«Du hast mir versprochen, nichts aus deinem Leben zu verheimlichen. Ich habe ein Recht darauf, zu wissen…»

«Er ist mein Feind, und ich habe ehrlich gesagt keine Lust, ihm zu begegnen, genügt dir das?» Er zog seine Hand energisch zurück und sah Marcia mit einem unmißverständlichen Blick an, was soviel bedeutete wie: keine weiteren Fragen.

«Du fürchtest dich vor ihm, was?» bohrte sie weiter.

«Laß mich in Frieden!» entgegnete er gereizt und begann die Straße entlangzugehen. Marcia folgte ihm und heftete sich an sein Hemd.

«Warum nennen sie ihn ‹1000 Volt›?»

«Hör endlich auf damit, ja? Ich muß nachdenken!»

«Mann, bist du heute schlecht drauf!» brummte das Mädchen. Für einen Augenblick sprachen sie nicht mehr miteinander. Und dann kamen sie an jene Kreuzung, wo das

Unerwartete geschah; ob es Zufall war oder ob sie ihn schon eine Weile beobachtet hatten, war schwer zu beurteilen. Sie tauchten aus dem Nichts auf und waren plötzlich da, einer auf jeder Seite, und preßten ihn und seine Freundin mit vorgehaltenen Revolvern gegen die Mauer. Es ging alles so schnell, daß Specht nicht einmal Zeit hatte, seine eigene Waffe zu ziehen.Und ehe er etwas dagegen unternehmen konnte, hatten sie ihm seine Waffe bereits entwendet und ihrem Anführer überreicht.

Marcia unterdrückte einen Schrei. Specht stockte der Atem. Eine leise Ahnung stieg in ihm auf, und sein Verdacht bestätigte sich wenige Sekunden darauf, als er in das ihm wohlbekannte häßliche Gesicht seines Feindes blickte. Trotz der Dunkelheit spürte Specht den Haß, der in den Augen des anderen flackerte, wie ein Feuer, das direkt aus der Hölle gespeist wird.

«So sieht man sich wieder», sagte 1000 Volt. «Damit hast du wohl nicht gerechnet, was, Neginho?» Er spuckte vor ihm auf den Boden. «Hab gehört, hast dir einen neuen Namen zugelegt. Specht, der Superschnelle.»

Ein mitleidiges Lächeln umspielte seine Lippen. «Diesmal war ich ein wenig schneller als du, wie in guten, alten Zeiten.»

«Was willst du von mir?»

«Kannst du dir das nicht denken?» 1000 Volt trat näher an ihn heran und grinste ihm ins Gesicht. «Die Sache ist ganz einfach: Gib mir zurück, was du mir genommen hast!»

«Ich hab dir nichts genommen!»

«Ach nein? Und was ist mit all den Straßen und Plätzen, die du mit deiner Truppe dominierst? Gehörte alles *mir*, bevor du es dir unter den Nagel gerissen hast.»

«Na und? Die Zeiten ändern sich. Ist nicht meine Schuld, daß sie dich in die *febem* gesteckt haben. Such dir ein anderes Gebiet.»

«Du scheinst nicht zu kapieren, Neginho. Ich bin nicht

scharf auf ein anderes Gebiet. Ich will *mein* Gebiet! Oder um es genauer auszudrücken: Ich will mein Gebiet für *mich allein*! Und deshalb rate ich dir dringend, 'ne Fliege zu machen und noch heute nacht aus meinem Gebiet zu verschwinden, wenn du verstehst, was ich meine.»

Er nahm Spechts Revolver und zielte damit auf dessen Stirn. Specht schien trotz der Schwüle dieser Nacht das Blut in den Adern zu gefrieren. «Ich könnte dich natürlich auch gleich erledigen, obendrein mit deiner eigenen Waffe. Würde aussehen wie Selbstmord. Originelle Idee, findest du nicht?» Er grinste selbstzufrieden und kostete seine Macht in vollen Zügen aus. Er genoß es sichtlich, seine Opfer mit seinem makabren Humor zu quälen und die nackte Angst in ihren Gesichtern geschrieben zu sehen. Und wahrscheinlich hätte er sein grausames Spielchen noch einige Minuten in die Länge gezogen, wäre nicht exakt in diesem Moment ein Polizeiwagen in die Straße eingebogen. In Sekundenschnelle ließen 1000 Volt und seine zwei Helfer ihre Waffen unter den T-Shirts verschwinden.

«Diese Nacht wirst du nicht überleben, Neginho!» war das letzte, was 1000 Volt Specht ins Ohr flüsterte, bevor er sich mit seinen beiden Helfern möglichst unauffällig aus dem Staub machte. Specht faßte Marcias Hand und zog sie zu sich hin. Ihre Hand zitterte. Das Polizeiauto rollte im Schritttempo an ihnen vorbei, die beiden Polizisten blickten kritisch zu ihnen hin und waren sich offensichtlich im unklaren darüber, was sich hier soeben abgespielt hatte.

«Laß dir nichts anmerken!» hauchte Specht, legte seine Arme um Marcias Schulter und begann sie lange und intensiv zu küssen. Ihre Herzen pochten wild, Schweiß rann von ihren Stirnen, doch sie gaben sich alle Mühe, wie ein ganz gewöhnliches Liebespärchen zu wirken. Es schien eine Ewigkeit zu dauern, bis der Polizeiwagen endlich weiterfuhr. Specht verfolgte ihn mit den Augen, bis er in die nächste Seitenstraße einbog. Dann überzeugte er sich davon, daß 1000

Volt und seine Leute nicht mehr in der Nähe waren, gab Marcia ein Zeichen, und die beiden nutzten ihre Chance und begannen zu laufen. Sie rannten die Straße hinunter, überquerten einen Platz und blieben atemlos hinter einer Hausecke stehen, um etwas zu verschnaufen. Marcia warf sich zitternd an Spechts Brust und schlang ihre Arme um ihn. Der Schrecken saß ihr noch in allen Gliedern.

«Du mußt fliehen», sagte sie, «der meint es ernst! Der wird dich umbringen!»

Specht antwortete nicht. Er hörte nur die Stimme, die erneut in sein Ohr flüsterte: «Diese Nacht wirst du nicht überleben, Neginho!» Er war sich dessen bewußt, daß 1000 Volt keinen Spaß gemacht hatte. Er war sich auch darüber im klaren, daß 1000 Volt entschlossen war, sein Gebiet zurückzuerobern, koste es, was es wolle. Doch genauso entschlossen war Specht, dieselben Mittel anzuwenden, um sein Gebiet zu verteidigen. Und falls 1000 Volt vergessen haben sollte, mit wem er es zu tun hatte, so würde es ihm spätestens diese Nacht wieder einfallen. So einfach würde er sich nicht geschlagen geben und das Feld räumen, soviel stand fest.

«Was wirst du jetzt tun?» fragte Marcia besorgt. Specht spitzte den Mund.

«Ich werde ihm eine Lektion erteilen. Wenn er glaubt, mich eingeschüchtert zu haben, so täuscht er sich gewaltig. Ich werde mich bis an die Zähne bewaffnen und kämpfen.»

«Tu das nicht! Er wird dich umbringen!»

«Wer heute nacht wen umbringt, das wollen wir noch sehen», murmelte Specht mit einer Entschlossenheit, die seine Freundin erschreckte.

Sie gingen zum Hotel, wo Ratte, Tiago und Narbe sie bereits mit Ungeduld erwarteten. Auf dem Zimmer, das Specht für sich und seine Bande gemietet hatte, schilderte er seiner Gruppe, was geschehen war. Die Situation war kritischer, als alle gedacht hatten. Narbe zündete sich eine Zigarette an, um seine Nervosität zu überspielen.

«Ich hab dich gewarnt, Specht. Ich hab dir gesagt, wir dürfen nicht lasch werden. Ich hab dir gesagt: Halt Augen und Ohren offen, um mögliche Rivalen rechtzeitig auszuschalten. Hab ich das gesagt oder nicht?»

«Halt die Klappe!» schnauzte Specht. «Niemand von uns konnte wissen, daß 1000 Volt aus dem Gefängnis abhauen würde!»

«Das bedeutet also Krieg», brachte Tiago ihre Lage nüchtern auf den Punkt. Doch Specht schüttelte energisch den Kopf.

«Nein, das bedeutet, daß wir uns jetzt reichlich mit Munition und Waffen eindecken, in die Stadt ausschwärmen und 1000 Volt und seine Leute noch heute nacht erledigen. Und dann wollen wir sehen, wer es in Zukunft wagen sollte, sich mit uns anzulegen. Dies ist die Nacht der Entscheidung!»

Seine Worte klangen beinahe feierlich und hatten eine unglaubliche Überzeugungskraft. Er kniete sich auf den Boden und zog eine schwere Holzkiste unter dem Bett hervor, worin er, selbstverständlich gut verschlossen, verschiedenste Waffen mit den entsprechenden Patronen aufbewahrte. Wie oft er jede dieser Waffen bereits auf unschuldige Opfer gerichtet hatte, um ihnen ihr Geld abzuknöpfen, hätte er nicht sagen können. Er wußte nur, daß er sie diese Nacht zum ersten Mal verwenden würde, um jemanden zu töten. Der Gedanke daran war ihm unangenehm, doch er war entschlossen, seinen Plan durchzuführen. Diese Nacht würde es ein Blutbad geben, das war ihnen allen klar. Und es war besser, sich nicht den Kopf darüber zu zerbrechen, welche Konsequenzen dies mit sich bringen würde. Bei Aktionen wie dieser mußte man Gefühl und Verstand ausschalten, um den Erfolg zu garantieren.

Keine zehn Minuten später trennten sich die fünf Jugendlichen, und während sich Narbe, Ratte und Tiago in die eine Richtung begaben, schlugen Specht und Marcia die andere Richtung ein. Es war kurz nach Mitternacht. Ein warmer Wind wehte. Ziellos durchstreiften sie die Straßen jenes Stadtviertels, immer in der unerträglichen Spannung, sich plötzlich ihrem Feind gegenüberzusehen. Schließlich setzten sie sich auf die Treppe eines Hauseingangs und warteten; worauf, das wußten sie selbst nicht.

In Gedanken schweifte Specht zurück, weit zurück in die Vergangenheit, in seine Kindheit, sah sich als kleinen Jungen mit seinen Geschwistern spielen, sah seine Mutter, seinen Vater, hörte ihre Stimmen, hörte, wie sie seinen Namen riefen. Valdir. Es war lange her, seit ihn jemand bei seinem richtigen Namen genannt hatte. Vieles war geschehen in der Zwischenzeit, zu vieles, wie ihm schien. Niemals hätte er gedacht, eines Tages an den Punkt zu kommen, an welchem er jetzt angelangt war. Niemals hätte er gedacht, daß er am 12. März 1996 mit einem Revolver unter dem Hemd auf einer Treppe sitzen würde, um auf den Tod seines Feindes zu warten.

Erneut ertappte er sich dabei, wie seine Gedanken in die Vergangenheit wanderten. Sein ganzes Leben zog wie ein Film an ihm vorbei, und für einen Augenblick kam es ihm so vor, als würde er sich dadurch von sich selbst verabschieden. War es am Ende sein eigener Tod, auf den er wartete? Er weigerte sich, diese Möglichkeit in Betracht zu ziehen. Und dennoch schauderte es ihn bis ins Innerste, wenn er an den Satz zurückdachte, den ihm 1000 Volt ins Ohr geflüstert hatte und der sich in seinem Kopf festgegraben hatte:

«Diese Nacht wirst du nicht überleben, Neginho!»

Valdir

«Laß mich los! Ich werde die Polizei rufen!» Die laute
Stimme seiner Mutter riß den Sechsjährigen aus dem Schlaf.
Augenblicklich schoß Valdir in die Höhe. Seine vier Geschwister hatten sich bereits bei der Zimmertür versammelt
und starrten wie gelähmt in die Küche, unschlüssig, ob sie
eingreifen oder sich zurückhalten sollten. Es war ein Uhr in
der Frühe, und Valdir wußte bereits, was vorgefallen war:
seine Eltern waren sich wieder einmal in die Haare geraten.
Die Szene war so alltäglich, daß Valdir sich eigentlich längst
hätte daran gewöhnen müssen. Doch jeder Streit zwischen
Miriam und Romildo war für den Jungen eine neue Tragö-
die und erfüllte ihn mit Wut, Verzweiflung und Ohnmacht.
Er verstand nicht, woher seine Eltern immer wieder Gründe
nahmen, um sich das Leben gegenseitig zur Hölle zu
machen. Er wußte nur, daß sich sein Vater, wenn er betrunken war, in ein Tier verwandelte und Dinge tat, an die er sich
später nicht mehr erinnern konnte.

«Schrei mich nicht an!» hörte Valdir seinen Vater brüllen.
«Du hast k-kein Recht, mich anz-zuschreien!» Allein seine
Stimme verriet, daß er betrunken war, sehr betrunken. «Ich
habe Hunger! Hast du v-verstanden?»

Auch die Mutter schien ein Gläschen über den Durst getrunken zu haben. «Dir bis in alle N-Nacht die Birne voll-
laufen lassen, das kannst du, was?»

«Ich habe Hunger!!!» wiederholte der Vater und schlug
mit der Faust auf den Tisch.

«Dann koch dir doch s-selbst was zu essen! Au! Laß mich
los!»

Valdir zwängte sich zwischen seinen Geschwistern hindurch, um zu sehen, was los war. Sein Vater hatte seine Mutter an den Haaren gepackt und wirbelte sie in der Küche

herum, als wäre sie eine Puppe. Mit der andern Hand schlug er ihr fortwährend ins Gesicht. Bei jedem Schlag krampfte sich Valdirs Herz zusammen. Er konnte nicht mitansehen, wie sein Vater seine Mutter mißhandelte, und er verstand nicht, warum seine Geschwister nichts dagegen unternahmen. Er ballte seine kleinen schwarzen Fäuste, und getrieben von der kindlichen und wahnwitzigen Hoffnung, seine Mutter beschützen zu können, ging er auf seinen Vater los, heftete sich an sein linkes Bein und versuchte, ihn von ihr wegzuzerren.

«Laß sie los! Laß sie los!!!» schrie er ununterbrochen, bis sein Vater ihn mit dem rechten Fuß grob zu Boden stieß. Valdir raffte sich jedoch wieder auf und krallte sich an Vaters Hemd. Angeregt durch Valdirs Mut, löste sich nun auch Wagner, sein achtjähriger Bruder, von der Tür und packte Vaters Arm. Die beiden Jungen glichen zwei hungrigen Wölfen beim Angriff auf ihr Opfer, und obwohl sie ihrem Vater größen- und kräftemäßig weit unterlegen waren, setzten sie alles daran, ihn von ihrer Mutter loszureißen.

«Schert euch w-weg! Ihr Ratten!»

«Laß unsere Mutter los!» Diesmal war es die siebenjährige Valeria. Sie hatte zu weinen begonnen, und die beiden jüngsten Geschwister, Valdirene mit fünf und Valdemir mit vier Jahren, fielen in ihr Schluchzen ein.

Wagner grub seine Zähne in die Hand seines Vaters, worauf dieser vor Schmerzen aufschrie und die Mutter freigab, um sich der beiden Jungs zu entledigen. Wagner fiel rücklings zu Boden, Valdir schlug mit dem Kopf gegen die Tischkante.

«Ich werde die Polizei rufen!» wiederholte die Mutter, während sie zum Eingang stolperte. »Ich werde dich anzeigen!»

«Dann tu's doch!» rief der Vater und packte sie erneut am Arm. «Ruf die Polizei! R-ruf sie!»

Valdir faßte sich an seine rechte Schläfe und spürte Blut

an seinen Fingern. Doch die Sorge um seine Mutter ließ ihn seinen eigenen Schmerz vergessen. Er rannte hinter seinen Eltern her, die ihren Streit in der Zwischenzeit auf der Straße fortsetzten und die gesamte Nachbarschaft aufweckten. Mehrere verschlafene Gesichter erschienen an Fenstern und Türen, teils aus Ärger über die gestörte Nachtruhe, teils aus purer Neugier. Keinem wäre es jedoch eingefallen, sich in den Streit der beiden einzumischen, denn alle wußten, daß sie sich früher oder später von selbst beruhigen würden – wie jedesmal. Lediglich eine korpulente Schwarze schlüpfte rasch in ihre Plastikschlappen und watschelte zur offenen Tür des baufälligen Holzhüttchens, nahm die zwei Kleinsten, die nicht mehr zu schreien aufhören wollten, bei der Hand und brachte sie in ihrem eigenen bescheidenen Häuschen in Sicherheit. Valdir, Wagner und Valeria standen indessen etwas verloren auf der Straße, während sich ihre Eltern die schrecklichsten Fluchwörter an den Kopf warfen.

«Hört auf!» rief Valeria unter Tränen. «Hört endlich auf!» Doch es nützte alles nichts. Die beiden hatten sich bereits derart in ihre Wut hineingesteigert, daß es kein Zurück mehr gab. Romildo stieß Miriam von der Straße, gab ihr mehrere Ohrfeigen, und auf einmal versetzte er ihr einen so gewaltigen Schlag, daß sie das Gleichgewicht verlor und den steilen Abhang neben ihrer Hütte hinunterstürzte.

Die Kinder schrien entsetzt auf.

«Mama!!!»

«O mein Gott!» rief die Nachbarin, die Valdirene und Valdemir in ihrer Hütte in Sicherheit gebracht hatte. Alle rannten gleichzeitig zur Unfallstelle. Miriam lag gute sieben Meter weiter unten, zwischen Grünpflanzen und Bauschutt, und versuchte sich aufzurichten. Sie hielt sich wimmernd den rechten Arm fest.

«Miriam?! Bist du verletzt?» fragte die Nachbarin besorgt. In der Zwischenzeit eilten auch andere Nachbarn herbei, und ein großer, magerer Mann um die dreißig rutschte spon-

tan den unebenen Erdhügel hinunter, um Miriam hochzu-
helfen.

«Eine Schande!» kommentierte jemand empört und
schielte zu Romildo hinüber, der noch immer mit schwerer
Zunge vor sich hin fluchte und sich anscheinend nicht darüber im klaren war, was er angerichtet hatte.

Valdir zwängte sich zwischen den Beinen der Leute hindurch und ließ seinen Blick suchend den Abhang hinunter-
gleiten. Der Mann, der seiner Mutter zur Hilfe geeilt war,
legte seinen Arm um ihre Hüfte und kletterte mit ihr vorsichtig auf die Straße zurück. Sie hielt sich mit der linken
Hand den rechten Arm fest, und im schwachen Licht der
Straßenlaterne sah Valdir, daß der Arm seltsam verrenkt war.

«Mama!» stieß der Junge entgeistert hervor und klammerte sich an sie wie ein Schiffbrüchiger an einen Rettungsring. Wagner und Valeria taten es ihm gleich. Die Mutter strich ihnen mit der linken Hand zitternd über die Köpfe.

«Das wird er büßen, Mama!» sagte Wagner mutig und mit
Tränen in den Augen. «Ich werde es ihm heimzahlen, das
versprech ich dir!»

«Laß uns von hier fortgehen, Mama!» schluchzte Valeria.

Der Mann, der so spontan seine Hilfe angeboten hatte,
ließ Miriam inmitten der vielen Schaulustigen stehen und
ging auf Romildo zu, außer sich vor Erregung über das, was
dieser Mann seiner Frau angetan hatte.

«Hast du gesehen? Hast du gesehen?! Sie hat sich deinetwegen den Arm gebrochen! Hast du das gesehen?!!» Er
drehte mit der Faust Romildos Hemdkragen herum und sah
ihm wutentbrannt ins Gesicht. «Wenn du noch *einmal*, ein
einziges Mal deine Frau schlägst, werde ich dich eigenhändig umbringen! Hast du verstanden?!» Er ließ ihn los, und
Romildo torkelte zu seiner Hütte und schlug ohne ein weiteres Wort die Tür hinter sich zu.

Valdir kannte den Mann, der sich so für seine Mutter ein-
gesetzt hatte. Er wohnte keine drei Häuser weiter die Straße

hinunter und hieß Max. Er mochte Miriam und hatte sich ihretwegen schon häufig mit Romildo herumgestritten. «Warum trennst du dich nicht endlich von deinem Mann?» fragte er sie oft, wenn Romildo sie wieder einmal geschlagen hatte. «Das ist doch kein Leben. Zieh zu mir mit deinen Kindern. Ich hab zwar nicht viel Platz, aber sobald ich mehr Geld habe, werde ich anbauen. Überleg's dir, Miriam. Denk an dich, denk an deine Kinder!» Max war bei weitem nicht der einzige Mann, der sich für Miriam interessierte und sie ständig zu überreden versuchte, sich von Romildo scheiden zu lassen. Miriam war eine äußerst attraktive Frau, mittelgroß, schlank, mit goldbrauner Haut und schwarzem, hüftlangem Haar, und es war der gesamten Nachbarschaft unerklärlich, warum sich eine so hübsche Frau wie sie nicht längst einen anderen Mann gesucht hatte. Statt dessen ließ sie sich von Romildo demütigen, unterdrücken und mißhandeln. Ihre innere und äußere Schönheit nahm täglich ab, verblühte wie eine Rose im Sommerwind, rasch und unaufhaltsam, bis eines Tages nichts mehr davon übrigbleiben würde.

«Wann nimmst du endlich Vernunft an, Miriam?» sagten die Nachbarsfrauen. «Siehst du denn nicht, daß dich dieser Mann zugrunde richtet? Was hält dich davon ab, ihn zu verlassen?»

«Ich habe fünf Kinder großzuziehen», entgegnete Miriam jedesmal.

Diese Nacht schliefen Valdir und seine vier Geschwister bei Fabiana, der schwarzen Nachbarin, die zwar selbst kaum Platz für ihre eigene Familie hatte, jedoch immer bereit war, die Nachbarskinder in kritischen Situationen bei sich aufzunehmen. Und die Situation war leider nur allzu häufig kritisch. Manchmal war Romildo so betrunken, daß sie ihn von der Bar nach Hause tragen mußten. Sobald Miriam sah, in welchem Zustand man ihren Mann heranschleppte, packte sie alle fünf Kinder und brachte sie zu Fabiana, bevor das Donnerwetter losging. Fabiana beklagte sich nie darüber, daß

Miriam zu so später Stunde an ihre Tür klopfte. Sie stellte nie Fragen, schob die verschlafenen Kinder ins Wohnzimmer und verteilte sie in den Betten ihrer eigenen vier Kinder.

«Danke!» murmelte Miriam jeweils erleichtert, und Fabiana winkte jedesmal ab und brummte: «Die Rechnung kommt später.»

Es ging bereits auf zwei Uhr zu, als sich die letzten Nachbarn in ihre Häuser zurückzogen. Max erklärte sich bereit, Miriam ins Krankenhaus zu bringen, um ihren Arm untersuchen zu lassen, und Fabiana kümmerte sich wie immer um die Kinder. Es dauerte lange, bis Valdir in dieser Nacht einschlief. Das Blut an seiner Schläfe war eingetrocknet, doch er spürte seinen Puls gegen die Wunde hämmern. Er versuchte, das Geschehene irgendwie zu verdauen, aber es wollte ihm nicht gelingen. Er sehnte sich zurück nach jener Zeit, als sie noch eine richtige Familie gewesen waren, als er unbesorgt und verspielt wie jeder kleine Junge in den Tag hineingelebt und sich um nichts weiter gekümmert hatte als um den Augenblick.

Er sehnte sich zurück nach jener Zeit, als sein Vater noch als Polizist gearbeitet hatte. Ja, sein Vater war Polizist gewesen, und Valdir hatte das immer großartig gefunden. Er fand, es gäbe keinen besseren Beruf für einen Vater als Polizist. Wenn er einmal groß wäre, würde auch er Polizist werden, so wie sein Vater, würde mit Mut und Tapferkeit für Recht und Gerechtigkeit kämpfen und die Menschen vor bösen Banditen beschützen. Er fragte seinem Vater immer Löcher in den Bauch über seinen Beruf und gab sich nicht zufrieden, bis er ihm irgendeine haarsträubende Geschichte auftischte, bei der er mindestens zehn Räuber auf einmal hinter Schloß und Riegel brachte.

Sein Vater war ein Held, soviel stand für den damals Fünfjährigen fest, und immer, wenn seine Eltern arbeiten gingen, wollte er mit seinen Geschwistern Räuber und Gendarm spielen. Wagner und Valeria, die auf ihre jüngeren

Geschwister aufpassen sollten, hatten allerdings ganz andere Ideen im Kopf. Ihr beliebtestes Spiel war Doktor und Patient. Valdir und die beiden kleinsten waren die Patienten, mußten sich aufs Bett legen und stillhalten, wenn Herr Doktor Wagner oder Frau Doktor Valeria sie mit einer Nadel in den Bauch pieksten. Valdir begann immer wie am Spieß zu schreien und sagte: «Ich will euer Spiel nicht spielen! Ich werd Mama alles erzählen! Und dann werdet ihr sehen!»

«Nichts wirst du sagen!» pflegte Valeria ihren Bruder einzuschüchtern. «Sonst kannst du morgen was erleben!»

Doch Valdir rannte jeweils davon, warf sich schluchzend aufs Bett und rief: «Ich will Mama! Ich will meine Mama!»

Den ganzen Tag wartete Valdir mit Sehnsucht auf den Abend, wenn seine Eltern von der Arbeit kamen. Sie pflegten gegen halb sieben nach Hause zu kommen, und immer brachten sie Süßigkeiten mit. Nie erzählte Valdir, was seine älteren Geschwister tagsüber mit ihnen machten. Er hatte Angst, sie würden es ihm tags darauf doppelt zurückzahlen.

Das waren die unangenehmen Erinnerungen, die Valdir in seinem Herzen trug. Doch es waren nicht die beschwerlichen, sondern die unbeschwerten Zeiten, die Valdir in dieser Nacht zu schaffen machten und nach denen er sich mehr denn je zurücksehnte. Wie lange war es her, seit sie zum letzten Mal gemeinsam Einkäufe erledigt hatten? Vater, Mutter und alle fünf Geschwister? Valdir erinnerte sich, wie sehr es ihm Spaß gemacht hatte, sich in den Einkaufswagen zu setzen und wie ein König von seinem Vater herumchauffieren zu lassen. Und wenn Vater sich nach langem Betteln endlich dazu durchgerungen hatte, den Kindern etwas zum Naschen zu geben, suchte sich Valdir immer genau das Gegenteil von dem aus, was sein Vater ihm hatte kaufen wollen. Und jedesmal gab es deswegen eine lange Diskussion, bis Valdir seinem Vater mit einem breiten, gewinnenden Lächeln alle Argumente aus der Hand schlug und seinen gewünschten Erdbeerjoghurt strahlend entgegennahm.

Valdir erinnerte sich auch an seinen sechsten Geburtstag, als seine Mutter ihm eine riesige Torte backte und mit Schokolade, grünem Zuckerguß und Plastikfigürchen in ein richtiges Fußballfeld verwandelte. Ja, seine Mutter war bekannt für ihre Torten. Wo immer es ein Fest gab, wurde sie damit beauftragt, Kuchen zu backen, und immer ließ sie sich etwas Neues einfallen, um sich selbst in ihrer Originalität zu übertreffen. Einmal wurde sie sogar eingeladen, für die Stadtregierung von São Miguel Paulista eine Torte zu backen, und die Torte wurde über zwei Meter lang!

Ja, Valdir hatte allen Grund, auf seine Eltern stolz zu sein, und niemals hätte er gedacht, daß sie sich eines Tages so verändern würden. Doch sie hatten sich verändert, und wie sie sich verändert hatten! Und das alles nur wegen des verfluchten Alkohols! Valdir hatte bereits aufgehört zu zählen, wie oft sein Vater betrunken aus der Bar gekommen war und seine Mutter unter irgendeinem läppischen Vorwand durchgeprügelt hatte wie einen Hund. Er hatte aufgehört zu zählen, wie oft er und seine Geschwister bei der Nachbarin schliefen, um nicht mitansehen zu müssen, wie ihre Eltern sich stritten. Und dabei wiederholte sich die Szene fast täglich, wenn nicht vor ihren Augen, so nachts in ihren Träumen. Es war ein immer wiederkehrender Alptraum, ein Drama ohne Ende, und manchmal fragte sich Valdir, ob es nicht besser gewesen wäre, nie geboren zu sein.

Schließlich zog er seine Beine an den Bauch und wischte sich die Tränen ab, die seit geraumer Zeit über seine Wange liefen. Und mit der Sorge um seine Mutter schlief er endlich erschöpft in Fabianas Hütte ein.

Ein Brief aus São Paulo

Wenn es etwas gab, worauf sich Valdir besonders freute, so waren es jene unvergeßlichen Tage, an denen sie die Großeltern besuchten. Carmen und Roberto, Miriams Eltern, wohnten in einem bescheidenen, dezent eingerichteten Häuschen mit viel Land und einem großen Blumengarten. Carmen kümmerte sich um Haus und Garten und verdiente Geld mit selbstgebackenen Kuchen. Roberto stellte Lederschuhe und Gürtel her, die er in der Stadt verkaufte.

Valdir liebte seine Großeltern über alles, nicht nur wegen des himmlischen Kuchens, den Großmutter jedesmal auf den Tisch zauberte, wenn sie zu Besuch kamen. Auch nicht in erster Linie, weil Großvater ihn im hölzernen Handkarren wie einen kleinen Prinzen durch die Gegend spazieren führte. Nein, der wahre Grund war ein anderer und für den sechsjährigen Jungen kaum in Worte zu fassen: Es war die Sicherheit und Ruhe, die die Großeltern ausstrahlten, wie ein Leuchtturm in stürmischer See oder eine Oase inmitten der Wüste. Sobald Valdir den Fuß über die Schwelle ihres Häuschens setzte, fühlte er sich geborgen und beschützt. Hier tauchte er in eine Welt ein, die nichts gemeinsam hatte mit seiner eigenen, zerstörten Welt, mit der er täglich konfrontiert war. Im Haus seiner Großeltern war es, als würde die Zeit stehenbleiben und als würde der Friede, der sich an diesem Ort befand, automatisch auf alle Anwesenden übertragen. Und da war noch etwas anderes: Valdirs Großeltern besaßen die seltene Fähigkeit, sich Zeit zu nehmen und auf die Probleme der Menschen einzugehen. Nie ließen sie eine Frage unbeantwortet, immer wußten sie einen Rat, ein tröstendes Wort, einen Ausweg aus einer schwierigen Situation. Und alles, was sie taten oder sagten, war von einem unerschütterlichen Gottvertrauen geprägt.

«Wenn ich erwachsen bin, will ich so klug sein wie du», sagte Valdir einmal. Der Großvater lächelte.

«Dann bitte Gott, daß er dir Weisheit gibt. Denn alle Weisheit kommt von ihm.»

Valdir dachte nach: «Wie ist Gott eigentlich so?»

«Gott ist Liebe», antwortete der Großvater. «Möchtest du wissen, wie sehr er dich liebt?»

Valdir nickte, und sein Großvater legte seine Arme um ihn, drückte ihn fest an sich und gab ihm einen riesigen Kuß auf die Wange. «Sooo sehr liebt er dich, Valdir, und noch viel mehr.»

«Wieviel mehr?»

«Unendlich viel mehr.»

«Und warum kommt er nicht und sagt mir das selbst?»

Der Großvater setzte Valdir rittlings auf seinen Schoß und strich ihm zärtlich über das krause Haar.

«Er ist bereits gekommen, vor zweitausend Jahren, um allen Menschen zu sagen, daß er sie liebt. Aber die Menschen haben ihm nicht geglaubt.»

«Warum nicht?»

«Weil sie sich selbst mehr liebten als Gott. Sie dachten, sie würden ganz gut ohne Gottes Liebe zurechtkommen, und deshalb haben sie ihn getötet.»

Valdir sah seinen Großvater mit großen Augen an. «Aber warum?»

«Weil die Menschen gerne unabhängig sind und ihr Leben selber bestimmen wollen. Sie wollen keinen Gott, der ihnen sagt, welcher Weg gut und welcher Weg schlecht für sie ist. Im Grunde erklärt jeder Mensch Gott für tot, wenn er ihm nicht sein Leben anvertraut.»

«Aber, wenn sie Gott getötet haben, gibt es ihn denn jetzt nicht mehr?»

«O doch, es gibt ihn, denn Gott ist stärker als der Tod.»

«Und wo ist er jetzt? Im Himmel?»

«Gott ist überall gleichzeitig», erklärte der Großvater, «im

Himmel, auf Erden und in jedem Menschen, der ihn in sein Herz hineinläßt.»

«Und wie kommt Gott da rein?»

«Ganz einfach: Er klopft an, und wer ihm die Tür auftut, bei dem tritt er ein.»

«Hat Gott bei dir angeklopft?»

«O ja, das hat er», bestätigte der Großvater. «Viele Jahre hat er angeklopft, und ich hab ihn draußen stehen lassen. Aber eines Tages hab ich ihn eingeladen einzutreten, und seither wohnt er in mir. Und weißt du, es ist etwas Wunderbares, wenn Gott in einem Menschen wohnt. Wer mit anderen gestritten hat, kann ihnen plötzlich vergeben, und wer sie gehaßt hat, kann sie plötzlich lieben.»

Bei diesen Worten wurde Valdir auf einmal nachdenklich. «Großvater», fragte er mit gerunzelter Stirn. «Meinst du, Gott hat auch schon bei Mama und Papa angeklopft?»

«Gott klopft bei jedem Menschen an», antwortete Großvater, «nur gibt es viele, die es nicht einmal hören, wenn er anklopft.»

Valdir nickte. «Ich glaube, Mama und Papa schreien viel zu laut, um ihn zu hören», stellte er resigniert fest. Der Großvater wußte nicht, was er darauf antworten sollte. Er, der sonst immer auf alles eine Antwort parat hatte, mußte sich schweigend eingestehen, daß es selbst im Leben eines kleinen Jungen Situationen gab, die man nicht einfach mit ein paar tröstenden Worten zurechtbiegen konnte. Und es schmerzte ihn zu sehen, wie sein Enkel unter dieser tragischen Wahrheit zu leiden hatte.

Als Miriam ihre Eltern eine Woche nach dem Unfall zusammen mit den Kindern besuchte, wurden sie wie immer herzlich empfangen. Doch Valdir bemerkte gleich, daß die Freude seiner Großeltern getrübt war von der Sorge um ihre Tochter, denn sie wußten bereits, was es mit dem gebrochenen Arm auf sich hatte.

«Großvater! Laß uns mit dem Schubkarren eine Runde drehen!» rief Valeria, und bevor jemand etwas einwenden konnte, hatte sie sich bereits in den kleinen Holzwagen gesetzt, winkte die Geschwister zu sich und wartete darauf, daß Großvater wie immer das Zugpferdchen spielte.

Der Großvater winkte ab.

«Heute nicht, Kinder! Mein Rücken ist nicht mehr das, was er einmal war.»

«Ich helf dir beim Ziehen!» meldete sich Wagner großzügig, aber der Großvater schüttelte den Kopf.

«Heute wirklich nicht! Spielt alleine mit der Kutsche!»

«Och, Großvater», sagte Valeria enttäuscht, «ohne dich macht es keinen Spaß!»

Der Großvater kramte ein paar Münzen aus der Hosentasche und drückte sie Wagner in die Hand. «Kauf davon ein paar Bonbons für euch, und paß gut auf die Kleinen auf, ja?» Wagner bedankte sich höflich, obwohl er eigentlich lieber mit Großvater auf Kutschfahrt gegangen wäre als von seinem Geld Bonbons zu kaufen. Es war sonst nicht Großvaters Art, sie mit ein paar Münzen abzuspeisen. Die Situation war befremdlich, und im Unterbewußtsein erahnten die Kinder wohl, weswegen die Großeltern sich heute nicht mit ihnen abgeben wollten. Und dabei wäre es gerade das gewesen, was sie so dringend brauchten: einen Halt, um in dieser verwirrenden Zeit nicht das Gleichgewicht zu verlieren.

Die Großeltern verschwanden mit Miriam im Haus, und Wagner blickte auf die Münzen in seiner Hand und verkündete, wer Bonbons wolle, solle mit ihm gehen.

«Ich bleibe hier», sagte Valdir.

«Dann kriegst du aber keine Bonbons», ermahnte ihn Valeria.

«Ich will keine Bonbons», sagte Valdir.

«Dein Problem», meinte Wagner. Er nahm den fünfjährigen Valdemir und Valeria die vierjährige Valdirene bei der Hand. Gemeinsam machten sie sich auf den Weg zum Kiosk, der nur zwei Häuserblocks weit entfernt lag. Valdir setzte sich inzwischen auf die Bank, die sich unmittelbar vor dem Fenster des Wohnzimmers befand, und spitzte die Ohren. Er wußte, worüber sich die Großeltern mit seiner Mutter unterhielten, und er wollte es hören. Denn eines hatte er bereits gelernt: Immer, wenn die Erwachsenen sich auf jene geheimnisvolle Art zurückzogen, so taten sie das, um Dinge zu besprechen, die ihrer Meinung nach nicht für Kinderohren wie die seinen bestimmt waren. Und dabei schienen sie zu vergessen, daß er sehr wohl ein Recht hatte, diese Dinge zu hören. Schließlich war auch er an der ganzen unerfreulichen Geschichte beteiligt. Schließlich war es *seine* Mutter, die den Abhang neben ihrem Haus hinuntergestürzt war und sich dabei den Arm gebrochen hatte! Schließlich war es *sein* Vater, der sie dort hinuntergestoßen hatte!

Zuerst sprachen alle gleichzeitig, und die Stimmen der Großeltern klangen alles andere als gelassen. Das beunruhigte Valdir, denn noch nie hatte er erlebt, daß Großmutter oder Großvater etwas derart aus dem Gleichgewicht brachte. Er hörte die Stimme seiner Mutter. Sie schien den Tränen nahe zu sein.

«Daß es so nicht weitergehen kann, weiß ich selbst! Ständig provoziert er auf offener Straße einen Streit und prügelt sich mit den Männern herum. Die Nachbarn haben schon mehrmals gedroht, uns anzuzeigen, doch Romildo beschimpft sie und sagt, sie sollen sich um ihr eigenes Leben kümmern. Und seit Max gedroht hat, ihn umzubringen, steckt er sich jedesmal ein Messer in die Hosentasche, bevor er das Haus verläßt. Ich habe Angst, daß er es einmal in der Wut gegen einen Nachbarn einsetzt.»

«Daß er es einmal gegen dich oder die Kinder einsetzen könnte, damit rechnest du nicht, was?»

«Das würde er nie tun, Mutter. Er liebt mich.»

«Ja, er liebt dich! Und wie er dich liebt! Deinen Arm hat er dir wohl auch aus Liebe gebrochen!»

«Mutter, er war betrunken! Er wußte nicht, was er tat!»

«*Du* weißt nicht, was du tust, Kind! Wie lange willst du noch warten? Wie lange? Genügt es nicht, was er dir und den Kindern bereits angetan hat? Wo soll das alles hinführen?»

«Er hat versprochen, sich zu bessern.»

«Das hat er dir schon tausendmal versprochen, Miriam. Merkst du denn nicht, wie sich die Situation von Tag zu Tag verschlimmert? Merkst du denn nicht, wie der Alkohol dich und deine Familie zerstört?»

Valdir lehnte den Kopf an die Wand und schloß die Augen. Ja, der Alkohol war es, der ihre Familie zerstörte. Wie eine Säure, die sich durch solides Metall durchfrißt, so hatte sich der Alkohol in ihr Leben hineingefressen. Der verfluchte Alkohol!

«Ein Gläschen von Zeit zu Zeit schadet niemandem was», war Vaters Ausspruch gewesen, als er noch bei der Polizei arbeitete. Nie würde Valdir jenen Abend vor bald zwei Jahren vergessen, als seine Eltern auf ein Fest gingen und spät nachts zurückkamen – beide betrunken. Von da an war ihre Familie nicht mehr dieselbe gewesen. Jeden Abend gab Mutter Wagner Geld, um eine Flasche Bier zu kaufen. Und natürlich blieb es nicht bei der einen Flasche. Valdirs Mutter trank täglich mehr. Bald tauschte sie das Bier gegen Pinga, billigen Zuckerrohrschnaps, und bevor sie sich's versah, war sie zur Alkoholikerin geworden. Valdirs Vater ließ sich vorzeitig pensionieren und verbrachte die meiste Zeit damit, sich in den Kneipen vollaufen zu lassen. Und wenn er nach Hause kam, stritt er sich mit Miriam, weil sie ihm nichts zu essen gekocht und statt dessen ebenfalls getrunken hatte. Er schlug sie und sagte, sie solle aufhören zu trinken, doch je mehr er sie mißhandelte, desto mehr begann sie zu trinken, und die Kinder mußten ohnmächtig zusehen, wie ihre Familie sich in einen einzigen schrecklichen Alptraum verwandelte.

Valdir hörte, wie seine Mutter zu weinen begann. Es war

ihm unerträglich, sie weinen zu hören, und er spürte, wie auch ihm die Tränen in die Augen stiegen. Der Großvater begann sie zu trösten und redete von Gott und davon, daß sein Plan für ihr Leben ein anderer wäre und daß Gott der einzige sei, der sie von ihrer Sucht befreien und ihr Leben in Ordnung bringen könne.

«Wir werden für euch beten», sagte die Großmutter. «Wir werden Gott bitten, ein Wunder zu vollbringen.»

Und Gott vollbrachte ein Wunder, an einem gewöhnlichen Freitag. Valdir hatte mit seiner Mutter Einkäufe erledigt, und als sie nach Hause zurückkamen, saß der Vater auf der Holzbank neben dem Eingang und las eine Postkarte. Auf der Vorderseite waren eine Menge Hochhäuser abgebildet. Neugierig setzte sich Valdir neben seinen Vater und schielte auf das Geschriebene.

«Von wem ist die Karte?»

«Von deinem Onkel Antonio aus São Paulo.»

«Was schreibt er?»

«Er möchte, daß ich ihm beim Bauen seines Hauses helfe. Erinnerst du dich an das Haus, in dem wir wohnten, bevor wir hierher zogen?» Valdir erinnerte sich. Es war ein großes, geräumiges Haus gewesen, in São Miguel Paulista, einem Stadtviertel São Paulos. Hier war Valdir am 28. Juli 1977 zur Welt gekommen, und hier hatte er auch die ersten Jahre seiner Kindheit verbracht. Doch dann entschieden sich die Eltern, in den Norden Brasiliens, in den Bundesstaat Pernambuco zu ziehen, und überließen das Haus Onkel Antonio zur Verwaltung. Zwei Monate später erhielt Romildo einen Brief aus São Paulo, in welchem Onkel Antonio schrieb, das Haus sei niedergebrannt. Valdirs Vater reiste darauf unverzüglich nach São Paulo, um sich mit eigenen Augen davon zu überzeugen, und als er sah, daß es hier nichts mehr zu verlieren gab, verkaufte er Onkel Antonio das Grundstück und kehrte nach Pernambuco zurück. Das war alles schon mehrere Monate her, und Valdirs Eltern hatten die ganze unangenehme Geschichte bereits vergessen.

Um so überraschender traf an jenem Freitag Onkel Antonios Postkarte ein mit der Bitte an Romildo, ihm beim Wiederaufbau des niedergebrannten Hauses zu helfen.

«Was denkst du, Miriam? Soll ich sein Angebot annehmen?»

Miriam stellte die Plastiktüten mit den Einkäufen auf den Boden und zuckte die Achseln. «Tu, was du für richtig hältst.»

Zwei Tage später verabschiedete sich der Vater von Miriam und den Kindern und reiste nach São Paulo. Valdir vermißte ihn nicht groß, im Gegenteil. Schon bald merkte der Junge, daß sich die Reise seines Vaters zum Wohl der ganzen Familie auswirkte. Anstatt ihre Probleme wie bisher im Alkohol zu ertränken, begann sich seine Mutter vermehrt mit den Nachbarsfrauen auszusprechen und ihre Ratschläge ernst zu nehmen.

«Wenn du nicht aufhörst zu trinken, wird dich der Alkohol zu Tode bringen», warnten sie alle, «und was wird dann aus deinen Kindern?» Miriam wußte, daß die Frauen recht hatten, und beschloß kurzerhand, mit dem Trinken aufzuhören.

Und sie hörte *wirklich* auf! Es war unglaublich! Valdir erinnerte sich an die Worte der Großmutter, als sie sagte, sie würde Gott um ein Wunder bitten. Und das Wunder war geschehen! Miriam hatte auf einmal wieder Zeit, sich um den Haushalt und ihre Kinder zu kümmern, sie begann wieder Kuchen zu backen wie in guten, alten Zeiten. Zu Valdirs siebtem Geburtstag backte sie sogar eine dreistöckige Schokoladentorte, organisierte ein riesiges Fest und lud Valdirs Spielkameraden und deren Eltern ein. Sie sangen Lieder, lachten, spielten, und Valdir kam sich beinahe wie im Märchen vor: Die Rose, die verwelkt war, hatte wieder angefangen zu blühen und Knospen zu treiben. Seine Mutter schien zum ersten Mal seit Monaten wieder zu *leben*!

Eines Tages traf ein Brief aus São Paulo ein. Valdir hatte zwar noch nicht lesen gelernt, doch er kannte die Schrift seines Vaters, und eine befremdende Mischung aus Neugier und Unbehagen beschlich den Jungen, als seine Mutter den Brief öffnete. Sie saßen gerade beim Mittagessen, und die Kinder waren mehr an ihren gefüllten Tellern als am weißen Briefpapier in Mutters Hand interessiert. Einzig Valdir fixierte das Gesicht seiner Mutter und versuchte ihrer Reaktion den Inhalt des Briefes zu entnehmen. Er kam zum Schluß, daß es gute Neuigkeiten waren, denn in Mutters Augen strahlten Zuversicht und Freude. Er konnte es nicht lassen, sie danach zu fragen.

«Und? Was schreibt er?»

Mutter lächelte. «Er schreibt, er würde uns alle sehr vermissen. Er sagt, es gehe ihm gut und sie hätten das Haus schon bald fertiggebaut. Er hat sogar ein Foto beigelegt.»

Sie reichte Valdir das etwas zerknitterte Foto, und er sah es sich mit Spannung an. Ein frischgestrichenes, einladendes Haus war darauf abgebildet. Es war aus Stein, gelb angestrichen, mit Gittern vor den Fenstern und einer blaugestrichenen Holztür, ein Häuschen wie aus dem Ferienprospekt! Welch gewaltiger Gegensatz zu der ärmlichen Behausung, in der sie hier in Pernambuco wohnten! Ihr Haus war nur aus dünnen Brettern zusammengenagelt, die zum Teil morsch und von Holzwürmern zerfressen waren. Das Kinderzimmer bestand lediglich aus zwei Stockbetten und einem schmalen Mittelgang. Anstelle eines Schrankes hingen ein paar große Plastiktüten an der Wand, die mit Kleidern und Spielzeug angefüllt waren. Auch die Küche war so klein, daß man sich kaum darin herumdrehen konnte, und dabei diente sie nicht nur als Küche und Wohnzimmer, sondern gleichzeitig als Schlafzimmer der Eltern. In einem kleinen Hinterhof befanden sich ein Waschtrog für die tägliche Hygiene und das etwas improvisierte Badezimmer mit Dusche und Toilette, abgetrennt durch einen zerschlissenen schwarzen Plastikvorhang. Bei Regen verwandelten sich Hinterhof und Haus in eine feuchte, matschige Angelegenheit, denn der Boden war weder aus Stein noch aus Holz, sondern lediglich aus eingestampfter Erde wie die holprige Straße, an der sie wohnten.

Valdir betrachtete das Haus, das sein Vater in São Paulo konstruiert hatte, mit offenem Mund.

«Wow!» stieß er begeistert hervor.

«Zeig her!» rief Valeria und riß ihm das Foto aus der Hand. Auch Valdemir und Valdirene warfen einen neugierigen Blick auf das Foto, einzig Wagner zeigte keinerlei Interesse, schielte nur flüchtig zu seinen Geschwistern hinüber und beugte sich dann wieder über seinen Teller.

«Euer Vater möchte, daß wir zu ihm ziehen», berichtete die Mutter weiter.

«Heißt das, wir reisen nach São Paulo?» fragte Valeria gleich begeistert.

«Vielleicht», sagte die Mutter. «Ich muß mir das erst gut überlegen. Ist eine weite Reise bis São Paulo.»

«Wie weit?»

«Ungefähr drei Tage mit dem Bus, Tag und Nacht.»

«Wow!» meinte Valeria.

«Werden wir dann in diesem Haus wohnen?» fragte Valdir. Die Mutter winkte lächelnd ab.

«Noch ist überhaupt nichts entschieden, Kinder. Laßt mich erst einmal in aller Ruhe über die Sache nachdenken, ja?»

Valdir und Valeria fanden die Idee, nach São Paulo zu reisen, absolut genial, weniger wegen ihres Vaters als wegen des magischen Reizes, den eine so weite Reise an sich hatte. Drei Tage Busfahren, das mußte bestimmt unglaublich aufregend sein. Valdir und Valeria begannen sich gegenseitig mit ihrem Enthusiasmus anzustecken, und ihre Begeisterung übertrug sich auch auf die beiden Kleinsten, Valdemir und Valdirene. Nur Wagner saß nach wie vor mit finsterer Miene am Tisch und stocherte in seinem Essen herum.

«Ich will nicht nach São Paulo reisen», brummte er schließlich unverhofft. Die ganze Familie sah ihn verdutzt an. «Warum nicht?» wollte die Mutter wissen.

Seine Antwort war wie eine feine Nadel, die einen prall-gefüllten Ballon im Bruchteil einer Sekunde zum Platzen bringt, als er erklärte: «Ich möchte nicht, daß Vater dich wieder schlägt.»

Für einen Augenblick wurde es totenstill. Alle Augen waren auf den neunjährigen Jungen gerichtet, und keiner war fähig, ihm etwas auf seine nüchterne Feststellung zu entgegnen.

Die Mutter lächelte etwas befangen und strich dem Jungen zärtlich übers Haar. «Er wird mich nicht schlagen, Wagner. Er hat sich geändert.»

Wagner wich ihrer Hand aus. «Und woher willst du das wissen?»

«Ich weiß es», antwortete die Mutter, doch ihre Stimme klang nicht sehr überzeugt. «Er hat sich geändert. Wir beide haben uns geändert.»

Wagner schüttelte störrisch den Kopf. «Alles Lüge! Vater wird sich nie ändern! Und du weißt das ganz genau!»

Valdir erschrak über den Nachdruck in der Stimme seines Bruders. So hatte er ihn noch nie reden hören. Das waren nicht Worte eines neunjährigen Jungen, das waren Worte eines Erwachsenen, und Valdir bemerkte, wie sie die Mutter sichtlich verunsicherten.

«Davon verstehst du nichts!» verteidigte sie sich.

«Davon verstehe ich sehr wohl etwas!» gab Wagner zurück. Die Mutter versuchte, Ruhe zu bewahren.

«Dein Vater und ich werden nochmals von vorne anfangen», versprach sie ihm. «Wir werden eine richtige Familie sein, und alles wird gut werden.»

«Nichts wird gut werden!» beharrte Wagner auf seinem Pessimismus. «Du lügst uns nur an, damit wir mit dir nach São Paulo gehen!»

Das war zuviel. Eine Ohrfeige landete auf Wagners Wange. Der Junge hielt sich das Gesicht und sah seine Mutter verblüfft an.

«Geh aufs Zimmer!» ordnete die Mutter an. Wagner erhob sich und ging vom Tisch, während er mehrmals vor sich hinmurmelte: «Ich werde nicht mitgehen! Ich bleibe hier! Ich gehe nicht nach São Paulo. Ich nicht.»

«Und hör auf herumzumaulen!» rief die Mutter. «Hier bestimme immer noch ich, was getan wird! Hast du verstanden?»

Wagner verkroch sich in der Ecke seines Bettes und brütete still vor sich hin. Valdir und seine Geschwister beobachteten ihn eine Weile, bis die Mutter sie ziemlich schroff anwies weiterzuessen. Niemand wagte mehr, etwas zu sagen. Die Mutter faltete den Brief zusammen und steckte ihn sorgfältig in den Umschlag zurück. Valdir schielte zu ihr hinüber, und einen Moment lang hatte er den Eindruck, ihre Hände würden leicht zittern. Doch vielleicht bildete er sich das auch nur ein.

Der Unfall

«Vater, ist es noch weit bis São Paulo?»

«In einigen Stunden sind wir dort.»

«Krieg ich auch wirklich ein eigenes Zimmer?»

«Sobald wir es fertiggebaut haben, Junge.»

«Dauert das noch lange?»

«Höchstens einige Wochen. Und bis dahin wirst du mit den andern das Zimmer teilen.»

«Gehört das Haus auch wirklich uns?»

«Nun, offiziell gehört es deinem Onkel, dem ich das

Grundstück damals, als unser Haus niedergebrannt war, verkaufte. Doch dein Onkel hat es mir vermietet. Und solange wir ihm die Miete bezahlen, gehört es uns. Uns ganz allein.»

«Toll!»

«Es wird dir gefallen.»

Valdir saß neben seinem Vater auf einem Fensterplatz und konnte sich vor lauter Glück und Aufregung kaum stillhalten. Vor gut zwei Monaten, nachdem sie Vaters Brief erhalten hatten, war Valdirs Mutter zusammen mit Wagner nach São Paulo gereist und hatte Valdir und seine anderen Geschwister vorübergehend bei Verwandten untergebracht.

«Sobald ich kann, werde ich zurückkommen und euch abholen», hatte sie ihnen versprochen, und jeden Tag hatte Valdir mit Sehnsucht darauf gewartet, daß seine Mutter zurückkäme. Manchmal hatte er sich stundenlang auf die Bank der Bushaltestelle gesetzt und bei jedem anhaltenden Bus die aussteigenden Leute gemustert, in der kindlichen Hoffnung, seine Mutter unter ihnen zu entdecken. Aber die Tage vergingen, die Wochen vergingen, und die Mutter kam nicht zurück. Manchmal hatte Valdir nachts geträumt, sie wäre gestorben, und dann erwachte er schweißgebadet und stellte erleichtert fest, daß es nur ein böser Traum war. Doch eines Abends, als Valdir es am wenigsten erwartete, klopfte es an die Tür, und als er öffnete, sah er sich seinem Vater gegenüber. Es war ein komisches Gefühl, seinen Vater nach so langer Zeit wiederzusehen, und Valdir blieb etwas unbeholfen vor dem großen, kräftigen Mann stehen.

«Na, was ist? Kennst du deinen Vater nicht mehr?» Der Siebenjährige starrte ihn an, als wäre er ein Gespenst, und erst nach ein paar Sekunden fand er die Sprache wieder und murmelte eine Begrüßung.

«Ich bin gekommen, euch abzuholen», erklärte er.

«Ich weiß», sagte Valdir.

«Freust du dich nicht?»

«Doch.»

«Ich habe dir etwas mitgebracht», sagte der Vater und streckte seinem Sohn eine Plastiktüte entgegen.

«Danke», sagte Valdir leise. Er warf einen Blick in die Tüte und fischte einen Erdbeerjoghurt heraus.

«Ich hoffe, dein Geschmack hat sich seit damals nicht verändert», schmunzelte Romildo, und die leuchtenden Augen des Jungen waren Antwort genug. Niemals hätte Valdir gedacht, daß sich sein Vater an so etwas Belangloses wie seine Vorliebe für Erdbeerjoghurt erinnern würde, und allein die Tatsache, *daß* er sich daran erinnerte, gab ihm das wunderbare Gefühl, wichtig zu sein.

«Danke, Vater!» sagte Valdir strahlend, und von da an war das Eis zwischen ihnen gebrochen.

Zwei Tage später saßen Valdir und seine Geschwister mit ihrem Vater im Bus nach São Paulo. Es war eine lange, ermüdende Reise, doch je näher sie São Paulo kamen, desto übermütiger wurden die Kinder, und einige der Fahrgäste warfen ihnen des öfteren ermahnende Blicke zu. Doch die Kinder kümmerten sich nicht darum.

«Wird Mutter am Busbahnhof auf uns warten?» fragte Valeria.

«Sie hat es mir versprochen», antwortete der Vater.

«Ihr werdet euch nicht mehr streiten, nicht wahr?» fragte Valdir plötzlich.

Der Vater legte ihm den Arm um die Schulter und sah ihn lange an.

«Nie mehr», sagte er mit jener Überzeugungskraft, die einen siebenjährigen Jungen alles glauben läßt. «Wir werden ein neues Leben anfangen, deine Mutter und ich.»

Die Mutter holte sie tatsächlich vom Busbahnhof ab, und während der Vater auf das Gepäck wartete, begrüßten sie die Kinder stürmisch und erzählten ihr wild durcheinander von der abenteuerlichen Reise. Und dann geschah etwas, was den Kindern schlicht den Atem verschlug: Der Vater trat von hinten auf ihre Mutter zu, sagte zärtlich ihren Namen, und als sie sich umdrehte, nahm er sie in die Arme und küßte sie. Valdir traute seinen Augen nicht: Seine Eltern küßten sich! Seine Eltern, die sich ein Leben lang nur gestritten hatten, lagen sich in den Armen wie ein junges Liebespärchen und küßten sich! Es war wirklich absolut unglaublich, und zum ersten Mal seit unendlich langer Zeit fühlte sich Valdir wie in einer richtigen Familie. Ja, sie würden ein neues Leben anfangen, hier in São Paulo, daran gab es keinen Zweifel mehr.

Die ersten Tage in São Paulo waren jene unbeschwerten, fröhlichen Kindertage, an die man sich ein Leben lang zurückerinnert wie an einen unwirklichen Traum. Wagner und Valeria gingen zur Schule, und Valdir freundete sich rasch mit etlichen Nachbarskindern an und streifte mit ihnen Tag für Tag durchs Viertel. Seine Eltern schienen nach wie vor bis über beide Ohren ineinander verliebt zu sein. Der Vater hatte sich einen Job gesucht und arbeitete tagsüber. Doch jeden Abend, wenn er heimkam, brachte er Miriam eine Blume oder sonst ein kleines Geschenk mit, überhäufte sie mit Komplimenten, und sie umarmten sich, küßten sich, zogen Hand in Hand durch die Gegend und gingen abends sogar mehrmals auswärts essen.

Doch wie feiner Sand zwischen den Fingern zerrinnt, so zerrannen auch die guten Zeiten nur allzu rasch in ihren Händen. Valdirs Onkel trieb die Miete ihres Hauses in die Höhe, und da der Vater nicht genügend Geld verdiente, um die Miete zu bezahlen, verschuldete er sich täglich mehr. Je kritischer die Situation wurde, desto nervöser wurde er. Schließlich begann er, seine Aggressionen wieder an seiner Frau abzuladen, sich mit ihr zu streiten und sie zu schlagen. Und dann fing er schließlich an, seine Frustration erneut mit Pinga und Bier herunterzuspülen. Die ganze heile Welt, die sie sich aufgebaut hatten, stürzte wie ein Kartenhaus in sich zusammen. Der tödliche Strudel des Alkohols sog den Vater erbarmungslos mit sich in die Tiefe, und Valdirs Mutter war nahe daran, ebenfalls den Kopf zu verlieren.

Und dann ging eines Tages die Bombe hoch. Das Unglück ereignete sich an einem Dienstag abend gegen acht Uhr. Die Mutter hatte Valdir und Valeria zu Freunden geschickt, um ein Päckchen abzuholen, das dort für sie eingetroffen war. Als die beiden zwanzig Minuten später zurückkamen, merkten sie schon von weitem, daß etwas nicht in Ordnung war. Eine Menschentraube hatte sich vor ihrem Haus gebildet, darunter mehrere Polizisten. Valdir und seine beiden Geschwister beschleunigten ihren Schritt, und je näher sie ihrem Haus und den vielen Menschen kamen, desto unbehaglicher wurde ihnen zumute. Ein Mann deutete mit dem Finger auf sie, während er sich heftig gestikulierend mit einem anderen Mann unterhielt, welcher verstohlen zu ihnen hinblickte und den Kopf schüttelte. Valdirs Herz begann wild zu pochen. Etwas Schreckliches mußte passiert sein, das war ihm klar. Aber was? Eine dicke Frau unterhielt sich mit einem der Polizisten, und die wenigen Worte, die Valdir aufschnappte, als er dicht an ihnen vorbeiging, versetzten ihn in Panik.

«Ich habe immer gesagt, das geht nicht gut. Früher oder später mußte etwas Derartiges geschehen. Ich bin erstaunt, daß die Frau nicht schon früher versucht hat, ihren Mann umzubringen.»

Valdir stockte der Atem. Er konnte nicht glauben, was er da hörte. Seine Mutter hatte den Vater…? Das konnte nicht wahr sein. Nein. Das nicht. Das würde seine Mutter nicht tun, niemals! Das war nur ein böser Alptraum, aus dem er bald erwachen würde. Bestimmt spielte ihm seine Fantasie einen Streich, bestimmt bildete er sich das alles nur ein. Die Sirene des Krankenwagens ließ ihn erneut zusammenzucken. Sanitäter in weißen Kleidern hechteten mit einer Tragbahre aus dem Wagen, und augenblicklich traten die Menschen zur Seite, um sie durchzulassen. Die gräßlichsten

Bilder schossen Valdir durch den Kopf, als die Männer in seinem Zuhause verschwanden.

Er versuchte sich durch die Menschenmenge zu drängen, doch es gelang ihm nicht. Er wollte schreien, doch Verwirrung und Hilflosigkeit lähmten seine Stimme. Er spürte den Puls in seinem Kopf hämmern, und es war ihm, als würde sich alles um ihn herum zu drehen beginnen. Doch niemand schien es zu bemerken. Was war bloß geschehen? Was um alles in der Welt war geschehen? Es dauerte keine zwei Minuten, und die Sanitäter erschienen wieder vor der Tür. Jemand lag auf der Bahre, und obwohl Valdir wegen der Menge nichts zu erkennen vermochte, wußte er, daß es sein Vater war. Es wurde ihm heiß und kalt zugleich, als die Sanitäter an ihm vorbeigingen.

«Vater!» murmelte er mit erstickter Stimme. «Vater!» Er streckte seine Hand nach ihm aus, doch die Menschenmenge warf ihn zurück. Ein Kloß bildete sich in seinem Hals, und Tränen der Verzweiflung traten in seine Augen. Verschiedene Bemerkungen fielen, während die Sanitäter den Vater zum Krankenwagen trugen, und die Worte erschütterten Valdir bis ins Innerste.

«Gott habe Erbarmen», sagte jemand.

«Ist er tot?»

«Keine Ahnung.»

«Was ist eigentlich geschehen?»

«Seine Frau hat versucht, ihn umzubringen.»

«O Gott!»

«Sie hat ihn mit heißem Wasser übergossen.»

«Wie schrecklich!»

Valdir taumelte. Er hatte das Gefühl, als würde ihm jemand den Boden unter den Füßen wegziehen. Er kam ihm vor, als würde ihn jemand würgen, und sein Atem wurde immer unregelmäßiger und immer heftiger. Die Bemerkungen der Leute dröhnten in seinen Ohren, die Sirene des davonbrausenden Krankenwagens brachte ihn beinahe um den Verstand, und plötzlich verschwammen die Menschen vor seinem Gesicht, und es wurde ihm schwarz vor den Augen.

Als Valdir wieder zu sich kam, lag er auf dem Sofa im Wohnzimmer, und sein älterer Bruder saß neben ihm.

«Was ist passiert?» fragte Valdir.

«Du bist weggetaucht», sagte Wagner.

«Wo ist Mutter?»

«Im Schlafzimmer. Isa ist bei ihr.» Isa war die Nachbarin. Sie war es auch, die Valdir von der Straße aufgehoben hatte, nachdem er in Ohnmacht gefallen war. Valdir verstand noch immer nicht, was eigentlich vorgefallen war.

«Und Vater?» fragte er. «Ist er... ich meine, ist er tot?»

Wagner schüttelte den Kopf.

«Die Leute sagten, Mutter hätte ihn umbringen wollen», fuhr Valdir fort, doch sein Bruder erklärte ihm, das sei nicht wahr.

«Sie haben sich gestritten, wie immer», berichtete er. «Vater kam betrunken von der Bar, und Mutter hatte Wasser auf dem Herd aufgesetzt, um Teigwaren zu kochen. Tja, und dann ging die übliche Diskussion los. Ich habe Mutter noch nie so nervös gesehen. Vater warf ihr die schlimmsten Schimpfwörter an den Kopf, die du dir denken kannst. Ich wäre beinahe auf ihn losgegangen, weißt du. Es war einfach zuviel. Vater brachte sie diesmal echt zur Weißglut, und plötzlich griff sie nach dem Kochtopf und schüttetete das heiße Wasser auf ihn. Und dann ließ sie den Topf fallen, blieb wie hypnotisiert stehen und begann am ganzen Körper zu zittern. Ich glaube, sie war selbst erschrocken über das, was sie da getan hatte. Sie starrte nur mit großen Augen auf Vater, der sich vor Schmerzen auf dem Boden wälzte, und murmelte fortwährend: ‹Was habe ich nur getan! O mein Gott, was habe ich nur getan!› Ich rannte aus dem Haus, um Hilfe zu holen, und jemand rief die Polizei.»

«Meinst du, Mutter kommt jetzt ins Gefängnis?» fragte Valdir nach einer Weile.

«Von mir aus können sie Vater einlochen», murmelte Wagner gleichgültig. «Schließlich war *er* es, der den Streit angefangen hat.»

«Und wenn sie trotzdem ins Gefängnis kommt?»

«Blödsinn. Sie *kommt* nicht ins Gefängnis, und damit basta.»

«Aber die Nachbarn sagten, sie hätte ihn umbringen wollen.»

«Ich war dabei, als es passierte. Es war keine Absicht. Es war ein Unfall. Sie hat die Nerven verloren, verstehst du?»

«Und wenn die Polizei ihr das nicht glaubt?»

«Warum sollte sie ihr das nicht glauben? Es *war* ein Unfall! Und Vater weiß das so gut wie ich.»

Valdir runzelte die Stirn. «Hast du schon mal Angst gehabt, unsern Eltern könnte etwas zustoßen und wir wären plötzlich allein?»

Wagner war etwas verblüfft über diese Frage, doch er nickte. «Schon oft», gestand er seinem kleinen Bruder. «Warum fragst du?»

«Ich dachte mir, was wohl aus uns wird, wenn Vater stirbt und Mutter ins Gefängnis kommt», sagte Valdir.

«Hör auf damit! Warum denkst du so'n Zeug?»

«Meinst du, sie würden uns ins Waisenhaus stecken?»

«Halt die Klappe!» Wagner erhob sich und ging aus dem Zimmer. Die düsteren Überlegungen seines Bruders waren zu gefährlich, um sich länger damit auseinanderzusetzen. Valdir starrte indessen an die Zimmerdecke, und je länger er über die Zukunft seiner Familie nachdachte, desto stärker wurde seine Überzeugung, daß es keine Zukunft geben würde. Und diese Erkenntnis erfüllte ihn mit einer erstickenden Angst, wie er sie nie zuvor empfunden hatte. Er fühlte sich allein, unendlich allein inmitten eines riesigen schwarzen Abgrundes, wo es keinen Halt gab, um nicht noch weiter in die Tiefe zu rutschen, keinen Lichtschein, um sich daran zu orientieren, keine Stimme, die ihm Geborgenheit geben könnte – nichts, woran er sich hätte festklammern können. Er sehnte sich nach seinen Großeltern, sehnte sich nach ihren ermutigenden Worten, ihrer Sicherheit, die sie inmitten der schwierigsten Situationen ausstrahlten. Er wünschte sich, sie würden den Hilferuf in seinem Herzen hören, und er betete zu Gott, daß sie nach São Paulo kämen, um ihn in die Arme zu nehmen und zu trösten.

«Großmutter! Großvater!» Die Freude, die in Valdirs Augen strahlte, als er seine Großeltern vor der Tür sah, war kaum zu beschreiben. Mit einem Hechtsprung warf sich der Junge in die Arme seiner Großmutter und hielt sie so lange umschlungen, bis sie lachend sagte, er müsse sie loslassen, sie würde keine Luft mehr bekommen. Dann hüpfte er auf Großvater zu und hätte den alten Mann vor lauter Übermut beinahe umgeworfen.

«Nicht so stürmisch, mein Junge!» schmunzelte der Großvater. «Laß dich erst einmal anschauen.» Er faßte den Siebenjährigen an der Schulter und musterte ihn aufmerksam. «Groß bist du geworden, Valdir. Wenn du so weiterwächst, wirst du bald mit dem Kopf an die Decke stoßen.»

«Wie lange werdet ihr hierbleiben?» wollte Valdir aufgeregt wissen.

«Wir haben Zeit», lächelte die Großmutter.

«Großartig!» rief Valdir. «Ihr könnt in meinem Bett schlafen, wenn ihr wollt. Es macht mir nichts aus, auf dem Boden zu schlafen. Soll ich euch mein Zimmer zeigen?»

«Laß uns erst einmal deine Mutter begrüßen. Ist sie da?»

Natürlich hatte der Besuch der Großeltern seinen Grund. Seit Vaters «Unfall» waren bereits mehrere Monate vergangen, und die Situation hatte sich in einer so drastischen Weise verschlimmert, daß es die Großeltern als nötig empfanden, nach São Paulo zu reisen, um ihrer Tochter ernsthaft ins Gewissen zu reden und sie endlich zur Vernunft zu bringen. Länger konnte das nicht mehr so weitergehen. Etwas mußte getan werden! Das Maß war endgültig voll!

Als Valdirs Vater wegen seiner Verbrühung im Krankenhaus gelegen hatte, war die Mutter für einige Zeit nach Pernambuco zu ihren Eltern geflohen, denn die Nachbarn hatten sie wegen Mordversuchs bei der Polizei angeklagt. Doch die Sehnsucht nach ihrer Familie wurde von Tag zu Tag stärker, und einen Monat später kehrte sie nach São Paulo zurück und versteckte sich im Haus einer Freundin. Sie wagte es sogar einige Male, den Vater im Krankenhaus zu besuchen. Wenn die Krankenschwestern sie fragten, wer sie sei, sagte sie, Vaters Cousine. Erst als der Vater nach drei Monaten entlassen wurde und die Polizei davon überzeugte, daß das Ganze nur ein Unfall gewesen war, konnte die Mutter nach Hause zurückkehren. Für einige Wochen schlief sie im Kinderzimmer, bis sie beschloß, sich mit Vater zu versöhnen, und ein weiteres Mal versprachen die Eltern den Kindern und sich selbst, sich zu bessern. Jedoch hielt das Versprechen nicht lange an.

Es war an einem Sonntag nachmittag, als die Geschichte ihren Höhepunkt erreichte. Mutter hatte ein Gläschen über den Durst getrunken, und Vater, der am allerwenigsten das Recht hatte, sie deswegen zurechtzuweisen, da er selbst genausoviel trank wie sie, begann sie zu verfluchen und schlug ihr mit der Faust derart hart ins Gesicht, daß ihr rechtes Auge augenblicklich anschwoll. Im selben Moment ergriff Wagner ein Küchenmesser, das vor ihm auf dem Tisch lag, und ging mit wildem Gebrüll auf seinen Vater los.

«Ich bringe dich um!» schrie er in blindem Zorn. «Ich bringe dich um!!» Natürlich hatte der inzwischen Zehnjährige keine Chance gegen seinen Vater, und dieser schlug ihm das Messer aus der Hand. Dann verabreichte er dem Jungen eine derartige Tracht Prügel, daß er mehrere Tage im Bett verbringen mußte.

Als die Großeltern von dem Vorfall erfuhren, beschlossen sie kurzerhand, nach São Paulo zu reisen. Und keine zehn Minuten nach Valdirs stürmischer Begrüßung saßen die beiden alten Leute mit ihrer Tochter im Wohnzimmer und kamen gleich zur Sache, während Valdir durch den offenen Türspalt schielte und das Gespräch mit klopfendem Herzen mitverfolgte. «Miriam», begann die Großmutter. «Es ist genug. Endgültig. Wir können nicht länger mitansehen, wie du dich und deine Familie in den Ruin stürzt. Sieh dich bloß an. Sieh bloß, wie dein Mann dich zugerichtet hat.» Sie betrachtete kopfschüttelnd Miriams Auge, das nach wie vor geschwollen war und in den buntesten Farben schillerte. «Ist das der Mann deiner Träume? Der Ehemann, den du dir gewünscht hast? Der seine Frau mißhandelt und seinen Sohn beinahe zum Krüppel schlägt?»

Valdirs Mutter zeichnete mit dem Finger Kreise aufs Tischtuch und antwortete nichts.

«Er hätte den Jungen umbringen können!» fuhr die Großmutter fort. «Ist dir eigentlich klar, daß du mit deinem und dem Leben deiner Kinder spielst?»

Die Mutter schwieg.

«Wir haben auf der Polizei eine Klage gegen Romildo eingereicht», erklärte der Großvater ohne Umschweife. «Wir haben erzählt, was geschehen ist, und sie gebeten, noch heute vorbeizukommen und sich selbst ein Bild von der Situation zu machen.»

Noch immer keine Reaktion.

«Du mußt ihnen die Wahrheit sagen», drang die Großmutter in ihre Tochter. «Es hat keinen Sinn, dir noch länger vorzumachen, daß eines Tages alles gut wird. Handle! Um Gottes Willen! Tu etwas! Ich flehe dich an! Wenn nicht deinetwegen, so wenigstens um deiner Kinder willen!»

Valdir wußte nicht, was er von diesem Gespräch halten sollte. Er wußte nur, daß es ihn beunruhigte. Leise trat er von der Tür weg und setzte sich ans Bett seines Bruders.

«Sie haben Vater deinetwegen angezeigt», berichtete er Wagner. «Die Polizei wird noch heute vorbeikommen.»

«Endlich mal jemand, der den Mut hat, etwas zu tun», murmelte Wagner.

«Meinst du, sie werden Vater verhaften?»

«Es wäre mir ein Vergnügen, ihn hinter Gittern zu sehen», sagte Wagner mit Genugtuung. «Dann wird er endlich dafür bezahlen, was er Mutter und uns angetan hat.»

Valdir war sich nicht sicher, ob er die Rachegefühle seines Bruders teilen sollte. Es ging immerhin um ihren Vater und nicht um irgendeinen Kriminellen. Und wer würde dann für sie aufkommen? Es war zwar ein magerer Lohn, den Vater verdiente, und das meiste ging für alkoholische Getränke und Schulden drauf, doch immerhin hatten sie bisher keinen Hunger gelitten.

Es klopfte an die Haustür, und Valdirs Herz schlug automatisch schneller. Er hörte, wie seine Mutter zur Tür schlurfte und öffnete. Wieder huschte er zur Zimmertür und schielte ins Wohnzimmer. Zwei Polizisten waren eingetreten und unterhielten sich mit Mutter. Einer deutete auf ihr geschwollenes Auge und fragte sie, wie das passiert sei.

«Ich bin gestürzt», erklärte die Mutter einfach.

«Gestürzt», wiederholte der eine Polizist vielsagend, «könnte es nicht auch sein, daß Ihr Mann Sie geschlagen hat?»

«Warum sollte er?» wich die Mutter der Frage aus und zwang sich ein Lächeln ab. «Mein Mann und ich haben keine Probleme.»

«Hmm», machte der zweite Polizist, «uns ist aber anderes zu Ohren gekommen.»

Nun ergriff der Großvater das Wort. «Entschuldigen Sie, wenn ich mich einmische. Mein Name ist Roberto. Ich bin Miriams Vater. Ich war es, der Romildo angezeigt hat. Ich konnte nicht länger mitansehen, wie...»

«Vater!» schnitt Miriam ihm das Wort ab. «Bitte laß *mich*

diese Sache regeln, ja?» Sie wandte sich den Polizisten zu. «Mein Vater ist schon ziemlich alt, wenn sie verstehen, was ich meine. Er redet manchmal eine Menge Unsinn daher.»

«Miriam!» rief die Großmutter entsetzt. Die Polizisten sahen unschlüssig von einem zum andern und versuchten abzuwägen, wer hier eigentlich wen auf den Arm nahm.

«Ihr Mann hat sie also *nicht* geschlagen?»

«Natürlich nicht.»

«Mein Gott, Miriam!» ergriff der Großvater erneut energisch das Wort. «Warum sagst du nicht die Wahrheit? Warum sagst du ihnen nicht, daß dein zehnjähriger Junge mit dem Messer auf seinen Vater losging, weil er dich ins Gesicht schlug? Warum läßt du sie nicht einen Blick ins Kinderzimmer werfen, damit sie sehen, wie Romildo ihn daraufhin zugerichtet hat?»

Valdirs Mutter schüttelte den Kopf. «Hören Sie nicht auf ihn. Er ist ein wenig durcheinander. Das Alter, wissen Sie.» Die Polizisten wechselten einige Blicke.

«Würden Sie so freundlich sein, uns ins Kinderzimmer zu führen?» Mit einem Satz sprang Valdir von der Tür weg, kletterte aufs Stockbett und verschanzte sich unter der Bettdecke. Trotzdem konnte er es nicht unterlassen, unter der Decke hervorzulugen, als die Polizisten mit seiner Mutter ins Zimmer traten.

«Hallo, Junge», begrüßte der eine Polizist seinen Bruder freundlich, während er die Schrammen an seinem Kopf musterte, «was ist denn mit *dir* passiert?»

Valdir hielt den Atem an. Er war sich hundertprozentig sicher, daß sein Bruder die Wahrheit sagen würde. Das war *die* Gelegenheit, auf die er so lange gewartet hatte. Seine Zukunft, die Zukunft seiner Geschwister, ja, der ganzen Familie hing jetzt einzig und allein von seiner Antwort ab, und Valdir wünschte sich auf einmal mehr denn je, daß Wagner die Karten offen ausspielte, um dem Alptraum seines Lebens endlich ein Ende zu setzen und um endlich eine Entscheidung herbeizuführen. Doch Wagner zögerte mit seiner Antwort, und der Polizist wiederholte seine Frage.

«Du brauchst keine Angst zu haben, uns die Wahrheit zu sagen. Wie ist das passiert? Bist du etwa auch gestürzt wie deine Mutter?»

«Sag es ihnen!» dachte Valdir mit klopfendem Herzen. «Worauf wartest du noch? Sag es ihnen!»

Aber sein Bruder ließ sich Zeit, und Valdir konnte kaum fassen, als er hörte, wie Wagner schließlich murmelte: «Ich hab mich auf dem Pausenplatz gestritten.»

Valdir hätte seinen Bruder für diese Lüge am liebsten erwürgt. Warum hatte er bloß nicht die Wahrheit gesagt? Was war es, das ihm den Mut genommen hatte? Die Polizisten wünschten Wagner gute Besserung und gingen. Valdir hörte sie noch eine Weile mit den Großeltern diskutieren, dann verabschiedeten sie sich und verließen das Haus.

Sie kehrten nie wieder zurück.

Flieh, Junge, flieh!

«Wir sind geschieden, Kinder.» Die Nachricht kam keineswegs überraschend und löste weder Freude noch Bestürzung aus. Die fünf Kinder saßen nur teilnahmslos auf dem Sofa im Wohnzimmer und blickten ihre Mutter gleichgültig an. Daß sich ihre Eltern früher oder später scheiden lassen würden, war ihnen längst klar gewesen. Vater hatte sich immer seltener zu Hause blicken lassen und sich eine reiche Freundin geangelt, und Mutter war immer öfter übers Wochenende ausgeflogen, um einen gewissen «Freund» zu besuchen.

«Und wer kriegt nun das Sorgerecht?» fragte Wagner nüchtern.

«Die Mädchen bleiben bei mir», erklärte die Mutter, «und die Jungs bleiben bei Vater.»

«Ich will aber nicht bei Vater bleiben!» rief Wagner aufgebracht. «Wer hat so 'ne blöde Entscheidung getroffen?»

«Der Richter.»

«Dann richte ihm aus, daß ich damit nicht einverstanden bin!»

«Einverstanden oder nicht, du gehst mit Vater.»

«Lieber würd ich sterben!»

«Wagner, es reicht! Du gehst mit Vater. Da gibt es nichts zu diskutieren!»

«Du kannst mich mal!» Für diese Bemerkung fing der Junge eine saftige Ohrfeige ein.

«Ich will nichts mehr davon hören, ist das klar?»

Wagner hielt sich die Wange und sagte nichts mehr, doch in seinen Augen glühte ein unbeugsamer Wille. «Ich werde ihm das Leben so lange versauern, bis er uns Mutter zurückgibt», sagte er Valdir an jenem Abend, bevor sie sich schlafen legten. «Du wirst sehen.» Und Valdir kannte seinen Bruder gut genug, um zu wissen, daß er seinen Plan durchziehen würde.

Am nächsten Tag fuhr der Vater mit einem noblen Schlitten vor, um Wagner, Valdir und Valdemir abzuholen. Seine Freundin saß auf dem Beifahrersitz und polierte sich die Fingernägel. Sie machte sich nicht einmal die Mühe, auszusteigen, geschweige denn den Kindern beim Tragen ihres Gepäcks zu helfen. Der Vater verstaute ihre wenigen Habseligkeiten im Kofferraum, während sich die Jungs von Mutter verabschiedeten. Es war ein seltsamer Moment. Valdir haßte es, Abschied zu nehmen. Schon der Abschied von seinen Großeltern, damals in Pernambuco, damals vor einem Jahr, als sie nach São Paulo zogen, war ihm schwergefallen. Doch die damaligen Gefühle waren nichts im Vergleich zu dem, was er jetzt beim Abschied von seiner Mutter empfand. Es war, als würde eine unsichtbare Hand sein Herz zusammenpressen. Es war, als würde ihn jemand in tausend Stücke reißen, und er fühlte sich auf einmal unglaublich klein und elend. Er warf sich ihr in die Arme und hielt sie umschlungen, hielt sie fest mit der gesamten Kraft, die in ihm steckte, um sie nie mehr loszulassen. Eine Träne kullerte über seine Wange und verlor sich in ihrem schwarzen Haar. Sie küßte ihn zärtlich auf die Stirn.

«Ich hab dich lieb, Valdir», flüsterte sie ihm ins Ohr.

«Ich dich auch, Mutter», sagte er. Vaters Freundin kurbelte die Fensterscheibe herunter und rief ungeduldig, sie sollten sich etwas beeilen. Die Mutter stellte Valdir auf den Boden und strich ihm über den Kopf.

«Sei nicht traurig. Ihr werdet mich immer besuchen können.» Valdir nickte tapfer und wischte sich die Tränen aus dem Gesicht. Vaters Freundin hupte mehrmals energisch.

«Na, was ist? Wollt ihr hier Wurzeln schlagen oder wie?»

«Wagner, Valdir, Valdemir, steigt ein!» ordnete der Vater an und öffnete ihnen die Tür. Die drei Brüder setzten sich brav auf den Rücksitz, der Vater begab sich ans Steuer und ließ den Motor an. Dann fuhren sie los. Die Jungen drehten sich um, knieten sich auf den Rücksitz und preßten ihre Gesichter gegen die Rückscheibe. Mutter stand vor dem Haus und winkte ihnen nach. Sie winkten zurück, und je mehr sie sich entfernten, desto schwerer wurde Valdirs Herz. Er kniff die Lippen zusammen, um nicht loszuweinen.

«Eine unerträgliche Hitze heute, was?» sagte Vaters Freundin und wedelte mit den Händen in der Luft herum, um den Lack auf ihren Fingernägeln zu trocknen. «Wenn wir zu Hause sind, werde ich erst mal ein Bad nehmen.» Sie bogen in die Hauptstraße ein, und obwohl die Mutter längst außer Sichtweite war, blieben die Kinder noch eine ganze Weile am Fenster kleben, bis der Vater sie anwies, sich richtig hinzusetzen.

«Katarina, das sind meine Jungs», stellte der Vater die Kinder vor und nannte ihre Namen. Katarina lächelte sie durch den Rückspiegel flüchtig an.

«Hallo!» begrüßte sie sie kurz und wandte sich dann mit besorgtem Gesicht dem Vater zu. «Machen die noch ins Bett?»

«Keine Sorge, wir sind stubenrein», verkündete Wagner lakonisch.

«Dann ist ja gut», atmete Katarina erleichtert auf. «Ich habe nämlich keine Lust, jeden Tag die Betten frisch zu beziehen.»

«Na, was ist, Kinder?» sagte der Vater. «Wollt ihr eurer neuen Mutter nicht wenigstens guten Tag sagen?»

«Sie ist nicht unsere Mutter», bemerkte Wagner mit finsterer Miene.

«Ich möchte aber, daß ihr sie Mutter nennt!»

«Ich werde dieses aufgetakelte Weib nicht Mutter nennen!» rief Wagner, und kaum daß er den Satz ausgesprochen hatte, trat der Vater auf die Bremsen und brachte den Wagen quietschend am Straßenrand zum Stehen.

«Bitte sie um Entschuldigung! Augenblicklich!» forderte er den Zehnjährigen auf. Doch Wagner schwieg beharrlich. «Wenn du sie nicht augenblicklich um Entschuldigung bittest, kannst du was erleben!»

«Sie ist nicht unsere Mutter», knurrte Wagner. «Unsere Mutter malt sich nicht die Fingernägel an und fragt uns nicht, ob wir noch ins Bett machen und so'n Schwachsinn.»

Der Vater löste die Sicherheitsgurte, stieg aus, öffnete die Tür des Rücksitzes und befahl Wagner auszusteigen. Als der Junge nicht gehorchte, packte er ihn am Arm und zerrte ihn nach draußen.

«Ich will dich lehren, Bürschchen!» Er versetzte ihm ein paar Schläge und zog ihn zur Beifahrertür. Katarina hatte die Scheibe heruntergekurbelt und wartete mit hochgezogenen Augenbrauen auf die ihr zustehende Entschuldigung.

«Du scheinst deinen Kindern keinen Respekt beigebracht zu haben», stellte sie fest und sah den rebellischen Jungen mit einer Mischung aus Abneigung und Arroganz an.

«Na, was ist? Wirst du sie um Entschuldigung bitten, oder muß ich die Worte erst aus dir herausprügeln?»

Wagners Nasenflügel bebten. Er sah die Freundin seines Vaters mit Abscheu an, und dann, ohne seinen Blick von ihr abzuwenden, spuckte er vor ihr auf den Boden. Im selben Moment landete eine saftige Ohrfeige auf seiner Wange, gefolgt von mehreren groben Hieben und Fußtritten. Dann stieß der Vater den Jungen auf den Rücksitz zurück, setzte sich ans Steuer und gab Gas.

«Warte nur, bis wir zu Hause sind!» drohte er ihm. «Dort werden wir andere Saiten aufziehen!» Wagner wischte sich das Blut von der Lippe und schwieg für den Rest der Fahrt. Doch obwohl er wußte, daß ihn der Vater windelweich prügeln würde, wenn sie zu Hause ankämen, schien er nicht zu bereuen, was er getan hatte. Feindschaft flackerte in seinen Augen wie ein unauslöschliches Feuer.

Die Beziehung zu Vaters Freundin war von vornherein zum Scheitern verurteilt. Vater bestand darauf, daß sie sie Mutter nannten, doch seine Söhne weigerten sich strikt. Katarina wußte nichts mit Kindern anzufangen und bemühte sich auch nicht darum, sich mit ihnen anzufreunden. Sie hing den lieben langen Tag nur am Telefon, und wenn sie nicht am Telefon hing, kümmerte sie sich um ihre Schönheitspflege. Für sie waren die drei Jungen eine Strafe Gottes, und die Brüder, angefeuert von Wagner, taten alles, um diesem Urteil gerecht zu werden. Schließlich hielt es der Vater nicht mehr aus und brachte die drei kurzerhand zur Mutter, die in der Zwischenzeit bei einem alten Geisterbeschwörer namens Jacinto wohnte.

Die Wiedersehensfreude war groß. Valeria und Valdirene führten ihre Brüder stolz auf ihr Zimmer und tauschten die letzten Neuigkeiten aus.

«Werdet ihr jetzt hier wohnen?» fragte die siebenjährige Valdirene neugierig.

«Klar», verkündete der sechsjährige Valdemir. «Wir kehren nicht mehr zu Papa zurück. Der mag uns nicht.»

«Ich dachte, der Richter hätte verboten, daß wir zusammenwohnen», stellte Valeria fest. Wagner grinste.

«Du kannst ja Vaters Freundin fragen, wie sie darüber denkt.»

«Wieso?»

«Wir sind ihr so lange auf der Nase herumgetanzt, bis sie uns zum Teufel schickte», berichtete Valdir schmunzelnd. Valeria wurde plötzlich ernst.

«Da seid ihr ja am rechten Ort gelandet», murmelte sie, und um den Brüdern zu erklären, was sie damit meinte, deutete sie ihnen mit einem Kopfnicken an, ihr zu folgen. Sie führte die Geschwister von Zimmer zu Zimmer des großen Hauses. Überall, an den Wänden, auf den Möbeln, in jedem Winkel hingen seltsame Bilder, Figuren und Masken. Valdir hatte schon öfters jene bunten Jesus- oder Maria-Bilder gesehen, die die Leute in den Häusern aufzuhängen oder an die Windschutzscheibe ihrer Autos zu kleben pflegten, in der Hoffnung, dadurch einen besonderen Schutz zu erhalten. Doch die Figuren, die sich in Jacintos Haus befanden, hatten weder Heiligenscheine auf dem Kopf noch jenen verklärten Blick, den die Leute ebenfalls als heilig bezeichneten. Es waren grinsende Fratzen, deren Augen aus schwarzen Augenhöhlen glotzten, und Valdir kam es so vor, als wären die gräßlichen Masken lebendig und würden ihn tatsächlich beobachten, als er an ihnen vorbeiging. Es fröstelte ihn bei dieser Vorstellung.

«In den ersten Nächten, als wir hier waren, geschahen seltsame Dinge», erzählte Valeria. «Ich hatte das Gefühl, als wäre jemand im Zimmer, doch wenn ich das Licht anmachte, war niemand da. Manchmal hörte ich Schritte, obwohl sich niemand im Haus befand, und einmal öffnete sich die Zimmertür ganz von alleine, obwohl niemand da war.»

«Und du hattest keine Angst?» fragte Valdir.

«Doch», antwortete das Mädchen. «Ich habe Jacinto davon erzählt, und er begann seltsam zu lachen und meinte, das wären die Mächte der Finsternis, die in diesem Haus wohnen würden, und ich müßte mich wohl oder übel daran gewöhnen. Aber Großmutter hat mir einmal gesagt, daß Jesus stärker ist als alle finsteren Mächte und daß sich die bösen Geister vor ihm fürchten würden. Und als diese Dinge erneut geschahen, begann ich laut zu Jesus zu beten, und augenblicklich hörte der Spuk auf.»

Valdir lief es kalt den Rücken hinunter, als seine Schwester das erzählte. Er fühlte sich nicht mehr wohl in seiner Haut. Er betrachtete die vielen grinsenden Gesichter an den Wänden und hatte den Eindruck, ihr höhnisches Lachen zu hören. Und mit derselben Intensität, mit der er im Haus seiner Großeltern auf ihm unerklärliche Weise Gottes Gegenwart gespürt hatte, spürte er jetzt die Gegenwart des Teufels. Und das machte ihm angst.

Die erste Woche konnte Valdir vor Angst kaum schlafen. Alles in diesem Haus war furchterregend, selbst die Luft schien von Bosheit durchtränkt zu sein. Valdir fürchtete sich vor jedem Geräusch, jedem ungewohnten Laut, und am meisten fürchtete er sich vor Jacinto selbst. Er war ein kleiner, knochiger Mann mit weißem Haar und mehreren Zahnlücken, und es war Valdir ein Rätsel, was seine Mutter an diesem dürren Alten fand. Jacinto war fast immer schlechter Laune, und er kommandierte ihn und seine Geschwister den ganzen Tag herum. Doch das Schlimmste war die Art und Weise, wie er die Mutter behandelte: wie ein Stück Dreck, wie einen Hund, eine Versagerin, ein Nichts oder noch weniger als das. Und Mutter flüchtete sich erneut in den Alkohol.

Eines Abends, als Mutter mit einer Flasche Pinga am Tisch saß, kam Jacinto und begann in aller Lautstärke über sie herzuziehen. Er nannte sie alles mögliche, und bei jedem Wort krampfte sich Valdirs Herz zusammen. Wäre es sein Vater gewesen, der die Mutter so demütigte, hätte er vielleicht den Mut aufgebracht, sie mit Worten oder mit seinen Fäusten zu verteidigen, doch bei Jacinto war das anders. Er besaß eine geheimnisvolle Kraft, gegen die Valdir sich nicht anzukämpfen traute. Allein schon wenn er in seine schwarzen, kleinen Augen blickte, schauderte es ihn, und es kam ihm jedesmal so vor, als würden diese Augen ihn innerlich auffressen. Mutter war so betrunken, daß sie sich kaum gegen Jacintos verletzende Bemerkungen wehrte, und als der Alte sie plötzlich ins Gesicht schlug, taumelte sie bloß wie eine Puppe zur Seite und wäre beinahe vom Stuhl gefallen.

Valdir stand bebend an der Tür und ballte die Fäuste. Niemand, niemand hatte das Recht, seine Mutter zu schlagen, niemand! Die Fingernägel gruben sich in seine Handflächen, und seine Augen füllten sich mit Haß. Und auf einmal wußte er, was er tun würde. Er rannte ins Kinderzimmer, zog seine Steinschleuder samt einem kleinen Stoffbeutel, gefüllt mit vielen Steinchen, unter dem Kopfkissen hervor. Und so bewaffnet begann er seinen genialen Racheplan in die Tat umzusetzen. Er ging von Zimmer zu Zimmer, legte Steinchen um Steinchen in die Schleuder, zielte auf die Masken und Figuren an den Wänden und sah mit Genugtuung, wie Jacintos Götzen aus Ton, Glas und Porzellan klirrend zu Boden fielen und in tausend Scherben zersprangen.

«Bei allen Heiligen! Was tust du da?» hörte er plötzlich die schrille Stimme Jacintos hinter sich, und ehe er sich versah, hatte ihn der Alte am Arm gepackt und zwang ihn, die Schleuder fallen zu lassen. «Bist du von allen guten Geistern verlassen?» schrie er und schüttelte den Jungen kräftig durch. In seinen Augen schien sich die gesamte furiose Geisterwelt zu spiegeln, als er zischte: «Das wirst du mir büßen, du kleine Kröte! Ich werde alle Finsternismächte auf dich hetzen und dich töten lassen! Und dann werde ich deine Organe verkaufen!» Valdir lief es bei diesen Worten kalt den Rücken hinunter, und panische Angst befiel ihn. Er riß sich los, lief zur Tür hinaus und rannte an seiner Mutter vorbei ins Freie.

«Flieh, Junge, flieh!» hörte er Jacintos Stimme hinter sich herrufen. «Du wirst nicht weit kommen! Die Götter werden dich einholen und dir deine Tat tausendfach zurückzahlen! Die Heiligen, die du zerbrochen hast, werden dich bestrafen, das schwör ich dir!» Valdir rannte davon, ohne sich nochmals umzudrehen. Er rannte und rannte, bis er keine Luft mehr hatte. Keuchend lehnte er sich an eine Mauer und glaubte, sein Herz würde zerspringen. Die Worte des Mannes hallten in seinen Gedanken wider.

«Ich werde dich töten lassen und deine Organe verkaufen! Ich werde dich töten lassen!» Verzweiflung und Panik überkamen Valdir. Er wußte, daß Jacinto keinen Spaß gemacht hatte. Er wußte, daß Jacinto Macht besaß, seine tödliche Drohung wahr zu machen. Er zitterte am ganzen Körper, von lähmender Angst befallen, doch dann dachte er auf einmal an Valerias Worte und wie sie ihre Angst vor den bösen Geistern mit einem schlichten Gebet bezwungen hatte. Großmutter hatte oft mit ihm gebetet, und Valdir erinnerte sich, wie beruhigend ihre Gebete immer auf ihn gewirkt hatten. Er schloß die Augen und versuchte sich an den Wortlaut ihrer Gebete zu erinnern, um nichts falsch zu machen.

«Herr Jesus», murmelte er etwas unbeholfen, «mach bitte, daß Jacintos Fluch mir nichts anhaben kann! Amen!»

Als er die Augen wieder öffnete, fühlte er sich ein klein wenig besser. Er überlegte, was er jetzt tun sollte. Zurückkehren wollte und konnte er nicht, soviel stand fest. Jacinto würde ihn augenblicklich in Stücke reißen. Doch wohin sollte er sonst gehen? Zurück zu seinem Vater? Der Gedanke mißfiel ihm. Nein, er konnte nicht zu seinem Vater zurückkehren, der würde ihn windelweich schlagen und ihn zu seiner Mutter zurückbringen.

Und wenn er ihm die Situation erklärte? Vielleicht hatte sich sein Zorn gegen die Jungs bereits gelegt. Vielleicht würde sein Vater ihm noch einmal eine Chance geben, wenn er versprach, sich ordentlich zu benehmen. Ob er es wagen sollte?

Er spürte einen Kloß im Hals, als ihm bewußt wurde, daß er im Grunde keine andere Wahl hatte. In Jacintos Haus würden ihn jedenfalls keine zehn Pferde mehr zurückbringen. Und immer noch besser, seinem Vater in die Hände zu fallen als einem Banditen auf der Straße. Er brauchte bloß einen Bus zu finden, der nach São Miguel Paulista fuhr. Geld hatte er zwar keines dabei, doch einen kleinen Jungen wie ihn würde der Busfahrer bestimmt umsonst mitfahren lassen. Und wenn er erst einmal in São Miguel Paulista war, könnte er den restlichen Weg zu Fuß zurücklegen. Oder ob es zu gefährlich war, nachts eine so weite Reise anzutreten? Und wenn er sich auf halbem Weg verirren würde? Er schlug alle Bedenken in den Wind und beschloß, es wenigstens zu versuchen. Immer noch besser, die ganze Nacht unterwegs zu sein, als auf der Straße zu übernachten.

Und so machte sich Valdir auf den Weg – ein achtjähriges Kind, das nichts dabeihatte als die Kleider auf seinem Leib und die Hoffnung im Herzen, daß sich vielleicht eines Tages alles zum Guten wenden würde.

Und am nächsten Morgen, als der Vater aus dem Haus ging, um Brot fürs Frühstück zu kaufen, stolperte er beinahe über einen kleinen Jungen, der vor seiner Tür lag, eingerollt in ein dünnes Hemdchen, Arme und Beine dicht an den Körper gezogen, um sich vor der Kälte zu schützen. Er war die ganze Nacht unterwegs gewesen, um sich in Sicherheit zu bringen, und als er im Morgengrauen endlich sein Ziel erreicht hatte, war er vor Erschöpfung auf der Treppe eingeschlafen...

Kein Zurück mehr

«Wieviel hast du?»

«Fünf Reais*, und du?»

«Weiß nicht.»

Valdir warf einen prüfenden Blick auf die Handfläche seines Bruders und zählte die vielen Münzen in seiner Hand.

«Drei Reais und 45 Centavos*.» Er legte sein eigenes verdientes Geld dazu. «Das macht acht Reais und 45 Centavos. Nicht gerade viel.» Valdemir zuckte unschuldig die Achseln und ließ das Geld in der Hosentasche verschwinden.

«Warum gehen wir nicht wieder in den Häusern betteln?» schlug er vor. Valdir spuckte auf den Boden.

«Ich hasse es, in den Häusern betteln zu gehen», brummte er.

«Parkwächter spielen ist auch nicht viel besser», meinte Valdemir. Natürlich hatte er recht. Und im Grunde war weder Betteln noch Autos Hüten die Freizeitbeschäftigung, von der die beiden Jungen immer geträumt hatten. Natürlich hätten sie lieber Fußball gespielt, als in der glühenden Sonne zu warten, bis die Besitzer der geparkten Autos von ihren Geschäften zurückkamen, sich ans Steuer setzten, die Scheibe herunterkurbelten und den selbsternannten Parkwächtern gnädigst einige Münzen in die ausgestreckte Hand klimpern ließen. Und natürlich hätten sie sich von dem verdienten Geld lieber Eiscreme oder Schokolade gekauft, als es für den Vater aufzuheben. Vater kaufte davon ohnehin nur Pinga. Doch sie hatten nun mal keine andere Wahl, als das Geld schön brav nach Hause zu bringen, andernfalls gab es Schläge, und Vaters Schläge schmerzten.

* 1 brasilianischer Real (Mehrzahl «Reais») war zum damaligen Zeitpunkt etwa so viel wert wie 1 US-amerikanischer Dollar. 1 Real = 100 Centavos.

Sie setzten sich in den Schatten eines Baumes und beobachteten ein paar Kinder, die in Schuluniformen lachend die Straße überquerten. Valdir beneidete sie. Wie gerne wäre er zur Schule gegangen, um Lesen und Schreiben zu lernen. Doch sein Vater meinte, ein neunjähriger Junge hätte es nicht mehr nötig, die Schulbank zu drücken, und was er wissen müsse, um in dieser Welt zu überleben, würde ihn das Leben selbst lehren.

In der Tat hatte Valdir vieles gelernt im vergangenen Jahr, was man auf keiner Schulbank der Welt lernen kann. Er hatte gelernt, Zitronen zu pflücken und auf dem Markt zu verkaufen. Ja, das hatte er tatsächlich gelernt. Natürlich nicht in São Paulo. In São Roque, einem kleinen Ort etwa eine Stunde von São Paulo entfernt. Dort hatte sein Vater die Verwaltung eines großen Landgutes übernommen, auf dem sich an die tausend Zitronenbäume befanden, und Valdir, Wagner und Valdemir lernten, mit einem langen Stock, an dessen Ende sich eine Art gekrümmtes Messer befand, Zitronen zu pflücken. Wagner und Valdemir hatten zwar ursprünglich bei Mutter bleiben wollen, doch nachdem Vater sich von seiner Freundin Katarina getrennt hatte, hatte er die beiden zurückgeholt. Und damit waren Valdir, den sein Vater einigermaßen gnädig wieder aufgenommen hatte, und seine Brüder wieder zusammen.

Die Arbeit auf der Zitronenplantage machte ihnen Spaß, und auch Vater entdeckte einen neuen Sinn in seinem Leben und stürzte sich mit Hingabe und Begeisterung in seine Aufgabe. Sie pflückten so viele Zitronen, daß sie sie kistenweise auf dem Markt in der Stadt verkauften. Einmal kamen sogar ihre beiden Schwestern zu Besuch, und sie unternahmen Streifzüge durch die Gegend, kletterten auf Bäume, stauten Bäche, durften mit den Pferden der Nachbarn ausreiten und lebten jenes abenteuerliche, sorglose Kinderleben, das man sonst nur in Jugendbüchern antrifft.

Doch wie so oft im Leben hielt das Glück auch diesmal

nicht lange an, und als das Landgut sechs Monate später an ein italienisches Ehepaar verkauft wurde, kehrte der Vater mit seinen Kindern nach São Paulo zurück. Und mit ihrer Rückkehr nach São Paulo kehrte auch die Misere in ihre Familie zurück. Bald kam es Valdir so vor, als wäre die Zeit in São Roque bloß ein fantastischer Traum gewesen, nach dem er sich mit der Zeit immer mehr zurücksehnte und von dem er doch wußte, daß er nie mehr Wirklichkeit würde.

Wie man Zitronen pflückte, hatte Valdir gelernt; jetzt lernte er, auf Autos aufzupassen. Und während Wagner im Haus arbeiten mußte, schickte Vater Valdir und Valdemir jeden Tag nach dem Frühstück in die Stadt, um Geld zu verdienen. Oft knurrten ihre Mägen, wenn sie abends nach Hause zurückkehrten, da sie während des ganzen Tages nichts zu sich genommen hatten. Denn nicht immer gelang es ihnen, etwas Eßbares aufzutreiben.

«Ich habe Hunger», sagte Valdemir plötzlich. Es war bald zwei Uhr nachmittags, und außer einem Stück Brot und einer Tasse Milch hatten er und sein Bruder an diesem Tag noch nichts Richtiges zwischen die Zähne gekriegt.

«Warte hier», meinte Valdir, «ich werd uns was besorgen.» Er ging ein Stück die Straße hinunter und stellte sich in die Nähe eines Würstchenstandes. Dann wartete er, bis ein wohlbeleibter Herr einen Hot dog bestellte, trat mit herzzerreißender Miene und unterwürfiger Haltung an ihn heran und sagte mit dünnem Stimmchen:

«Entschuldigen Sie, könnten Sie mir nicht einen Hot dog bezahlen? Ich habe Hunger.» Der Mann blickte skeptisch auf den dunklen Jungen hinunter. «Bitte», murmelte Valdir und sah ihn mit den treuherzigsten und mitleiderregensten Augen an, die er nur irgend zustande brachte.

«Geben Sie dem Jungen auch einen», meinte der Mann schließlich und reichte dem Verkäufer das nötige Geld. Valdir bedankte sich höflich und nützte die Gutherzigkeit des Mannes, um eine weitere Bitte vorzubringen.

«Meinen Sie, es wäre möglich… natürlich nur, wenn es Ihnen nichts ausmacht…»

«Was?»

«Mein Bruder hat auch noch nichts gegessen.»

«Und wo ist dein Bruder?»

«Er sitzt da drüben.» Er deutete mit einer Kopfbewegung in eine unbestimmte Richtung. Der Mann überlegte eine Weile, dann reichte er dem Würstchenmann eine weitere Münze, erleichterte damit nicht nur sein Portemonnaie, sondern auch sein Gewissen, und Valdir strahlte übers ganze Gesicht.

«Vielen Dank! Vielen tausend Dank!»

«Gern geschehen», sagte der Mann, und um seine Rolle als großzügiger Gönner der Menschheit gebührend zu feiern, erklärte er dem Verkäufer: «Können einem leidtun, diese Straßenjungen. Ich sage mir immer: besser, ihnen etwas zu essen zu kaufen, als ihnen Geld zu geben. Man weiß ja, daß sie sich davon nur Drogen kaufen.»

«Du hast ja keine Ahnung», dachte Valdir, schwieg jedoch wohlweislich. Was hätte es schon für einen Sinn gemacht, dem Mann die Striemen unter seinem Unterhemd zu zeigen, die sein Vater ihm vor drei Tagen mit einem Stück Gartenschlauch zugefügt hatte, als er zu wenig Geld nach Hause brachte; Striemen, die noch immer bei jeder kleinsten Berührung höllisch schmerzten. *Das* war seine Realität. Manchmal, wenn er tagsüber nicht genügend Geld verdient hatte, war er gar nicht erst nach Hause gegangen und hatte auf der Straße übernachtet. *Das* war seine Realität. Und bei jedem Centavo, jeder Münze, die er sich mühsam zusammenverdiente, überlegte er sich besorgt, ob das Geld wohl diesmal reichen würde, um seinen Vater abends zufriedenzustellen. *Das* war seine Realität.

Valdir nahm seine beiden Hot dogs entgegen, bedankte sich nochmals höflich und kehrte zu seinem Bruder zurück.

«Der wird Augen machen», dachte Valdir, stolz darauf, wie

rasch er sich diesmal ihr Mittagessen erobert hatte. Von weitem sah er Valdemir an der Straße stehen und sich mit drei älteren Jungen unterhalten. Eine dunkle Ahnung stieg in ihm auf. Er beschleunigte seinen Schritt, doch im selben Moment stießen die Burschen Valdemir grob zu Boden und suchten das Weite. Intuitiv begann Valdir zu laufen, den einen Hot dog in der rechten, den andern in der linken Hand, obwohl er bereits wußte, daß er die Diebe nicht mehr einholen würde.

«Valdemir! Alles in Ordnung?» Valdemir richtete sich auf und wischte ein paar Steinchen von den aufgeschürften Knien. Er sah Valdir mit feuchten Augen an.

«Sie haben alles genommen!» schluckte er. «Sie haben alles genommen! Ich kann nichts dafür!»

«Ist schon o.k.», tröstete Valdir seinen kleinen Bruder und streckte ihm einen Hot dog entgegen. «Ich hab uns was zu essen aufgetrieben.»

«Jetzt werden wir wieder Schläge kriegen», fuhr der Siebenjährige schuldbewußt fort. «Ich hab das nicht gewollt! Ich schwör's dir!»

«Da, nimm!» sagte Valdir und drückte ihm den Hot dog in die Hand. «Und hör auf zu jammern! Ist nun mal geschehn!» Sie setzten sich und aßen schweigend. Valdir versuchte, den Überlegenen zu spielen, obwohl er in Wirklichkeit genauso verzweifelt war wie sein Bruder, wenn nicht noch mehr. Er hätte schreien können über die Gemeinheit, die ihnen widerfahren war, und er hätte sich gleichzeitig ohrfeigen können, weil er Valdemir seine fünf Reais anvertraut hatte. Da saßen sie, ohne einen einzigen Centavo in der Tasche und ohne jegliche Aussicht, ihre Situation im Verlauf des Nachmittags noch irgendwie retten zu können. Und in Gedanken stellte sich Valdir bereits die Wut seines Vaters vor, wenn sie mit leeren Händen nach Hause kommen würden. Daß man sie bestohlen hatte, würde ihn kaum interessieren. Das einzige, was ihn interessierte, war Geld. Geld, um sich

Pinga zu kaufen, und Geld, um im Lotto zu spielen. Denn er bildete sich tatsächlich ein, dabei eines Tages eine Menge Geld zu gewinnen. Und wenn er die Gewinnzahl um Haaresbreite verfehlte, geriet er außer sich vor Erregung, ging in die Bar und ließ sich die Birne vollaufen. Es war die Hölle, und Valdir fragte sich, wie lange es wohl noch dauerte, bis sein Vater völlig durchdrehen würde. Denn viel schlimmer konnte es nicht mehr werden.

«Was sollen wir jetzt tun?» fragte Valdemir besorgt und riß den Bruder aus seiner Gedankenwelt.

«Na, was wohl», sagte Valdir, «zusehen, daß wir irgendwie zu Geld kommen.»

«Und wenn wir das Geld nicht zusammenbringen?»

«Wir *werden* es zusammenbringen, ist das klar?»

Valdemir nickte. «Ich werde es in den Häusern versuchen», teilte er sich sein Arbeitsgebiet selbst zu und ging davon.

Valdir blieb unschlüssig sitzen, drehte die Serviette in seinen Fingern und dachte über seine verhängnisvolle Situation nach, die so miserabel war, daß er vom bloßen Denken Bauchschmerzen bekam. Einen Tag zuvor hatte er durch ein großzügiges Trinkgeld über zwanzig Reais verdient, und zum ersten Mal seit langem war er ohne Angst nach Hause gegangen. Er sah alles noch genau vor sich, erinnerte sich an Vaters erfreuten Gesichtsausdruck, als er ihm das Geld auf den Tisch legte.

«Junge, ich bin stolz auf dich!» verkündete der Vater, und Valdir fühlte sich bei diesen Worten wie im siebten Himmel. Und dann umarmte ihn sein Vater, wie er es seit Ewigkeiten nicht mehr getan hatte, und sagte mehrmals: «Ich hab dich lieb, mein Junge. Wirklich.» Er wirbelte seinen Sohn im Zimmer herum, warf ihn aufs Sofa, boxte ihn spielerisch in den Bauch, kitzelte ihn aus, und die zwei balgten sich herum wie zwei junge Kätzchen. Und Valdir, blind vor Glück über die einmalige Zuwendung, die ihm sein Vater an jenem

Abend schenkte, ahnte nicht, welch fatale Folgen die Erfolgssträhne jenes Tages mit sich bringen würde. Denn als sich die erste Aufregung gelegt hatte, schnappte die verheerende Falle zu.

«Ich hab immer gewußt, daß du fähig bist zu arbeiten», stellte sein Vater fest. «Morgen bringst du wieder so viel Geld nach Hause, ja?» Valdir glaubte sich verhört zu haben.

«Aber Vater», wandte er ein, «das kann ich nicht. Es war reiner Zufall…»

«Wenn du heute so viel Geld auftreiben konntest, dann kannst du es auch morgen.»

«Aber…»

«Wir haben uns verstanden, ja?»

«Aber Vater…»

«Wenn du das Geld nicht auftreibst, brauchst du gar nicht erst nach Hause zu kommen.»

Die Worte seines Vaters hallten in seinem Kopf wider, als Valdir am Straßenrand saß und sich den vergangenen Abend vergegenwärtigte. Über zwanzig Reais aufzutreiben, an einem einzigen Nachmittag, das war ein Ding der Unmöglichkeit. Gegen sechs Uhr abends machte sich der Neunjährige mit seinem kleinen Bruder auf den Heimweg. Zehn Reais hatten sie sich zusammen erbettelt, das war nicht schlecht für einen Nachmittag, doch es war nicht genug, und Valdir wußte, was das bedeutete. Vielleicht wäre Vater ja bereits so betrunken, daß er sich nicht mehr an seine Forderung erinnerte und sie noch einmal mit einem blauen Auge davonkommen würden. Und wenn nicht? Valdir überlegte sich, ob er es überhaupt wagen sollte, nach Hause zu gehen. Er fürchtete sich vor den Konsequenzen, beschloß aber dennoch, es zu riskieren, denn ein kalter Wind wehte, und Valdir hatte keine Lust, bei diesem Wetter im Freien zu übernachten.

Mit klopfendem Herzen öffneten sie die Haustür und traten ein. Ihr Vater hatte getrunken, jedoch nur so viel, um noch alle Sinne beisammen zu haben. Valdemir versteckte sich hinter dem Rücken seines Bruders, während Valdir das Geld auf den Tisch legte und zitternd auf Vaters Reaktion wartete. Die Luft schien zu vibrieren, so gespannt war die Atmosphäre. Der Vater sah sich das Geld lange an.

«Ist das alles?» fragte er.

«Wir hatten mehr», erklärte Valdir, obwohl er wußte, daß die Erklärung unbedeutend war, «aber ein paar Jungen haben es uns gestohlen!»

«Unfähige Idioten!» knurrte der Vater. «Du weißt genau, was ich gesagt habe. Oder hast du es vergessen?»

«Nein, Vater.»

«Na also? Worauf wartest du noch? Raus hier!»

«Vater, ich...»

«Raus, sage ich! Oder willst du dir erst eine Tracht Prügel holen?» Valdir stolperte rückwärts zur Tür. Valdemir verkroch sich ängstlich in einer Ecke. Der Vater erhob drohend die Faust, und da ergriff Valdir die Flucht.

«Ja, flieh nur!» rief sein Vater ihm nach, während er mit erhobener Faust an der Tür stehenblieb. «Flieh, so weit du kannst! Und laß dich hier nie mehr blicken! Sonst werde ich dich eigenhändig umbringen!»

Valdir rannte, so schnell ihn seine dünnen Beine tragen konnten. Er blickte nicht zurück. Er blickte weder nach rechts noch nach links, er rannte nur vorwärts, weiter und weiter, rannte, als wäre der Teufel höchstpersönlich hinter ihm her. Nie mehr würde er zurückgehen! Nie mehr! Nie mehr würde er sich von seinem Vater wie ein Hund behandeln lassen, nie mehr!

«Flieh!» rief er sich in Gedanken selbst zu. «Flieh, Valdir! Flieh, so weit du kannst!»

Endlich blieb er atemlos stehen und sah sich um. Er hatte die Orientierung verloren, doch das machte ihm nichts aus. Es war dunkel geworden und kalt. Er trug nichts weiter als kurze Hosen und ein T-Shirt, und er begann zu frösteln.

Er irrte mehrere Stunden in den Straßen umher auf der Suche nach einem Plätzchen, wo er sich für diese Nacht hätte verkriechen können. Es war eine jener kalten Winternächte, in denen oft alte Leute auf der Straße erfrieren. Die Kälte drang gnadenlos durch seine dünne Bekleidung und fraß sich in seinen knochigen Körper hinein. Wenn er wenigstens einen Pullover gehabt hätte! Er sehnte sich nach seinem warmen Bett, nach seiner Wolldecke, nach den schützenden Wänden seines Zimmers.

Er ging unter einer Brücke durch, wo etliche Menschen jeglichen Alters eingewickelt in Pappschachteln, Zeitungen, Plastik- und Stoffetzen auf dem kalten Boden lagen. Er hätte alles für eine dieser windabweisenden Hüllen gegeben und hielt verzweifelt Ausschau nach einem unbenutzten Karton. Gegen halb zwei Uhr nachts fand er endlich eine leere Schachtel. Es war die Verpackung eines Kühlschranks, die natürlich für einen neunjährigen Jungen mehr als groß genug war. Seine Zähne klapperten vor Kälte, als er sich in sein neues Zuhause verkroch. Er zog das ausgeweitete T-Shirt über seine angewinkelten Beine, ließ Arme und Kopf auch noch darunter verschwinden, um möglichst viel Wärme zu speichern, und so verpackt wartete er fröstelnd auf den Schlaf.

«Flieh», war das letzte, woran er dachte, bevor er einschlief, «flieh, Valdir!»

Messias

Ein heftiges Rütteln riß Valdir aus dem Schlaf. Er spürte, wie ihm jemand im wahrsten Sinne des Wortes den Kartonboden unter den Füßen wegzog, und während er unsanft auf den Gehsteig rollte, trat ihm jemand mit dem Fuß in den

Bauch. Er schlug die Augen auf und sah die schwarzen Stiefel eines Polizisten vor seinem Gesicht. Ehe er sich's versah, sauste ein Gummiknüppel auf seinen Rücken nieder. Ein brennender Schmerz durchfuhr ihn.

«Aufstehen! Los!» Valdir rappelte sich auf.

«Na, wird's bald! Auf! Du versperrst den Durchgang!»

Valdir begann zu laufen, bevor ihn der schwere Stiefel des Polizisten erneut traf.

«Das hier ist kein Platz für Straßenkinder!»

Valdir rannte, stolperte und prallte unverhofft mit jemandem zusammen. Es war ein Junge, etwa in seinem Alter, und die beiden stürzten gleichzeitig zu Boden. Der Junge stieß einen Fluch aus.

«He, Neginho! Hast du keine Augen im Kopf?» Er hielt Valdir am Zipfel seines T-Shirts fest und begann mit den Fäusten auf ihn einzuschlagen, doch Valdir riß sich los und rannte davon. Ein paar Fußgänger blickten ihm kopfschüttelnd nach. Valdir überquerte hastig die Straße und bog in eine schmale Seitengasse ein, wo er keuchend stehenblieb.

Sein erster Tag hatte ja gut angefangen! Er betastete mit der Hand vorsichtig seinen Rücken und zuckte bei jeder Berührung jaulend zusammen. Der Polizist hatte gut getroffen, und mit den noch nicht verheilten Striemen, die sein Vater ihm mit dem Gartenschlauch zugefügt hatte, waren die Schmerzen so ziemlich unerträglich. Doch es hatte keinen Sinn, sich selbst zu bemitleiden, davon würden die Wunden auch nicht heilen. Als erstes mußte er sich etwas zu essen auftreiben. Darin hatte er ja bereits Erfahrung, und tatsächlich fand er eine Bäckerei, die ihm ein knuspriges Brötchen schenkte. Er setzte sich an den Straßenrand, ließ sich das duftende Brötchen schmecken und kam zu dem Schluß, daß das Leben auf der Straße wohl gar nicht so übel war, wie er befürchtet hatte. Noch selten hatte er zum Frühstück ein so frisches Brötchen gegessen, und noch selten hatte er sich so rundum zufrieden gefühlt. Die tödliche Kälte der Nacht war

Vergangenheit, ein tiefblauer, wolkenloser Himmel dehnte sich über den Hochhäusern São Paulos aus, und die Sonne wärmte Valdirs Körper und gab ihm das seltsame Gefühl von Geborgenheit.

Die Welt gehörte ihm! Er war frei! Zum ersten Mal in seinem Leben konnte *er* ganz allein bestimmen, wie sein Tag verlaufen sollte. Er brauchte niemandem Rechenschaft darüber abzulegen, wo er sich heute herumtrieb. Er brauchte kein Geld zu verdienen, damit sein Vater davon Pinga kaufen würde. Er brauchte keine Angst zu haben, von seinem Vater verdroschen zu werden. Von heute an gab es nur noch ihn und die Straße! Valdir konnte sich nicht genug über diese Tatsache freuen. Endlich gehörte sein Leben *ihm allein*! Sein Vater hatte gemeint, ein neunjähriger Junge hätte es nicht mehr nötig, die Schulbank zu drücken, und Valdir sagte sich, daß er in der Tat groß genug war, um sein Leben selbst zu meistern und sich im Dschungel der Großstadt zurechtzufinden. Schließlich war die Straße nichts Neues für ihn, und hatte er bisher als Parkwächter gearbeitet, so stand ihm nichts im Wege, dies auch weiterhin zu tun, mit dem entscheidenden Unterschied, daß er das Geld diesmal für sich selbst behalten würde. Vor Hunger würde er jedenfalls nicht sterben, allein schon deshalb, weil es immer wieder jemanden gab, der sich erweichen ließ, wenn ein kleiner, schwarzer Junge wie er mit großen, traurigen Augen und schwachem Stimmchen um ein Almosen bat. Und darin hatte er bereits Übung. Nein, es konnte eigentlich nichts schiefgehen. Die Welt lag vor ihm, und Valdir war bereit, es mit ihr aufzunehmen.

Nachdem er das Brötchen gegessen hatte, machte er sich auf die Suche nach einer geeigneten Straße, um seiner gewohnten Tätigkeit nachzugehen und auf geparkte Autos aufzupassen. Doch er hatte kein Glück. Bei der ersten Straße wurde er gleich von einem älteren Jungen davongejagt.

«Such dir eine andere Straße! Die hier gehört mir!» fauchte er und trieb Valdir mit drohenden Worten in die

Flucht. Ebenso erging es ihm bei den nächsten Straßen. Alle waren bereits vergeben, und niemand wollte etwas davon wissen, Valdir wenigstens einige Meter abzutreten. Schließlich fand er eine versteckte Seitenstraße, die offensichtlich noch unbeaufsichtigt war, und so setzte er sich auf den Boden und wartete auf Kundschaft. Natürlich merkte er bald, warum sich keiner um dieses Straßenstück gerissen hatte: Praktisch niemand ließ seinen Wagen hier stehen, sie war wohl zu weit weg vom Schuß. Und der einzige, der in den folgenden zwei Stunden seinen Wagen hier parkte, weigerte sich, als er zurückkam, Valdir auch nur einen Centavo für seinen Dienst zu bezahlen.

«Wenn ich Parkgebühren bezahlen wollte, so hätte ich mein Auto im Parkhaus untergebracht, mein Junge», sagte er, setzte sich ans Steuer und startete den Motor.

«Ich habe gut auf Ihren Wagen aufgepaßt», versicherte Valdir. «Sie wissen ja nicht, wie viele Autodiebe sich heutzutage hier herumschleichen.»

«Ich habe dich nicht beauftragt, auf mein Auto aufzupassen. Und jetzt verzieh dich, Junge, ich hab's eilig.» Der Mann machte eine Handbewegung, als würde er eine Mücke vertreiben. Dann schlug er die Tür zu und fuhr, ohne den Jungen noch eines Blickes zu würdigen, davon.

«Miese Ratte!» schimpfte Valdir hinter dem Wagen her. «Das nächste Mal werde ich dir alle vier Reifen aufschneiden!»

Er beschloß kurzerhand, sich eine andere Straße zu suchen, doch seine Suche blieb erfolglos, und so mußte sich Valdir etwas anderes einfallen lassen. Der Eingang zur Untergrundbahn schien ihm ein geeigneter Platz zum Betteln zu sein. Hier spülten ständig Tausende von Menschen herein und heraus; und in diesem Ameisenhaufen würde ihm bestimmt der eine oder andere eine Münze in die ausgestreckte Hand drücken. Als er nach zwei Stunden sein mühsam erobertes Geld zählte, reichte es ihm gerade, um eine Tüte Kartoffelchips und Schokokekse zu kaufen. Während er sich

seine zweite Mahlzeit an diesem Tag schmecken ließ, überlegte er sich, was seine Brüder wohl zu dieser Zeit gerade
machten.

«Hey, Neginho!» Er drehte sich um und sah sich einem
Jungen gegenüber, der ihm irgendwie bekannt vorkam. Er
war ein wenig größer als er, hellhäutig, mit kahlrasiertem
Kopf, grüngrauen Augen und vielen Sommersprossen im
schmalen Gesicht. Er trug Plastikschlappen, eine kurze, aus-
gefranste Jeans und ein hellblaues, ärmelloses T-Shirt. Die
Hose hatte er sich wohl selbst geändert, denn das eine Bein
war etwas kürzer geraten als das andere. Um die Hüfte hatte
er einen grauen, verfilzten Pullover gebunden, und auf dem
Kopf trug er eine schwarze Baseballmütze, die er sich ver-
kehrt herum aufgesetzt hatte, was seinem selbstsicheren Auftreten etwas Keckes verlieh. Er kaute geräuschvoll an einem
Kaugummi herum.

«Na, wie viele Leute hast du heute schon umgerempelt?»
fragte der Junge, und augenblicklich wußte Valdir, mit wem
er es zu tun hatte: Es war derselbe Junge, den er am Morgen
aus Versehen mit sich zu Boden gerissen hatte, als er vor dem
Gummiknüppel des Polizisten geflohen war.

«Was willst du?» fragte Valdir unsicher.

Der Junge zuckte die Achseln. «Zum ersten Mal auf der
Straße übernachtet, was?»

Valdir war sich nicht sicher, ob ihn der Junge provozieren
oder sich lediglich mit ihm unterhalten wollte. «Ich hab
schon mehr auf der Straße geschlafen als du, Bleichgesicht!»

«He, Neginho! Paß auf, was du sagst!»

«Ich heiße nicht Neginho!»

«Und ich heiße nicht Bleichgesicht!»

«Wenn du Streit willst, brauchst du es bloß zu sagen!»
knurrte Valdir und ballte seine Fäuste. Doch der andere war
offensichtlich nicht auf Streit aus.

«Immer mit der Ruhe, Neginho. Wollte dir bloß meine
Hilfe anbieten.»

«Ich kann auf deine Hilfe verzichten, Bleichgesicht!»

«Na schön. Dann sieh selber zu, wie du in São Paulo überleben willst. Dummkopf!» Er drehte sich um und ging davon. Valdir sah ihm mit gerunzelter Stirn nach und dachte
für einen Moment, er hätte sich vielleicht etwas anständiger
benehmen sollen. Aber man konnte schließlich nie vorsichtig genug sein. Und wer weiß, ob ihm dieser Junge nicht
eher sein Geld hatte abknöpfen wollen als ihm seine Hilfe
anbieten, wie er gesagt hatte.

Valdir aß die letzten Kartoffelchips und warf die Tüte auf
die Straße. Es war schon fünf Uhr nachmittags, und die Hitze
des Tages wich einem kühlen Abendwind. Bald würde es
wieder so kalt sein wie in der vergangenen Nacht, und Valdir fröstelte bei dem bloßen Gedanken, eine weitere Nacht
ohne Decke, ohne Pullover und ohne Dach über dem Kopf
verbringen zu müssen. Er beschloß, sich rechtzeitig gegen
die Kälte zu wappnen und die Zeit zu nutzen, um sich an
einem windgeschützten Plätzchen ein notdürftiges Lager
aufzuschlagen. Doch bald merkte er, daß seine Idee nicht
ganz so einfach zu verwirklichen war. Die geeignetsten
Plätze unter den Brücken waren bereits von verschiedenen
Kindergruppen belegt. Ihre Verstecke glichen den Höhlen
von Steinzeitmenschen: sie waren düster und kalt, und meistens brannte ein Feuerchen, um das die Kinder sich lagerten. Steinzeitmenschen inmitten einer Großstadt des zwan-
zigsten Jahrhunderts – ein seltsamer Gegensatz. Einige der
Verstecke lagen unmittelbar neben dem dahinrollenden
Straßenverkehr, andere waren durch Schächte im Boden,
Löcher in den Mauern und sogar durch Öffnungen in der
Betondecke der Viadukte erreichbar wie Nischen von Fle-
dermäusen. Überall wimmelte es nur so von Abfall; Abgase
waren allgegenwärtig, und die ganze Szene wurde untermalt
vom dröhnenden Verkehrslärm.

Auf einem Schrottplatz fand Valdir schließlich, wonach er
gesucht hatte: ein rostiges, zerbeultes Auto mit zerfleddertem

Rücksitz, das erstklassige Zuhause für einen Straßenjungen! Und so ernannte Valdir den Wagen kurzerhand zu seinem Nachtquartier.

«Hey, Neginho!» Valdir erkannte die Stimme sofort, obwohl es bereits eine Woche her war, seit er sie zum letzten Mal gehört hatte. Wie lange ihn der Junge bereits beim Eislutschen beobachtet hatte, war schwer zu sagen. Er stand, die Hände in den Hosentaschen vergraben, an der Mauer des Supermarkts und winkte Valdir mit einer Kopfbewegung zu sich hinüber. Valdir zögerte, doch dann sagte er sich, daß der Junge, den er Bleichgesicht genannt hatte, am Ende gar kein so übler Bursche war, wie er sich erst eingebildet hatte. Zudem war dieser Junge der einzige Mensch, der sich seit seinem ersten Tag auf der Straße für ihn zu interessieren schien.

«Na, hast du dich beruhigt?» fragte er, als läge ihr letztes Gespräch noch keine Stunde zurück.

«Was willst du von mir?» stellte Valdir dieselbe Frage wie vor einer Woche.

«Wollte nur mal fragen, wie's dir so geht.»

«Das kann dir doch egal sein.»

«Ist es aber nicht.»

«Und warum nicht?»

«Man ist schließlich so was wie verwandt, wenn du verstehst, was ich meine.»

«Du spionierst mir nach, was?»

«*Ich* spioniere dir nach?» Der Junge lachte amüsiert und ließ seine weißen Zähne aufleuchten. «Du leidest unter Verfolgungswahn, Neginho.»

«Ich heiße nicht Neginho!»

«Dann verrate mir deinen Namen.»

«Valdir», stellte sich Valdir trocken vor. «Und wie heißt du?»

«Messias», sagte der Junge, und damit war das Eis gebrochen.

«Komischer Name», meinte Valdir.

«Meine Mutter war gläubig», erklärte Messias. «Ging zur Kirche und so. Meine Mutter war schwer in Ordnung.»

«War?»

«Sie ist vor zwei Jahren gestorben.»

«Oh», murmelte Valdir. «Und dein Vater?»

«Mein Vater sitzt zur Zeit im Gefängnis wegen eines gefälschten Bankschecks.»

«Oh», sagte Valdir erneut. Noch vor kurzem hatte er geglaubt, der einzige Junge auf der Welt zu sein, der kein richtiges Zuhause hatte, und jetzt stellte er auf einmal fest, daß es zumindest noch jemanden gab, der sich keiner perfekten Familie rühmen konnte: Messias. Und diese Tatsache verband ihn auf geheimnisvolle Weise mit diesem Jungen.

«Und warum bist *du* auf der Straße?»

Valdir schilderte ihm in groben Zügen seine Geschichte. Messias hörte sich alles geduldig an und meinte dann spontan: «Warum schließt du dich nicht unserer Familie an?»

«Familie?» wiederholte Valdir verständnislos.

«Unserer Gruppe. Ist so was wie eine Familie, weißt du. Zur Zeit sind wir zu sechst, das heißt, zu siebt, wenn du zu uns kommst.»

«Und wo wohnt ihr?»

«Nicht weit von hier. Soll ich dich hinführen?»

Valdir war einverstanden. Messias' Bande hatte sich ihr Lager auf einem öffentlichen Platz aufgeschlagen. Sie hatten ein paar graue Wolldecken auf dem Boden ausgebreitet wie einen Teppich. In einer Ecke befanden sich zwei große Pappkartons, die wohl eine Art Schlafzimmer darstellten, und an einem Eisengitter, das den Platz von einem abfallübersäten Abhang trennte, waren einige Plastiktüten mit Kleidern befestigt. Neben den Schachteln standen ein ausgedientes Sofa und ein kaputter Drehstuhl, und unmittelbar daneben lugten zwei junge Hündchen über den Rand einer Holzkiste. *Das* also war Messias' Zuhause.

«Ist niemand da?» fragte Valdir neugierig.

«Sind alle am Arbeiten», erklärte Messias.

«Arbeiten?» wiederholte Valdir erstaunt.

«Was denkst denn du», sagte Messias. «Von irgendwas muß man schließlich überleben.»

«Was arbeitet ihr denn?»

«Dasselbe wie du, nehme ich an. Autos gucken, betteln, was sich halt so ergibt. Und abends geben wir das Geld unserem Vater.» Valdir zuckte bei dieser Bemerkung zusammen, und eine böse Erinnerung stieg in ihm auf.

«Eurem Vater?»

«Ist natürlich nicht unser richtiger Vater, logisch. Aber wir nennen ihn so, weil er auf uns aufpaßt und uns beschützt.»

«Und warum müßt ihr ihm das Geld geben?»

«Er ist unser Vater. Er verwaltet es für uns.»

Na toll, dachte Valdir. Selbst auf der Straße verwalteten also die sogenannten Väter das Geld, das ihre Kinder verdienten. Dafür brauchten sie keinerlei Erklärung abzugeben, es war einfach so, ein ungeschriebenes Gesetz sozusagen, allein die Bezeichnung «Vater» gab ihnen das Recht dazu. Diese Sorte von Vätern hing Valdir längst zum Halse heraus, und unbewußt war er gegenüber dem Vater, von welchem Messias sprach, bereits feindselig eingestellt, ohne ihn je kennengelernt zu haben.

«Da kommen Knopf und Schokolade!»

«Wer?»

Messias deutete auf zwei vielleicht siebenjährige Jungen, die quer über den Platz gerannt kamen wie zwei tollwütige Hunde.

«Der größere der beiden ist Schokolade», erklärte Messias, «wir nennen ihn so wegen seiner Hautfarbe. Und der kleinere heißt Knopf, weil er aussieht wie acht, obwohl er bereits zehn ist.» Valdir beobachtete die beiden und wußte nicht, wie er die Situation deuten sollte. Knopf schwang drohend eine Holzlatte in der Luft herum und schien außer sich zu sein vor Zorn.

«Gib es mir zurück!» schrie er. «Es gehört dir nicht!»

«Dann hol's dir doch!» rief Schokolade, schlug Haken wie ein Hase und quietschte vor Vergnügen über die Tolpatschigkeit seines Verfolgers, der schnaubend hinter ihm herrannte, mit der Holzlatte die Luft zerschnitt, ihn jedoch immer verfehlte. Doch plötzlich traf ihn die Latte hart am Bein, Schokolade schrie auf, wandte sich um, riß Knopf zu Boden und biß ihn mit voller Kraft in den Hintern. Valdir glaubte, nicht richtig gesehen zu haben.

«Mach dir nichts draus», winkte Messias ab, «das geht den ganzen Tag so. Streiten ist ihre Lieblingsbeschäftigung. Aber wehe, ein Fremder krümmt einem von beiden auch nur ein Haar. Dann sind die beiden plötzlich ein Herz und eine Seele.»

Eine halbe Stunde später traf Robocop ein, ein dreizehnjähriger, dunkler Junge, der infolge eines Autounfalls beinahe sein rechtes Bein verloren hatte und seither nicht mehr richtig gehen konnte. Und wegen seiner abgehackten Gangart hatte man ihm den Spitznamen Robocop verpaßt. Er war das pure Gegenteil der beiden quirligen Streithälse, machte alles mit unglaublicher Gelassenheit, und selbst seine Sätze formulierte er so langsam, daß man am Ende bereits vergessen hatte, wovon er am Anfang gesprochen hatte. Er begrüßte Valdir mit einem Lächeln und meinte großzügig: «Falls du irgendein Problem hast, wende dich vertrauensvoll an mich.»

Zuletzt trafen «Vater» und «Mutter» ein. Der Vater hieß Miguel, war ein hochgeschossener Jugendlicher von achtzehn Jahren mit roten, wäßrigen Augen, einer knochigen Adlernase und einem einschüchternden, stechenden Blick, der eine Blume hätte zum Verwelken bringen können. Seine Freundin war ein sechzehnjähriges Mädchen namens Andrea, das genauso heruntergekommen aussah wie die Kleider, die es trug, und im Augenblick ziemlich abwesend wirkte.

Messias stellte Valdir seiner Bande vor, und Miguel war damit einverstanden, daß er bei ihnen bleiben konnte.

Und so blieb er.

Das Leben in der Bande hatte seine Vorteile. Alles wurde miteinander geteilt, Geld, Essen, Drogen und Wolldecken. Ein starkes Gemeinschaftsgefühl prägte ihre Gruppe, und jeder war bereit, für den andern einzustehen, wenn es nötig sein sollte. Die Nächte waren bitter kalt, obwohl sie sich immer alle dicht zusammenlegten, um sich gegenseitig zu wärmen. Doch eines Abends verteilte eine Frau Wolldecken unter den Straßenkindern, und von da an brauchten sie nicht mehr so sehr zu frieren.

Valdir hatte nur mit einem Mühe: mit der Autorität seines Straßenvaters. Miguel nützte seine Position voll aus, ließ die Kleinen für sich arbeiten, während er selber einen großen Teil des Tages auf der faulen Haut herumlag und sich mit seiner Freundin amüsierte. Doch eines Tages wurde Miguel verhaftet, weil er eine Frau überfallen hatte, und so löste sich das Problem von selbst. Keinen Tag später angelte sich Andrea einen neuen Freund und kehrte nicht mehr zurück. Jetzt waren sie nur noch zu fünft: Schokolade, Knopf, Robocop, Messias und Valdir.

Mit der Festnahme ihres Straßenvaters übernahm Robocop die Rolle des Vaters, weil er der Älteste war. Die vier anderen respektierten ihn, obwohl er sie weder herumkommandierte noch stark genug war, um sie im Notfall zu verteidigen. Es waren wohl eher seine Ruhe und Gelassenheit, die ihm eine natürliche Autorität verliehen, und unter seiner Führung wuchs die Solidarität der Jungs noch mehr. Aber am stärksten war die Freundschaft, die sich zwischen Valdir und Messias gebildet hatte. Die beiden waren unzertrennlich, und manchmal wurden sie von den andern nur noch scherzhaft als «Rucksack» bezeichnet.

Fast jede Nacht machten sich die Jungs auf, um in den

Kneipen und Spelunken betteln zu gehen. Doch nicht immer hatten sie Glück, und es schien von Tag zu Tag schwieriger zu werden. Viele gut gekleidete Herren aus der Oberschicht schoben sie abweisend von sich, wenn sie an ihre Tische traten, als hätten sie eine ansteckende Krankheit, und wenn sich die schmutzigen Jungen nicht abwimmeln ließen, riefen sie einen Kellner oder den Besitzer der Bar, um sie vor die Tür zu setzen. Es gab einige Kneipen, wo sie nicht einmal mehr vorbeigehen konnten, ohne vom Kellner einen drohenden Blick einzufangen.

«Ich glaube, die haben Angst vor uns», konstatierte Knopf eines Abends, als sie sich nach einer erfolglosen Nacht mit knurrenden Mägen in die Wolldecken hüllten. «Die glauben, wir würden sie ausrauben.»

«Warum tun wir es eigentlich nicht?» fragte Messias. «Wenn sie schon davon überzeugt sind, daß jeder Straßenjunge ein potentieller Dieb ist, dann laßt uns auch dementsprechend handeln. Sie wollen es ja nicht anders.» Die Idee wurde ausnahmslos gutgeheißen.

«Es wäre gut, in der Nacht auf den Samstag zuzuschlagen», meinte Robocop. «Freitags sind nachts bedeutend mehr Leute auf den Straßen und in Bars.» Die Nacht auf Samstag war in der Tat ein günstiger Zeitpunkt. Untermalt von dröhnender Samba-Musik, gröhlendem Geschrei und dem Klirren der Bierflaschen, glich jeder Freitagabend einem einzigen Fest. Die Menschen saßen in ausgelassener Heiterkeit in Grüppchen an den vielen kleinen Metalltischchen auf der Straße und feierten den Anbruch eines neuen Wochenendes. Wer in der Nähe einer Bar wohnte, konnte es sich freitags abends schlicht aus dem Kopf schlagen, früh zu Bett zu gehen, denn der rhythmische Lärm der Bongos, Banjos und Tamburine ließ Wände und Boden bis zum Morgengrauen vibrieren.

Und so setzten die fünf Kumpane ihren Plan noch in derselben Woche in die Tat um. Es war ein Uhr in der Frühe, als sie vor einer der vielen Bars stehenblieben und die vorwiegend junge Kundschaft abschätzend musterten. Robocop deutete mit dem Kopf auf ein betrunkenes Liebespärchen, das an einem Metalltischchen auf dem Gehsteig vor der Bar saß und über jede Belanglosigkeit in schallendes Gelächter ausbrach. Ihre ersten Opfer waren gefunden! Jetzt galt es nur noch zu handeln.

Sie hatten auf dem Hinweg bereits alles genau besprochen, und im Grunde konnte nichts schiefgehen. Doch Valdir war es trotzdem etwas mulmig zumute. Er wußte, daß er im Begriff war, etwas Verbotenes zu tun, und sein Gewissen begann sich leise und beharrlich zu regen. Aber Valdir wollte seiner inneren Stimme kein Gehör schenken, jetzt nicht. Immerhin mußten sie von irgend etwas leben, und wenn die Gesellschaft ihnen jegliche Hilfe verweigerte, gab es nun mal keinen anderen Ausweg als den, der in diesem Moment vor ihnen lag. Es war die Gesellschaft selbst, die die Schuld dafür trug, es war die Gesellschaft selbst, die sie zu diesem Schritt zwang. Also konnten sie nicht zur Verantwortung gezogen werden für das, was sie tun würden, und brauchten auch niemandem dafür Rechenschaft abzulegen. Was war schon falsch daran, ums nackte Überleben zu kämpfen?

Robocop gab Schokolade und Knopf ein Zeichen und zog sich zurück. Wegen seines Beines konnte er nicht schnell laufen, also hielt er es für besser, sich rechtzeitig zu verkriechen. Schokolade und Knopf gingen auf das Liebespärchen zu, streckten ihre hohle Hand aus und baten in gebückter Haltung um ein Almosen. Die Frau flüsterte ihrem Partner etwas zu, und der Mann zog seine Brieftasche hervor, um den beiden schmutzigen Kindern etwas zu geben. Das war das Zeichen zum Angriff. Messias und Valdir hatten sich bereits unauffällig von hinten genähert, und bevor der Mann Zeit hatte, einen Schein aus der Brieftasche zu klauben, rempelte ihn Messias an, Valdir schnappte sich die Brieftasche, und alle vier begannen zu laufen.

«Haltet den Dieb!» rief der Mann entsetzt. «Haltet den Dieb!» Doch die vier rannten so rasch, als gälte es den Weltrekord im Hundertmeterlauf zu brechen, und alle Versuche hilfsbereiter Fußgänger, sich den Dieben in den Weg zu stellen, scheiterten, denn die Jungen schlugen Haken und wichen ihnen geschickt aus. Valdir und Messias waren den andern beiden ein paar Schritte voraus, und als sie die Gefahrenzone verlassen hatten und die Schreie hinter ihnen verstummt waren, hielten sie atemlos an, um auf die andern zu warten.

«Mann, du kannst vielleicht rennen!» keuchte Messias und lachte Valdir vergnügt an.

«War nicht übel, was?» meinte Valdir.

«Ich hätte nicht gedacht, daß du so schnell reagieren würdest, als ich ihn anrempelte», sagte Messias anerkennend. «Du machst das nicht zum ersten Mal, hab ich recht?»

«Es *war* das erste Mal!» versicherte Valdir, und der Stolz in seiner Stimme war nicht zu überhören.

«Du bist echt unglaublich schnell», wiederholte Messias. In der Zwischenzeit trafen Schokolade und Knopf ein. Sie scharten sich um Valdir, der die Brieftasche feierlich öffnete. Und dann fielen ihnen beinahe die Augen aus dem Kopf: 125 Reais und 40 Centavos!

«Wow!» stieß Schokolade begeistert hervor, der wohl noch nie so viel Geld auf einem Haufen gesehen hatte.

«Das gibt 25 Reais für jeden!» rechnete Messias mühsam aus. Sie teilten das Geld brüderlich unter sich auf, und Messias behielt Robocops Teil, um es ihm zu geben, wenn sie ihn wie vereinbart im Lager treffen würden.

«Ist ja irre!» ließ Knopf sich vernehmen, während er sich seinen Anteil in die Hosentasche steckte. «Ich werde mir davon eine ganze Büchse voll Schusterleim kaufen!»

«Und ich werde den ganzen Supermarkt aufkaufen!» verkündete Schokolade. Messias wandte sich an Valdir.

«Und was wirst *du* mit deinem Anteil kaufen?» Valdir

dachte kurz nach, und dann begannen seine Augen zu leuchten.

«Was hältst du davon, wenn wir morgen ins Play-Center gingen?»

«Ich bin dabei», entschied Messias spontan und streckte seinen Daumen in die Höhe.

Valdir zählte die Banknoten mehrmals durch und begann still vor sich hinzulachen. Es war ein unglaublich gutes Gefühl, sein erstes unehrlich verdientes Geld in Händen zu halten. Er hatte es geschafft! Er hatte den Mut gehabt, dem Mann die Brieftasche aus der Hand zu reißen! Und es war ein Kinderspiel gewesen! 125 Reais und 40 Centavos, in nur wenigen Sekunden. Das war nicht schlecht für den Anfang. Valdir war rundum zufrieden mit sich. Was er wissen mußte, um in dieser Welt zu überleben, würde ihn das Leben selbst lehren, hatte sein Vater gesagt. Und in dieser Nacht hatte Valdir etwas Entscheidendes dazugelernt: Wer in dieser Welt überleben wollte, mußte schnell sein, sehr schnell.

Und das *war* er!

Die Angst im Nacken

«Tut mir leid, ohne Begleitung eines Erwachsenen kann ich euch nicht reinlassen.»

«Aber unsere Eltern kommen gleich nach!»

«Dann wartet hier auf sie.»

«Können Sie keine Ausnahme machen? Nur ausnahmsweise?» Die Frau am Eingang, eine magere, bleiche Person mit Hornbrille, schüttelte den Kopf. Messias warf Valdir einen vielsagenden Blick zu und zog ihn zur Seite.

«Die Idee mit dem Play-Center war ja gut», meinte er. «Die Frage ist bloß, wie wir reinkommen.»

Es war zwölf Uhr mittags, und Valdir und Messias standen mit ihren Eintrittskarten vor dem Vergnügungspark São Paulos und kamen nicht rein. Daß sie Straßenjungen waren, hätte niemand vermutet, denn von einem Teil des gestohlenen Geldes hatten sie sich neue Kleider gekauft. Doch was im Augenblick zählte, war leider nicht ordentliches Auftreten, sondern die Begleitung eines Erwachsenen.

«Da müssen wir uns wohl Adoptiveltern auftreiben», murmelte Valdir. Sie überblickten die vielen Menschen, die in den Vergnügungspark strömten, Väter, Mütter, Tanten, Onkel und Großeltern, die ihre Kinder an den Händen hielten, ihnen Zuckerwatte und Ballons kauften und ihre Jacken auf den Armen herumtrugen für den Fall, daß es plötzlich kühl würde. Es waren fröhliche Kinder mit ordentlich gekämmtem Haar, Zahnspange und Markenkleidern, und ihre Welt schien so unbesorgt, so geradlinig, so problemlos und perfekt zu sein, daß Valdir sie darum beneidete. Messias entdeckte ein freundlich aussehendes Ehepaar mit zwei kleinen Mädchen, ging kurzerhand auf sie zu und fragte, ob es möglich wäre, mit ihnen den Eingang zu passieren. Der Mann und die Frau sahen die Jungen ziemlich verdutzt an, und Messias erklärte mit treuherzigem Blick, sie kämen aus einer armen Familie, und ihre Eltern würden arbeiten und hätten deshalb auch keine Zeit, um mit ihnen ins Play-Center zu gehen.

«Und woher habt ihr das Geld, um in den Vergnügungspark zu gehen?» fragte der Mann mißtrauisch.

«Wir haben es uns als Parkwächter verdient», log Valdir.

«Bitte», flehte Messias, «lassen Sie uns mit Ihnen eintreten. Die Eintrittskarte ist nur heute gültig. Und wir haben uns schon so auf das Play-Center gefreut!» Und das war ja ausnahmsweise die reine Wahrheit. Der Mann überlegte, sah seine Frau an, seine beiden Mädchen, die beiden Jungen, und dann nickte er, und Valdir und Messias strahlten übers ganze Gesicht. Sie stellten sich in die Warteschlange, und als sie beim Eingang ankamen, erinnerte sich die Frau sofort an ihre Gesichter.

«Hab ich euch nicht gesagt, daß ihr ohne Begleitung nicht eintreten könnt?»

«Wir sind mit unserem Onkel hier!» verkündete Valdir stolz. Die Frau mit der Hornbrille wandte sich skeptisch an Messias.

«Sagtest du nicht, ihr würdet auf eure *Eltern* warten?»

«Die beiden gehören zu uns», mischte sich nun der Mann ein, worauf ihn die Frau am Eingang mit einem prüfenden Blick musterte und fragte: «Sind Sie der *Onkel* dieser Kinder?»

Der Mann zögerte, und für einen Moment fürchteten die Jungen, ihr Plan wäre bereits gescheitert, denn wozu sollte dieser Mann für zwei ihm wildfremde Kinder lügen? In Gedanken verfluchte Valdir die Frau mit Brille, die aus lauter Langeweile über die Eintönigkeit ihrer Arbeit nichts Besseres zu tun wußte, als ihnen das Leben schwerzumachen. Doch da mischte sich die Mutter der beiden Mädchen ein.

«Unsere Familienverhältnisse dürften Sie wohl kaum interessieren!» sagte sie energisch und setzte die argwöhnische Frau damit augenblicklich schachmatt. Mit saurer Miene, jedoch ohne weitere Fragen ließ sie die grinsenden Jungen passieren, und Valdir war sich sicher, daß sie mit dem Gedanken spielte, einen Spion auf ihre Fersen zu hetzen, aus purer Rache, weil sie sich von zwei Kindern hatte überlisten lassen.

Es wurde ein herrlicher Nachmittag. Messias und Valdir amüsierten sich wie schon lange nicht mehr und kosteten jede Minute aus. Sie schleckten Eiscreme, tranken Coca-Cola, gingen aufs Riesenrad, die Achterbahn, die Piratenschaukel, die Geisterbahn und auf alle anderen Bahnen, die sich in dem riesigen Vergnügungspark befanden.

«Das war der beste Tag meines Lebens!» sagte Valdir in

Gedanken schwelgend, nachdem sie spät abends zusammen mit den letzten Besuchern den Park verlassen hatten.

«Ja, das war es», bestätigte Messias verträumt. Doch die harte Realität ihres Alltags holte sie leider nur allzu rasch wieder ein, denn als sie auf die Busstation zugingen und darüber diskutierten, welche der Bahnen ihnen am besten gefallen hatte, stellten sie plötzlich fest, daß sie keinen einzigen Centavo mehr in der Tasche hatten.

«Und was jetzt?» fragte Valdir.

«Na, was wohl», antwortete Messias. Valdir wußte sofort, worauf sein Freund anspielte, und er dachte automatisch dasselbe: Sie mußten einen weiteren Passanten überfallen. Hatte es beim ersten Mal geklappt, würde es auch beim zweiten Mal klappen. Und so schlenderten sie die Straße entlang und hielten Ausschau nach einer Person, die nach leichter Beute roch. Ihr auserlesenes Opfer war eine junge, aufgetakelte Frau mit umgehängter Lederhandtasche, die nichtsahnend ihren Weg kreuzte. Bestimmt wäre es ihr nicht im Traum eingefallen, daß die beiden ordentlich gekleideten Jungen, die ihr neugierig nachblickten, zwei Straßenkinder waren, die möglichst rasch und möglichst bequem zu Geld kommen wollten. Die beiden folgten ihr unauffällig ein gutes Stück, dann trat Messias von der einen und Valdir von der anderen Seite an sie heran. Valdir fragte sie nach der Uhrzeit, und in dem Moment, in dem sie sich umdrehte, um zu sehen, wer mit ihr sprach, riß Messias ihre Handtasche von der Schulter. Die Frau schrie auf und verlor beinahe das Gleichgewicht, und Valdir und Messias rannten davon, so schnell ihre Beine sie tragen konnten. Es hatte geklappt! Zum zweiten Mal! Und es war wieder spielend leicht gewesen! Der Erfolg versetzte sie bereits auf der Flucht in Hochstimmung und löste ein faszinierendes Glücksgefühl aus.

«Wir sind ein gutes Team, was, Messias?» stellte Valdir fest, nachdem sie weit genug gerannt waren, um sich in Sicherheit zu wissen.

«Darauf will ich wetten!» grinste Messias und reichte Valdir feierlich die Hand. «Laß uns nachsehen, wieviel in der Tasche ist.» Es war nicht gerade überwältigend, was sie in der Brieftasche fanden. Doch es reichte, um mit dem Bus ins Stadtzentrum zu fahren und sich in einem Schnellimbißrestaurant die Bäuche vollzuschlagen. Es war bereits nach Mitternacht, als sie ihr Lager erreichten, noch immer eingesponnen in den Zauberfaden des Glücks, in den sie sich an diesem Tag hatten einwickeln lassen. Robocop erwartete sie mit besorgter Miene, und zum zweiten Mal in weniger als einer Stunde zerplatzten die schillernden Seifenblasen, die sie in ihrem Übermut hatten aufsteigen sehen. Die beiden Jungen kehrten auf den harten Boden der Realität zurück. Und diesmal war der Aufschlag hart, sehr hart.

«Wo sind die andern?» fragte Valdir.

«Sie haben sie mitgenommen», antwortete Robocop leise.

«Wer?»

«Das Auto der *febem*.»

Ein Schauer durchfuhr die beiden Jungen bei dieser Nachricht. Sie wußten, was das zu bedeuten hatte. Seit einigen Wochen kurvte das Auto der *febem*, der berüchtigten staatlichen Jugendanstalt, wie ein Schreckgespenst in den Straßen São Paulos herum und sammelte wie ein Müllschlucker alle Straßenkinder ein, die ihm vor die Stoßstange kamen. Mit dem feinen Unterschied, daß es sich hier nicht um Müll, sondern um Kinder und Jugendliche handelte. Doch Straßenkinder zählten wohl in der Rubrik «Abfall» zu einer Art «Sondermüll», den es nach Meinung des Staates zu entsorgen galt, möglichst rasch, diskret und gründlich.

«Wann?» fragte Messias.

«Vor etwa zwei Stunden», erklärte Robocop. «Ich hab es von einem Bettler erfahren, der es gesehen hat. Wäre ich hier gewesen, hätten sie mich auch mitgenommen.» Wut und Angst stiegen in Valdir hoch, Wut über diejenigen, die für diese radikale «Säuberung» der Straßen verantwortlich waren, und Angst davor, es könnte beim nächsten Mal auch ihn treffen.

«Meinst du, wir könnten sie befreien?» überlegte Messias.

«Das kannst du dir aus dem Kopf schlagen», erwiderte der Ältere. «Die würden uns gleich dort behalten. Und die *febem* ist der letzte Ort, wo ich hinkommen möchte, das schwör ich dir.»

«Warst du schon mal dort?» fragte Valdir.

«Ich nicht, aber Alexandre, ein Freund von mir, mit dem ich einige Zeit herumzog. Er sagte, in einem Pavillon, der für 150 Jungs berechnet war, hätten sie 400 untergebracht. Er sagte, sie wären eingepfercht gewesen wie Sardinen in der Büchse in unpersönliche Schlafräume, wo sie nur in der Unterhose schlafen durften und sich manchmal zu dritt eine Matratze hätten teilen müssen. In seinem Zimmer wären sie siebzehn Jungs gewesen und hätten ganze fünf Matratzen zur Verfügung gehabt. Tagsüber mußten sie still auf dem Boden sitzen, und wenn jemand ungefragt einen Laut von sich gab, mußte er sich in gebückter Haltung an die Wand stellen, und der Aufseher stieß ihm mehrmals den Ellbogen in den Rücken. Alexandre sagte mir, die Aufseher hätten sie wie Tiere behandelt. Wenn sie nicht am Boden saßen, durften sie nur mit gesenkten Köpfen und den Händen auf dem Rücken herumgehen, und wenn ihnen eine Frage gestellt wurde, mußten sie mit ‹Ja, Senhor› oder ‹Nein, Senhor› antworten, sonst wurden sie geschlagen. Alexandre sagte, es sei die reinste Hölle und er wünschte niemandem, jemals dorthin zu gelangen.»

Valdir lief es kalt den Rücken hinunter, als Robocop das alles erzählte, und es fröstelte ihn bei dem Gedanken, daß sie Schokolade und Knopf dorthin gebracht hatten und jederzeit zurückkehren konnten.

«Meinst du, sie kommen wieder?» fragte er Robocop. Der Dreizehnjährige zuckte die Achseln.

«Solange sie nicht alle eingesammelt haben...»

Sie unterhielten sich noch eine Weile über die Jugendanstalt und über die Schauergeschichten, die Robocops Freund erzählt hatte, dann kuschelten sich die drei gemeinsam in eine Decke und verkrochen sich in ihr Kartonhaus. Valdir fiel in einen unruhigen Schlaf und träumte von Riesenrädern, aufgetakelten Frauen und Jugendanstalten, bis ihn das Geräusch eines anhaltenden Autos aus dem Schlaf riß.

Augenblicklich war er hellwach. Er hörte Schritte und Männerstimmen, die sich ihrem Versteck näherten, und sein Herz begann wild zu pochen. Sie waren zurückgekommen! Es gab keinen Zweifel! Sie waren zurückgekommen, um sie in die Jugendanstalt zu stecken! Panische Angst befiel ihn. Er rüttelte Messias und Robocop wach, die beiden lugten verschlafen unter der Wolldecke hervor, und im selben Moment erfaßte der grelle Strahl einer Taschenlampe ihre Gesichter.

«Aufstehen!» Der Polizist klopfte mit seinem Gummiknüppel an ihre Kartonbehausung. «Na los! Auf mit euch! Oder müssen wir nachhelfen?» Die drei krochen aus der Schachtel, und sobald sie draußen ankamen, wurden sie ziemlich unsanft von zwei Polizisten am Arm gepackt und zu einem Lieferwagen geschleppt, der mit laufendem Motor am Straßenrand wartete. Valdir hatte das Gefühl, seine Beine wären aus Blei. Die Angst nahm ihm nicht nur den Atem, sondern auch jeglichen Mut zu einem Fluchtversuch. Den anderen schien es ähnlich zu ergehen. Widerstandslos ließen sich die drei Jungen in den Wagen befördern, wo sich bereits einige andere Jungen befanden, die genauso verstört und eingeschüchtert wirkten wie sie. Die beiden Polizisten setzten sich, ohne eine Erklärung abzugeben, zu ihnen auf den Rücksitz, schlossen die beiden Flügeltüren des Lieferwagens und gaben dem Fahrer das Zeichen zur Weiterfahrt. Es wurde nichts gesprochen, und Valdir erinnerte sich an Robocops Schilderung der Jungen in der *febem*, die dafür bestraft wurden, wenn sie auch nur den Mund öffneten, und so hütete er sich, etwas zu sagen. Ja, er traute sich vor lauter

Angst kaum zu atmen, und das beharrliche Schweigen, in das sich alle hüllten, brachte ihn beinahe um den Verstand. Er wagte einen Blickwechsel mit Messias, der ihm gegenübersaß, und versuchte seine Gedanken zu erraten. Tatsächlich schien ihm Messias etwas vermitteln zu wollen, doch Valdir verstand seine Botschaft nicht, und das machte ihn noch nervöser.

Sie waren vielleicht gute fünf Minuten unterwegs gewesen, als der Wagen anhielt, ohne Zweifel, um weitere Straßenkinder einzusammeln. Die beiden Polizisten öffneten die Türen, und während sie ausstiegen, warnte einer die Jungs, keinen Blödsinn zu machen.

«Keiner rührt sich von der Stelle, ist das klar?»

Messias warf Valdir einen raschen Blick zu und deutete mit einer leichten Kopfbewegung zur Tür, und diesmal verstand Valdir. Sie handelten in Sekundenschnelle und nutzten den Vorteil des Überraschungseffektes. Messias stieß die angelehnte Tür auf, sprang mit einem Satz ins Freie, dicht gefolgt von Valdir, und obwohl sich die Polizisten noch keine zwei Schritte vom Auto entfernt hatten, bekamen sie die beiden Flüchtlinge nicht zu fassen. Valdir und Messias begannen zu laufen, die Polizisten nahmen sogleich die Verfolgung auf, doch die Angst verlieh den Jungen Flügel. Sie bogen in die Avenida Paulista ein, eine mehrspurige Straße mit riesigen, beleuchteten Bankgebäuden und Firmen auf beiden Seiten, überquerten die Straße mehrmals und stiegen schließlich unbemerkt in einen Bus ein.

Mit klopfendem Herzen schielten sie durch die schmutzige Fensterscheibe auf die Straße und beobachteten ihre Verfolger, die sich nach allen Seiten umsahen. Die Angst saß ihnen noch immer im Nacken, und erst als der Bus sich in Bewegung gesetzt und die Polizisten weit hinter sich zurückgelassen hatte, wagten sich die beiden aufrecht hinzusetzen. Sie mußten an Robocop denken, der wegen seines Beines keinerlei Aussicht auf eine Flucht hatte und noch diese Nacht zusammen mit Hunderten von Jungen in der Jugendanstalt schlafen würde. Und sie fragten sich, ob sie ihn, Schokolade und Knopf wohl jemals wiedersehen würden.

Diese Nacht schliefen Messias und Valdir nicht mehr. Es war zu gefährlich. Sie kehrten zu ihrem Lager zurück, rafften ihre wenigen Habseligkeiten zusammen, legten sich die Wolldecken um die Schultern und machten sich auf die Suche nach einem neuen Platz. Valdir war sich dessen bewußt, daß das erst der Anfang war, der Anfang einer Flucht, die nie mehr enden würde. Oder erst dann, wenn er irgendwo in dieser Welt ein Zuhause gefunden hätte, ein wirkliches Zuhause. Doch er wußte, daß das ein Ding der Unmöglichkeit war.

Eine schmerzhafte Erfahrung

Das Leben auf der Straße wurde von Tag zu Tag härter. Kein Tag verging, ohne daß ein Auto der Jugendanstalt seine Runde drehte und die Straßenkinder in Angst und Schrecken versetzte. Sobald der Wagen auftauchte, stoben die Kinder in alle Richtungen davon wie Schafe, wenn der Wolf kommt, und verkrochen sich in ihre geheimen Schlupfwinkel, bis die Gefahr vorüber war. Valdir und Messias hatten sich die Praça da Sé als neues Quartier ausgesucht. Die Praça da Sé war berüchtigt für Diebe und allerlei Arten von zwielichtigen Personen. Nachts machten alle Leute einen weiten Bogen um diesen Platz, denn nur Bettler, Straßenkinder und Drogenhändler lungerten hier herum, und das Risiko, überfallen zu werden, war groß.

Tagsüber herrschte jedoch auf der Praça ein geschäftiges Treiben. Straßenhändler boten ihre Ware an, Touristen besuchten die Kathedrale, Geschäftsleute hetzten vorbei, und Liebespärchen ließen sich auf den grünen Parkbänkchen nieder, um etwas Sonne zu tanken. Valdir und Messias liebten es, mit den anderen Kindern in dem enorm riesigen, knietiefen Brunnen herumzutollen, der sich auf dem großen Platz befand, doch häufig wurden sie von Polizisten davongejagt, wenn jemand ein hübsches Familienfoto schießen wollte. Denn wer will schon im Hintergrund eines idyllischen Familienbildes schmutzige Straßenkinder sehen, die daran erinnern, daß das Glück einer Familie nicht allen Menschen beschert ist?

Valdir und Messias hatten sich mit einigen Kindern angefreundet, doch keine dieser Freundschaften war so stark wie ihre eigene. Sie waren wie Brüder, unzertrennlich in allem, was sie taten, und auch in allem, was sie dachten. Und eines war ihnen von Anfang an klar: Lange würden sie nicht auf der Praça da Sé bleiben. Alle Kinder und Jugendlichen, die sich hier herumtrieben, waren drogenabhängig, schnüffelten Leim oder nahmen härtere Drogen wie Haschisch, Crack oder Kokain. Und Valdir sagte oft zu Messias:

«Wenn wir lange hierbleiben, werden wir am Ende auch noch von diesem Zeug abhängig.» Valdir hatte sich schon einige Male dazu überreden lassen, Leim zu schnüffeln. Doch allein der Geruch war so stark gewesen, daß er davon jedesmal Kopfschmerzen bekommen hatte, und so kam er zu dem Schluß, besser die Finger davon zu lassen. Er hatte seine Entscheidung noch nie bereut und wurde sogar von einzelnen dafür bewundert, daß er den Mut hatte, nein zu sagen, wenn man ihm Drogen anbot.

«Drogen machen dich blöd», sagte er, wenn ihn jemand fragte, warum er nicht Leim schnüffelte wie alle anderen. «Und ich habe keine Lust, wegen der Drogen zu verblöden.»

Messias war derselben Ansicht wie sein Freund, und da sie deswegen immer wieder zum Gespött der Gruppe wurden, beschlossen sie, die Bande und die Praça da Sé zu verlassen und sich einen anderen Ort zu suchen. Sie gingen nach São Miguel Paulista, und als sie durch die Straßen jenes Stadtteils schlenderten und sich überlegten, wie sie Geld für ihr Abendessen auftreiben könnten, kam Messias plötzlich die ausgefallene Idee, in ein Haus einzubrechen. Valdir sah seinen Freund entgeistert an.

«Du hast sie wohl nicht alle! Leute überfallen ist eines. Aber in Häuser einbrechen? Wie stellst du dir das denn vor?»

«Erinnerst du dich an das große, rosafarbene Haus neben dem Friedhof, an dem wir gestern vorbeigekommen sind?»

Valdir blieb stehen und schüttelte den Kopf.

«Du bist verrückt, Messias. Die haben bestimmt einen bissigen Köter, Alarmanlage und alles, was dazugehört.»

«Die Fensterläden waren verschlossen, erinnerst du dich? Die Leute sind bestimmt verreist.»

«Und wenn nicht? Ich hab da kein gutes Gefühl, echt nicht.»

«Wir können wenigstens mal nachsehen», meinte Messias.

«O.k.», willigte Valdir ein. «Aber wenn die Sache zu heiß ist, lassen wir die Finger davon.»

Das rosafarbene Haus mit den verschlossenen Fensterläden schien tatsächlich unbewohnt zu sein. Ein Hund war nirgends auszumachen und eine Alarmanlage auch nicht. Und zudem war das Haus von einem großen Garten mit vielen Sträuchern umgeben, so daß der Abstand zu den Nachbarhäusern über zwanzig Meter betrug. Die Sache war in der Tat verlockend.

«Und?» fragte Messias. «Was denkst du?»

Valdir dachte eine Weile angestrengt nach, dann nickte er.

«Laß uns warten, bis es dunkel ist.»

Sie setzten sich nicht weit von dem Haus entfernt an die Mauer des Friedhofs und warteten. Valdir fand es ein wenig unheimlich, im Schatten der Gräber die Nacht abzuwarten. Er erinnerte sich an Jacinto, den Geisterbeschwörer, der ihm gesagt hatte, die Geister würden sich an ihm rächen, weil er seine Heiligenfiguren mit der Schleuder zerstört hatte. Und er dachte plötzlich, daß die Geister sich vielleicht in den Gräbern versteckten und nur darauf warteten, ihn mit ihren knochigen Händen zu erwürgen. Es schauderte ihn bei dieser Vorstellung, und er zwang sich, an etwas anderes zu denken. Warum hatte Messias auch ausgerechnet ein Haus neben dem Friedhof ausgewählt?

Sie warteten, bis in den Nachbarhäusern die Lichter ausgingen, gaben noch eine Stunde dazu, und gegen Mitternacht machten sie sich ans Werk. Es war viel einfacher, als sie geglaubt hatten, denn auf der Rückseite des Hauses befand sich in etwa vier Meter Höhe ein winziges Fenster, das weder vergittert noch mit einem Fensterladen verschlossen war. Valdir gelang es, über ein Rankengewächs an der Hauswand zu dem Fenster hochzuklettern. Er schlug die Scheibe ein, tastete mit der Hand vorsichtig nach dem Riegel und öffnete das Fensterchen. Ein Erwachsener hätte es unmöglich geschafft, durch dieses kleine Toilettenfenster ins Haus einzudringen, doch für Valdir war das nicht weiter schwierig, und nachdem er seinen mageren Körper durch die schmale Öffnung gezwängt hatte und kopfüber in der Dusche gelandet war, begab er sich ins Erdgeschoß und öffnete Messias die Hintertür.

«Willkommen in meinem bescheidenen Heim», begrüßte er ihn grinsend. «Tut mir leid, daß ich dich so lange habe warten lassen. Aber ich war gerade in der Dusche.» Sie traten ein und machten das Licht an, das man von draußen wegen der verschlossenen Fensterläden nicht sehen konnte. Messias steuerte direkt auf den Fernseher zu.

«Den nehmen wir mit», bestimmte er.

«Wozu?» fragte Valdir. «Auf der Straße gibt es keine Steckdosen.»

«Wir werden ihn verkaufen, Blödmann.»

«Willst du mit dieser Kiste etwa öffentlich in der Stadt herumspazieren?»

«Natürlich nicht, Schlaumeier. Wir werden ihn verstecken.»

«Und wo? Auf dem Friedhof?»

«Ich dachte eher an jenes leerstehende Gebäude am Ende der Straße, das sie nicht fertiggebaut haben. Dürfte ein gutes Versteck sein.»

Und das war es in der Tat. Bereits zwei Stunden später hatten sie alles lautlos im Keller jenes Gebäudes verstaut: Fernseher, Stereoanlage, Radiogerät, Computer und eine Menge anderer wertvoller Gegenstände. Der Einbruch hatte sich gelohnt, und die beiden Jungen waren mehr als zufrieden mit ihrer Leistung.

«Siehst du, ist ganz einfach», meinte Messias, als sie sich nach getaner Arbeit auf dem harten Betonboden desselben Gebäudes in eine alte Wolldecke hüllten, die sie ebenfalls hatten mitgehen lassen, «und morgen sehen wir uns nach Käufern um.»

«Was meinst du, wieviel werden wir für alles kriegen?»

«Keine Ahnung. Aber ich schätze, in nächster Zeit brauchen wir uns keine Geldsorgen mehr zu machen.»

«Wir könnten uns ein Flugticket nach Hollywood oder Australien kaufen», schlug Valdir vor. «Was hältst du davon?»

«Ich bin dabei», sagte Messias. «Wird langsam Zeit, daß wir aus dem miefenden São Paulo rauskommen.» Er dachte einen Moment angestrengt nach.

«Wir könnten auch den Bus nehmen. Das ist billiger.»

Valdir nickte überzeugt. «Gute Idee. Und von dem restlichen Geld mieten wir uns ein Häuschen am Strand und verkaufen den Touristen Coca-Cola und Eiscreme.»

Sie schwiegen eine Weile und ließen ihre Gedanken in die Ferne schweifen. Draußen hörte man das Zirpen von Grillen und das Rauschen des Nachtwindes, der in den Blättern der großen Bäume spielte.

«Wir sind ein gutes Team, was, Partner?» stellte Valdir plötzlich fest und streckte Messias seine Hand entgegen.

«Wir sind die Besten!» bestätigte Messias und schlug in seine Hand ein.

Am nächsten Morgen gingen sie von dem Bargeld, das sie in dem Haus in einer Schublade gefunden hatten, erst einmal ausgiebig frühstücken. Und den restlichen Tag verbrachten sie damit, von Geschäft zu Geschäft zu gehen, um ihre gestohlene Ware an den Mann zu bringen. Einige Händler zeigten Interesse, andere trauten den beiden Jungen nicht über den Weg. Und dann, als sie am späten Nachmittag zu ihrer Beute zurückkehrten, traf sie beinahe der Schlag: es war alles verschwunden! Es war nichts mehr da! Einfach weg!

«Das darf doch nicht...», murmelte Valdir. Messias stieß einen Fluch aus, und für einen Moment waren die Freunde unfähig, einen klaren Gedanken zu fassen. Was war geschehen? Wer hatte ihr Versteck entdeckt? Andere Straßenkinder? Oder am Ende die Polizei? Bei dieser Möglichkeit lief es Valdir kalt den Rücken hinunter. Wenn jemand die Polizei informiert hatte, war es durchaus möglich, daß sie noch in der Nähe war, um sie abzupassen.

«Wir müssen verschwinden», meinte Valdir. «Wenn uns die Polizei hier findet, sind wir geliefert.»

Mit dem restlichen Geld, das ihnen geblieben war, nahmen die zwei den Bus ins Stadtzentrum. Dort beschlossen sie, die Nacht nicht auf der Straße, sondern im Zug zu verbringen, um nicht vom Wagen der *febem* geschnappt zu werden.

«Wenn wir Glück haben, machen wir sogar noch ein gutes Geschäft dabei», grinste Messias. «Zugfahren soll ziemlich gewinnbringend sein, hab ich gehört.»

Sie vereinbarten, ihren ersten Coup zu landen, wenn der Zug an einer Station hielt und die Leute ein- und ausstiegen. Die Zeit, während der die automatischen Türen offenstanden, würde gerade reichen, um jemanden auszurauben und sich kurz vor dem automatischen Schließen der Türen auf den Bahnsteig zu retten. Es konnte eigentlich nichts schiefgehen. Sie bewaffneten sich mit zwei Glasscherben, die sie im Abfall gefunden hatten, plazierten sich zu beiden Seiten der automatischen Tür und warteten auf ihre Opfer. Das Zugabteil, in dem sie sich befanden, war fast leer, was ihnen gerade recht war, und als sich die Türen öffneten und ein älterer Herr einstieg, handelten sie blitzschnell.

«Dein Geld, Alter! Oder wir schlitzen dir den Bauch auf!» Sie preßten ihm die Glasscherben in die Hüfte, und der Mann griff völlig verstört in die Innenseite seines Jacketts und reichte den Jungen zitternd seinen Geldbeutel.

«Danke, Opa!» sagte Messias und versetzte dem Mann einen heftigen Stoß, der ihn gegen eine Sitzbank schleuderte. Die beiden Freunde sprangen auf den Bahnsteig, keine fünf Sekunden, bevor sich die Tür hinter ihnen schloß und sich der Zug in Bewegung setzte. Grinsend winkten sie dem alten Herrn mit seinem eigenen Portemonnaie nach, und eben wollten sie sich gegenseitig zu ihrem ersten geglückten Fang gratulieren, als sie unversehens von zwei starken Händen am Genick gepackt wurden.

«Wehrlose Leute überfallen, das könnt ihr, was?» Ein Gummiknüppel sauste auf ihre Schultern nieder und ließ sie gleichzeitig vor Schmerzen aufjaulen. Sie wurden herumgeschleudert und sahen sich zwei Polizisten gegenüber. Valdir stockte der Atem. Der Polizist, der ihn mit eisernem Griff am Nacken festhielt, war ein Hüne von einem Mann, und sein Blick verhieß nichts Gutes.

«Ich werde dich lehren, wie man anständige Bürger behandelt!» Erneut sauste der Gummiknüppel auf ihn nieder, gefolgt von Fußtritten und Fausthieben, die ihn aufstöhnen ließen und in die Knie zwangen. Der Knüppel traf ihn hart am Kopf, und der brennende Schmerz raubte ihm beinahe die Sinne. Er spürte, wie ihm warmes Blut über die Stirn rann.

«Wie heißt du?» fragte ihn der Polizist.

«Valdir», stammelte der Neunjährige.

«Wo wohnst du?»

«Nirgends», hauchte Valdir. Der Polizist trat ihn mit seinem Stiefel in den Bauch, und Valdir klappte zusammen wie ein Taschenmesser.

«Wo wohnen deine Eltern?»

«Ich hab keine Eltern.»

Der Polizist riß ihn mit der einen Hand hoch, als wäre er eine Stoffpuppe, und sah ihn eindringlich an.

«Hör mir gut zu, Junge. Wenn du mir nicht augenblicklich deine Adresse angibst, werde ich dich so lange verprügeln, bis deine Adresse der nächste Friedhof ist.»

Valdir wußte, daß der Polizist durchaus fähig war, seine Worte wahrzumachen, und es deshalb keinen Sinn hatte, ihn anzulügen. Mit bebenden Lippen formulierte er die Adresse seines Vaters. Dann wurde es ihm schwarz vor den Augen.

Sie erreichten das Haus seines Vaters gegen zehn Uhr nachts. Die beiden Polizisten stellten Valdir in ihre Mitte, klopften an die Tür, und als der Vater, angetrunken wie immer, öffnete, warf der eine der Polizisten einen Blick auf seinen Notizblock.

«Sind Sie Romildo Augusto Barbosa?»

«Warum?» fragte der Vater.

«Wir haben diesen Jungen beim Stehlen erwischt», berichtete der andere Polizist trocken. «Sind Sie sein Vater?»

«Nichts als Ärger hat man mit dir», brummte der Vater, faßte Valdir an der Schulter und schob ihn unsanft ins Haus.

«Ist es lange her, seit er von zu Hause weggelaufen ist?»

«Einige Monate.»

«Sie sollten etwas besser auf Ihren Jungen aufpassen. Das nächste Mal werden wir ihn ins Jugendgefängnis stecken.»

«Seien Sie unbesorgt», murmelte der Vater. «Ich werde mich um ihn kümmern.»

Der eine Polizist hielt ihm ein Formular hin und bat ihn, es zu unterzeichnen. Dann wünschten sie ihm einen schönen Abend, kehrten zum Auto zurück, fuhren davon und hielten ihre Mission für beendet.

Valdir konnte sich vor Schmerzen kaum auf den Beinen halten, und er fürchtete, sein Vater würde ihm eine weitere Tracht Prügel verabreichen, weil er von zu Hause fortgelaufen war und sich in einen lumpigen Dieb verwandelt hatte. Doch es kam ganz anders. Sein Vater zog die Tür hinter sich zu und betrachtete Valdir lange eingehend. Das Blut auf seiner Stirn war eingetrocknet, doch die klaffende Wunde, die der Gummiknüppel gerissen hatte, pulsierte heftig.

«Gestohlen hast du also», sagte der Vater. «Wäre besser gewesen, sie hätten dich gleich ins Jugendgefängnis gesteckt.» Er trat an den Tisch und nahm einen Schluck aus einer Bierflasche. «Wenn du glaubst, du könntest hierbleiben, so täuschst du dich, mein Junge», fuhr er fort. «Die Dinge haben sich geändert.»

Valdir sagte nichts. Er stand nur mit gesenktem Kopf da und hörte sich die Worte seines Vaters an. Sie schmerzten genauso wie die Wunden, die ihm der Polizist zugefügt hatte – oder sogar noch mehr.

«Ich habe Isabel gesagt, ich hätte zwei Söhne. Zwei, nicht drei, verstehst du?» Isabel mußte wohl Vaters neue Freundin sein, dachte Valdir. «Wie soll ich ihr erklären, daß es außer Wagner und Valdemir noch einen dritten von dieser Sorte gibt? Kannst du mir das verraten?»

Valdir schwieg. Was hätte er auch sagen sollen? Sein Vater setzte sich an den Tisch. «Ich konnte schließlich nicht wissen, daß du zurückkommst», begann er sich für seine Lüge zu rechtfertigen. «Hättest eben früher kommen sollen.»

Valdir verstand. Sein Vater hatte nur noch zwei Söhne, nicht drei. Er war zu lange fortgewesen, und die Aufenthaltsbewilligung im Haus seines Vaters war für ihn abgelaufen. Er hatte keinen Vater mehr. Und obwohl er damit nur verloren hatte, was er im Grunde nie besessen hatte, tat es ihm weh in der Brust.

«Hör zu, Valdir», sagte sein Vater. «Wenn du willst, kannst du diese Nacht hier schlafen, denn Isabel ist heute nicht zu Hause. Aber morgen mußt du dir einen anderen Ort suchen. Hier kannst du nicht bleiben.» Valdir sagte nichts. Er hinkte zur Tür, öffnete sie und schlüpfte wortlos ins Freie.

«Du kannst uns jederzeit besuchen, wenn Isabel nicht zu Hause ist, o.k.?»

Valdir schloß die Tür und entfernte sich. Er dachte an die Geschichte vom verlorenen Sohn, die ihm seine Großmutter oft erzählt hatte, wenn er bei ihr und dem Großvater zu Besuch war. Die Geschichte hatte ihn immer fasziniert, und er erinnerte sich noch an jedes Wort und an die Lebendigkeit, mit der ihm Großmutter den Schluß der Geschichte vor Augen gemalt hatte.

«Der Vater sah seinen Sohn schon von weitem. Und es jammerte ihn, und er rannte ihm entgegen, schloß ihn in seine Arme und küßte ihn. Und der Sohn sagte: Vater, ich habe gesündigt gegen den Himmel und vor dir. Ich bin es nicht mehr wert, dein Sohn zu heißen. Doch der Vater rief seine Knechte zusammen und sagte ihnen: Zieht meinem Sohn das beste Gewand an, gebt ihm Schuhe an seine Füße und einen Ring an seinen Finger. Und schlachtet das gemästete Kalb. Laßt uns essen und fröhlich sein. Denn dieser mein Sohn war tot und ist wieder lebendig geworden. Er war verloren und ist gefunden worden.»

Valdir schluckte. Er blieb in der Dunkelheit stehen und warf einen Blick auf das Haus seines Vaters zurück. Eine Träne rollte ihm über die Wange. Er wischte sie sich vom Gesicht, drehte sich um und schleppte sich die Straße entlang zur Busstation. Mit seinem letzten Geld bezahlte er die Busfahrt zurück ins Stadtzentrum.

Der Junge vom Wohnblock

«Hey! Du!»

«Redest du mit mir?»

«Mit wem sonst?!»

«Was willst du?»

«Du bist doch der Junge, der in dem Gebäude da drüben schläft, nicht wahr?»

«Na und? Ist das verboten?» Valdir sah sich den Jungen, der mit ihm sprach, argwöhnisch an. Er mochte etwa in seinem Alter sein, war ziemlich dick und trug eine Brille. Valdir hatte ihn schon mehrmals gesehen, wenn er mit den anderen Kindern auf der Straße spielte. Er wohnte im Gebäudekomplex auf der gegenüberliegenden Straßenseite, der mit einem hohen Gitter und einem Pförtner versehen war, um unerwünschte Besucher von den Bewohnern fernzuhalten. Jetzt gerade befand sich der dicke Junge hinter dem schützenden Eisengitter, hielt sich an den Stäben fest, kaute an einem Apfel herum und sah Valdir neugierig an.

«Willst du auch einen?» fragte er ihn unverhofft. Er fischte aus seiner Hosentasche einen Apfel und streckte ihn Valdir durchs Gitter entgegen. Valdir erinnerte die Szene irgendwie an den Zoo. Er war sich bloß nicht sicher, wer von ihnen beiden im Käfig drin und wer draußen war.

«Na, komm schon! Oder hast du Angst, der ist vergiftet?»

Valdir überquerte die Straße, trat ans Gitter heran und nahm den Apfel entgegen.

«Wie heißt du?» fragte ihn der Junge.

«Valdir, und du?»

«Eduardo», stellte sich der Junge vor und setzte ein breites, sympathisches Grinsen auf. «Ich hab dich schon oft vom Fenster aus beobachtet. Ich wohne im siebten Stock. Dort, wo die grünen Vorhänge sind, ist mein Zimmer.» Valdir folgte der Richtung seines Zeigefingers und sah die grünen Vorhänge, von denen Eduardo sprach.

«Wie lange schläfst du schon da drüben?»

«Eine ganze Weile», antwortete Valdir unbestimmt.

«Ist es nicht unheimlich, allein in diesem großen, leeren Betonriesen zu wohnen?»

Valdir zuckte die Achseln. «Hab mich dran gewöhnt.»

«Hast du keine Eltern?»

Valdir zögerte mit der Antwort und schüttelte dann den Kopf. Unwillkürlich erinnerte er sich an jene Nacht, als sein Vater ihm mitgeteilt hatte, er wäre nicht mehr sein Sohn. Er erinnerte sich daran, wie er mit dem Bus ins Stadtzentrum São Paulos zurückfuhr und wegen der Enttäuschung über Vaters Worte, wegen der Schmerzen in seinem zerschundenen Körper und der Angst vor dem Auto der Jugendanstalt in dieser Nacht kein Auge zutat und bei jedem Geräusch aufschreckte. Seine einzige Hoffnung war, daß sein Freund Messias plötzlich auftauchen würde. Doch er wartete umsonst. Messias kam nicht zurück, nicht in jener Nacht, nicht am nächsten Morgen, nicht in der nächsten Woche. Er hatte sich offenbar in Luft aufgelöst. Valdir kam sich auf einmal unendlich einsam vor, und das Verschwinden seines Freundes entzog ihm jeglichen Lebenswillen. Mehrere Tage raffte er sich weder zum Betteln noch zum Essen auf, lag nur freudlos auf dem Boden, bemitleidete sich selbst und wünschte sich, einzuschlafen, um nie mehr aufzuwachen. Es dauerte eine ganze Woche, bis er sich endlich dazu durchrang, wieder etwas zu tun.

«Und wovon lebst du?» Die Frage des dicken Jungen holte Valdir in die Gegenwart zurück.

«Ich passe auf Autos auf», erklärte er. «Tagsüber beim Supermarkt und nachts bei einem Restaurant hier in der Nähe.»

«Und das reicht?»

«Ich schlag mich so durch.»

«Mann, ich glaube, ich würde sterben vor Hunger», meinte Eduardo und warf das Kerngehäuse des Apfels auf die Straße. «Meine Mutter sagt immer, ich esse zuviel und Vaters Monatslohn würde bald nicht mehr reichen, um wöchentlich den ganzen Supermarkt für mich aufzukaufen. Und dabei esse ich gar nicht so viel. Bin schließlich noch im Wachstum.» Er fischte einen Schokoladenriegel aus seiner Hosentasche. «Willst du?» Natürlich schlug Valdir das Angebot nicht aus. Eduardo brach den Riegel in zwei gleich große Stücke und reichte Valdir die eine Hälfte durch das Gitter. Valdir mußte unwillkürlich an Paulo denken, als er den Schokoriegel entgegennahm. Paulo war der Besitzer eines Süßwarenladens, und immer, wenn Valdir bei seinem Geschäft vorbeiging, schenkte er ihm etwas zum Naschen. Einmal, als ihn Valdir um ein Bonbon gebeten hatte, sagte Paulo: «Wenn du mir den Boden schrubbst, geb ich dir sogar zwei.»

Valdir fand das ein faires Angebot, und von jenem Tag an fragte er Paulo jedesmal, wenn er seinen Laden betrat, ob er den Boden schrubben dürfte, bis ihm Paulo eines Tages einen völlig überraschenden Vorschlag unterbreitete.

«Wenn du willst, kannst du jeden Abend vorbeikommen und den Boden schrubben, um dir ein wenig Geld zu verdienen.»

Das ließ sich der Neunjährige nicht zweimal sagen, und von da an machte er sich allabendlich gegen sieben Uhr ans Werk, um den Boden des Süßwarenladens zu säubern. Er führte seinen Job zu Paulos vollster Zufriedenheit aus, und seine Brust wölbte sich jeweils vor Stolz, wenn ihm Paulo nach getaner Arbeit einige Münzen in die Hand drückte und anerkennend feststellte:

«Junge, aus dir wird mal noch was werden!»

Natürlich waren ihm längst nicht alle Geschäftsführer freundlich gesinnt. Immer wieder gab es welche, die ihn fluchend davonjagten, wenn er nur seinen Fuß über die Schwelle ihres Ladens setzte.

«Scher dich weg, Bengel!» knurrten sie. «Such dir eine Arbeit, wie jeder anständige Mensch dieser Stadt!»

«Wenn Sie mir zu einem Ausweis und einer Wohnmöglichkeit verhelfen, werde ich für Sie arbeiten», stichelte Valdir jedesmal, doch die Geschäftsführer wimmelten ihn bloß mit einer abwertenden Handbewegung ab und riefen ihm nach: «Verzieh dich, unnützer Straßenjunge!»

Er versuchte, ihre entwürdigenden Blicke und Bemerkungen zu ignorieren, doch tief im Innern wußte er, daß sie im Grunde recht hatten. Zum Bodenschrubben war er wohl nütze. Aber was würde aus ihm werden, wenn er groß wäre? Er hatte nicht die geringste Schulbildung! Die einfachsten Rechnungen bereiteten ihm Schwierigkeiten, er wußte weder mit Zahlen noch mit Buchstaben etwas anzufangen, ja, er konnte nicht einmal seinen eigenen Namen schreiben, und dabei war er bald zehn Jahre alt! Noch hatte er einen gewaltigen Vorteil: Er war klein und putzig und wußte die Leute mit seinen großen, treuherzigen Augen für sich zu gewinnen. Doch was würde in zwei, drei Jahren sein? Womit würde er sich dann sein Geld verdienen? Diese Frage beschäftigte ihn oft, wenn er sich nachts in dem leerstehenden Gebäude in seine Wolldecke hüllte und über den vergangenen Tag nachdachte. Aber dann kam er zu dem Schluß, daß es keinen Sinn hatte, sich jetzt darüber den Kopf zu zerbrechen. Hatte er sich bis heute durchs Leben geschlagen, würde er dies auch morgen tun. Auf welche Weise, das würde sich von selbst ergeben.

«Hast du Geschwister?» Erneut riß ihn die Frage des dicken Jungen aus seinen Gedanken.

«Wir sind zu fünft», sagte Valdir. «Drei Jungs und zwei Mädchen.»

«Ich hab zwei Schwestern», erklärte Eduardo und schob sich seine Brille auf der Nase zurecht. «Elisa ist sieben und Roberta neun. Sie sind furchtbar, sag ich dir.»

«Warum?»

Eduardo seufzte leidgeprüft. «Schwestern sind grundsätzlich furchtbar, ist jedenfalls meine Erfahrung. Geraten wegen dem kleinsten bißchen in Panik und schreien hysterisch im Zimmer herum, wenn ich einen fahrenlasse. Kann auch nichts dafür, wenn meine Verdauung manchmal nicht funktioniert. Ich geb dir einen guten Rat...» Er winkte Valdir etwas näher zu sich, als wäre die Mitteilung streng geheim, und zog vielsagend die Augenbrauen hoch: «Laß nie einen fahren, wenn sie in der Nähe sind. Sonst kriegst du Ärger.»

«Ich werd's mir merken», versprach Valdir. Eduardo schmunzelte.

«Unter uns gesagt, es macht mir ja zuweilen Spaß, sie damit aus dem Zimmer zu jagen. Die geräuschlosen sind die gefährlichsten.» Er kicherte, und Valdir begann auch zu kichern. «Einmal hätte mich Roberta beinahe umgebracht, echt wahr. Aber da hab ich ihr gedroht, sie in den Schrank zu sperren und zu vergasen.» Er bekam einen Lachanfall und beruhigte sich erst wieder, als ein Auto aus der Tiefgarage fuhr und eine junge, gutaussehende Frau die Scheibe herunterkurbelte und seinen Namen rief: «Ich hole jetzt die Mädchen von der Schule ab. Kommst du mit?»

«Meine Mutter», erklärte Eduardo. «Ich frag sie, ob du mitfahren kannst.» Ehe Valdir etwas einwenden konnte, begab sich der Junge zum Wagen, wechselte ein paar Worte mit seiner Mutter und winkte Valdir dann zu sich. Doch Valdir schüttelte den Kopf.

«Komm schon!»

Valdir winkte ab. «Ich bin viel zu schmutzig.»

«So'n Quatsch!» Eduardo setzte sich auf den Rücksitz, die Mutter ließ den Wagen langsam auf die Straße rollen und hielt unmittelbar neben Valdir an. Valdir vergrub seine Hände in den Hosentaschen und traute sich nicht, ihr ins Gesicht zu sehen.

«Steig ein», sagte Eduardos Mutter freundlich, «du brauchst keine Angst zu haben.»

«Ich würde Ihnen bloß den Sitz verschmutzen», murmelte Valdir verlegen.

«Na komm schon», drängte Eduardo. «Hab dich nicht so.»

Valdir zögerte, doch schließlich überwand er seine Scheu und stieg ein.

«Ich bin Betty», stellte sich die Frau vor. «Eduardo sagte mir, du würdest in dem Gebäude uns gegenüber wohnen. Dann sind wir also Nachbarn.» Sie lächelte Valdir durch den Rückspiegel an, und Valdir lächelte etwas befangen zurück. Es war ihm unverständlich, warum ihn Eduardo und seine Mutter so vorurteilslos behandelten, so, als wäre er ein ganz normaler Nachbarsjunge, und er wußte mit ihrer zuvorkommenden Art kaum umzugehen. Eduardo riß eine Packung Kartoffelchips auf, stopfte sich eine Handvoll in den Mund und streckte Valdir die Tüte vor die Nase. Valdir langte ebenfalls zu. Die Mutter stellte ihm einige Fragen, und je länger sie unterwegs waren, desto mehr verlor Valdir seine anfängliche Schüchternheit. Als sie bei der Schule ankamen, fühlte er sich schon beinahe zur Familie gehörig.

Und dann kam es direkt auf ihn zu: das hübscheste neunjährige Mädchen, das Valdir je gesehen hatte! Die Mutter stieg aus, um ihre Tochter zu begrüßen, umarmte sie, drückte ihr einen dicken Kuß auf die Wange und fragte, wie die Schule gewesen sei. Wenig später traf auch Elisa ein, und nach einem kurzen Gespräch setzten sich die beiden Mädchen zu den Jungs auf den Rücksitz.

«Darf ich vorstellen: Valdir», verkündete Eduardo respektvoll, als würde es sich mindestens um den Präsidenten der Vereinigten Staaten handeln, und mit hörbar weniger Begeisterung in der Stimme ergänzte er: «Valdir, das sind meine beiden Schwestern.»

«Du bist doch der Junge vom Gebäude gegenüber!» stellte Elisa gleich fest, und es schien Valdir, als wüßte bereits die halbe Welt, daß er dort schlief. Er war wohl so etwas wie eine Attraktion, Robinson in der Großstadt.

«Ich hab dich mal vom Fenster aus gesehen», fiel Roberta ein, und es war die sanfteste Stimme, die Valdir je zu Ohren gekommen war. Sie lächelte ihn an, und ihr Lächeln war das bezauberndste Lächeln, das Valdir je gesehen hatte. Überhaupt war alles an ihr bezaubernd: ihr langes, schwarzes, gekraustes Haar, ihre klassisch gerade Nase, ihre großen Augen, ihr breites Gesicht. Valdir konnte seinen Blick kaum mehr von ihr abwenden, und sie schlug verlegen die Augen nieder. Doch als die kleine Elisa, die zwischen ihnen saß, die Situation erfaßte, grinste sie vergnügt und meinte provozierend: «Oh! Ich glaube, meine Schwester hat sich verliebt!»

Roberta warf ihr darauf einen drohenden Blick zu und knurrte, sie solle gefälligst den Mund halten. Davon verstehe sie ja überhaupt nichts.

Doch das spornte Elisa nur um so mehr an. «Roberta hat sich verliebt! Roberta hat sich verliebt!» sang sie so lange, bis ihr die Schwester ein Schulbuch auf den Kopf schlug. Elisa boxte Roberta darauf in den Bauch, Roberta boxte zurück, doch da mischte sich die Mutter ein und sagte, wenn sie damit nicht augenblicklich aufhörten, könnten sie zu Fuß nach Hause gehen. Eduardo warf Valdir nur einen sachverständigen Blick zu und flüsterte ihm zu: «Na, was hab ich dir gesagt?»

Als sie zu Hause ankamen, war es bereits halb sechs. Eduardo bat seine Mutter, noch ein wenig mit Valdir spielen zu dürfen, und die Mutter erlaubte es ihm. Valdir zeigte Eduardo sein Lager, und die Jungen setzten sich auf den Boden und unterhielten sich angeregt über Mädchen im allgemeinen und Roberta im besonderen. Eduardo warnte Valdir, besser die Finger von seiner Schwester zu lassen, denn sie fürchte sich vor Spinnen und Mäusen und sei ein absoluter Angsthase. Sie redeten und redeten, und erst als Eduardos Mutter ihn zum Abendessen rief, verabschiedete sich der dicke Junge von Valdir und ging nach Hause. Valdir blieb an diesem Abend noch lange in der Dunkelheit sitzen und schielte zum erleuchteten Fenster mit den grünen Vorhängen hoch. Er wartete, bis das Licht ausging, dann rollte er sich in seiner Wolldecke zusammen.

«Gute Nacht, Eduardo», murmelte er glücklich. «Bis morgen.»

Ein besonderer Tag

Von da an sahen sich Valdir und Eduardo täglich, und ihre Beziehung wuchs zu einer jener dicken Freundschaften heran, von denen viele Menschen ein Leben lang träumen. Valdir freundete sich auch mit anderen Bewohnern des Gebäudekomplexes an, und er lernte viele Kinder kennen, die an derselben Straße wohnten. Oft spielten sie den ganzen Nachmittag auf der verkehrsarmen Straße, und wenn es dunkel wurde und alle nach Hause gingen, setzten sich Eduardo und Valdir auf das Mäuerchen vor dem Wohnblock und plauderten miteinander, bis es für Eduardo Zeit zum Abendessen war und Valdir sich auf den Weg machen mußte, um Paulos Laden zu schrubben. Manchmal, wenn seine Mutter es nicht merkte, packte Eduardo Reste des Mittagessens weg und brachte sie Valdir, damit er nicht am Hungertuch nagen mußte.

«Hat deine Mutter nichts dagegen einzuwenden?» fragte Valdir einmal.

«Die Sache ist ganz einfach», erklärte Eduardo mit weiser Miene, «wenn meine Mutter Essensreste im Kühlschrank verstaut, bin ich der erste, der sie sich unter den Nagel reißt. Und da sie ohnehin der Überzeugung ist, ich sollte dringend abnehmen, ist das eine ausgezeichnete Diät. Darüber müßte ich eigentlich ein Buch schreiben.» Er nickte bedächtig mit dem

Kopf: «Koche dir, soviel du willst, verzichte darauf, und gib es einem, der es nötiger hat als du.» Er strahlte wie ein kleiner König hinter seinen Brillengläsern, begeistert von seiner eigenen Idee. «Sozial-Diät-Kur. Na, wie findest du das?»

«Ich glaube nicht, daß du damit Erfolg hättest», sagte Valdir, während er an einem Hühnerbeinchen herumknabberte.

«Warum nicht? Ist es heutzutage nicht im Trend, sich sozial zu engagieren?»

«Davon habe ich bis heute jedenfalls nicht viel gemerkt», meinte Valdir nur.

Die Tage vergingen, die Nächte wurden kälter, und es fehlten nur noch wenige Tage bis zu Valdirs zehntem Geburtstag. Mit Sehnsucht erinnerte er sich an die leckeren Geburtstagstorten, die seine Mutter jeweils für ihn gebacken hatte, und an die farbigen Ballons und Girlanden, die sie im ganzen Haus aufgehängt hatte. Diesmal würde es keine Torte geben, keine farbigen Ballons und Girlanden und keine Geschenke. Doch als Valdir am Morgen seines Geburtstags die Augen aufschlug, fiel ihm beinahe die Kinnlade herunter. Unmittelbar neben ihm auf dem Boden, ordentlich zusammengefaltet, lagen neue Jeanshosen und ein weißes T-Shirt, so als wären sie direkt vom Himmel herabgeschneit. Valdir glaubte zu träumen. Wer mochte ihm diese Kleider geschenkt haben? Und dazu ausgerechnet an seinem Geburtstag? Auf dem T-Shirt entdeckte Valdir ein hübsch verziertes Kärtchen. Er nahm es in die Hand und betrachtete die vielen Worte, die darauf geschrieben standen und die ihm wie Hieroglyphen vorkamen. Das einzige Wort, das er zufälligerweise kannte, war das Wort «paz», Friede, und er nahm das Wort stellvertretend für den gesamten Inhalt der Karte und freute sich darüber wie ein kleines Kind. Er hob die Kleider vom Boden auf, klemmte sie sich unter den Arm und machte sich auf den Weg zu Paulos Süßwarenladen.

«Guten Morgen, Valdir», begrüßte ihn der Geschäftsführer freundlich. «So früh schon auf den Beinen?»

«Heute ist mein Geburtstag!» verkündete der Junge glücklich und streckte Paulo die neuen Kleider entgegen. «Sieh nur, was ich gekriegt habe! Lag einfach neben mir auf dem Boden, als ich erwachte.»

«Und warum hast du sie nicht gleich anprobiert?»

«Ich wollte erst duschen, bevor ich sie anziehe!»

«Ach, ich verstehe», nickte Paulo lächelnd und winkte Valdir mit einer Handbewegung hinter die Theke. «Du weißt ja, wo's zum Bad geht.» Er versetzte dem Jungen einen Klaps auf den Rücken, und Valdir verschwand eilig hinter dem Vorhang, der das Geschäft vom Magazin trennte. Als er einige Minuten später zurückkam, war er kaum wiederzuerkennen: sauber, mit frisch gewaschenem Haar, neuer Jeans, neuem T-Shirt und einem strahlenden Grinsen auf den blendend weißen Zähnen. Paulo musterte ihn eingehend von Kopf bis Fuß, und sein Blick blieb an Valdirs zerfetzten Turnschuhen hängen.

«Jetzt fehlt eigentlich nur noch eines», meinte er vielversprechend und wandte sich der Frau zu, die mit ihm zusammen den Laden führte. «Ich bin gleich wieder zurück, meine Teuerste.» Er schob Valdir vor sich auf den Gehsteig, ging mit ihm die Straße hinunter und steuerte zielstrebig auf ein Schuhgeschäft zu.

«Mein Geburtstagsgeschenk», sagte er, und während Valdir völlig außer sich vor Glück am Eingang stehenblieb und nicht fassen konnte, daß ihm so viel Wunderbares an einem einzigen Tag widerfuhr, durchstöberte Paulo die Regale. Natürlich konnte es Valdir kaum erwarten, seine neuen Schuhe anzuprobieren. Als es endlich soweit war, fühlte er sich darin wie ein berühmter Basketballspieler oder Hundertmeterläufer und war überzeugt, mit diesen Sportschuhen bis zum Himalaja rennen zu können, ohne auch nur ein einziges Mal anzuhalten.

An diesem Nachmittag lief Valdir mehrmals grundlos die Straße auf und ab aus lauter Freude über die geschenkten Turnschuhe, und als Eduardo von der Schule kam, präsentierte er seinem Freund die Geschenke mit großem Stolz und fragte ihn, ob die Kleider zufällig von *ihm* seien. Aber Eduardo schwor Stein und Bein, er hätte nicht mal gewußt, daß heute sein Geburtstag sei.

«Es gibt eben doch noch gute Menschen auf dieser Welt», meinte er würdevoll und mit einem seligen Lächeln auf dem dicken Gesicht und überreichte Valdir großzügig ein Stück Schokolade. «Meine Mutter lädt dich übrigens heute zum Abendessen ein.» Valdir wäre beinahe die Schokolade zu Boden gefallen.

«Wie?!» stieß er hervor. «Zum Abendessen? Mich?»

«Du kannst natürlich auch deinen Zwillingsbruder vorbeischicken, falls du für heute schon verabredet bist», spöttelte Eduardo. «Ganz wie du willst.»

Valdir war absolut sprachlos. Er war zum Abendessen eingeladen! *Er*! Zum *Abendessen*! Damit hätte er nie und nimmer gerechnet. Das konnte nur ein Traum sein.

«Wenn du Lust hast, können wir auch schon jetzt raufgehen. Ich hab ein paar tolle Videogames.» Valdir erklärte sich einverstanden, obwohl er innerlich so nervös war, daß er sich am liebsten in seinem Versteck verkrochen hätte wie ein wildes Tier, wenn Menschen in seine Nähe kommen. Er hatte zu lange auf der Straße gelebt, um noch zu wissen, wie man sich in der sogenannt zivilisierten Welt verhalten muß. Allein die Vorstellung, in Eduardos Haus einzutreten, löste ein mulmiges Gefühl in ihm aus. Er kam sich vor wie ein kleines Kind, für das selbst die einfachsten Situationen eine Herausforderung darstellen.

Der Pförtner wollte Valdir erst nicht einlassen. Doch Eduardo sagte, seine Mutter hätte es bewilligt und er könne gerne nachfragen, was der Mann auch tat. Dann öffnete er den beiden das Tor. Sie nahmen den Lift in den siebten Stock und traten in die Wohnung. Tante Betty, wie Valdir Eduardos Mutter nannte, kam ihnen gleich aus der Küche entgegen.

«Herzlich willkommen, Valdir», sagte sie. «Fühl dich ganz wie zu Hause.»

«Danke, Tante Betty», murmelte Valdir und wußte vor Verlegenheit kaum, wo er hinschauen sollte.

«Möchtest du etwas trinken?» Eduardo schubste Valdir in die Küche, stellte zwei Gläser auf den Tisch, holte eine Flasche Coca-Cola aus dem Kühlschrank und füllte die Gläser bis zum Rand. Dann hielt er Ausschau nach etwas Eßbarem und entdeckte eine angefangene Packung Kartoffelchips. Die Mutter warf ihm einen mahnenden Blick zu.

«Eduardo! Denk dran: In einer Stunde werden wir zu Abend essen.» Doch der dicke Junge meinte bloß mit unschuldiger Miene:

«Ich hab aber Hunger!»

Sie tranken die Gläser leer, Eduardo nahm die Chips als Proviant mit auf den Weg, und dann gingen sie in sein Zimmer. Es war ein großes Zimmer mit einem Stockbett und einem einfachen Bett, zwei riesigen Schränken und jeder Menge Platz zum Spielen. Valdir betrachtete die grünen Vorhänge vor dem Fenster und mußte daran denken, wie oft er auf der gegenüberliegenden Straßenseite auf dem harten Betonboden gesessen und zu diesem Fenster hochgeschaut hatte. Es war ein komisches Gefühl, sich auf einmal auf der anderen Seite des Gitters zu befinden.

In einer Ecke des Zimmers stand ein Fernseher, und Roberta und Elisa saßen davor und spielten Videogames. Elisa begann gleich zu reklamieren, als sich die Jungs dazugesellten, doch Roberta wies sie zurecht, die Spiele seien für alle da, und rückte zur Seite, damit sich Valdir neben sie setzen konnte. Natürlich konnte es sich Elisa nicht verkneifen, einige stichelnde Bemerkungen fallenzulassen, aber nach einer Weile beruhigte sich die Lage, und die vier begannen zu spielen.

Valdir kam sich vor wie im Märchenland. Alles war so anders, so völlig anders, als er es aus seiner Kindheit gewöhnt war. Die helle, großzügige Wohnung stand in keinem Vergleich zu dem düsteren, engen Loch, in welchem sie in Pernambuco und später in São Miguel Paulista gewohnt hatten, und das Verhältnis der Menschen war nicht von Angst, sondern von Liebe und gegenseitigem Verständnis geprägt.

Gegen halb acht traf der Vater ein, und sobald sie das Geräusch seiner Schritte hörten, sprangen die Kinder auf und stürmten zur Tür, um ihn zu begrüßen. Valdir blieb etwas unbeholfen an der Zimmertür stehen und kam sich auf einmal fast fehl am Platz vor. Doch der Vater, ein großer, rundlicher Mann mit Brille, kam sofort auf ihn zu und streckte ihm seine Hand entgegen.

«Du bist also der berühmte Valdir», meinte er, «Eduardo hat uns schon viel von dir erzählt.»

Eine Viertelstunde später rief die Mutter zum Abendessen, und es war das beste Abendessen, das Valdir je gegessen hatte. Es gab Reis und Bohnen, gebratene Hühnchen mit Kartoffeln, Lasagne, Spaghetti und tausend verschiedene Sorten von Salaten und zum Dessert Schokoladenmousse, Kuchen und Eiscreme. Valdir schlug sich den Bauch voll, bis er schier platzte. Nachdem die Mutter alles abgeräumt hatte, fragte sie Valdir, ob er Lust hätte, diese Nacht bei ihnen zu schlafen, und Valdir willigte sofort ein. Tante Betty brachte eine Matratze ins Kinderzimmer, überspannte sie mit einem frischen Leintuch, legte zwei dicke Decken darüber und gab Valdir einen Schlafanzug, ein Handtuch und eine Zahnbürste. Valdir wußte kaum, wie er sich für alles bedanken sollte. So viel Glück an einem einzigen Tag, das war beinahe zuviel auf einmal.

Die Kinder spielten noch eine Weile Videogames, bis die Mutter ins Zimmer kam und sagte, es wäre Zeit, das Licht zu löschen. Natürlich waren die vier noch viel zu unternehmungslustig, um sich bereits schlafen zu legen, und so setzten sie sich alle auf das Stockbett, zogen sich eine Decke über die Köpfe und begannen sich im Schein einer Taschenlampe Gespenstergeschichten zu erzählen. Erst gegen halb zwölf überwältigte sie die Müdigkeit, und sie verkrochen sich in ihre Betten. Valdir blieb noch einige Augenblicke am Fenster stehen und sah auf die gegenüberliegende Straßenseite zu dem unbewohnten Betongebäude, das in völliger Finsternis dort stand und etwas Unheimliches an sich hatte. Es war schwer, sich vorzustellen, daß es jemanden gab, der dort die Nacht verbrachte, und es war noch schwerer, sich vorzustellen, daß er bereits morgen dorthin zurückkehren sollte, auf die Schattenseite des Lebens.

«Woran denkst du?» fragte ihn Eduardo plötzlich im Flüsterton. Valdir zuckte die Achseln.

«Alles Schöne vergeht viel zu schnell», murmelte er. «Du versuchst es festzuhalten, und es entschlüpft deinen Händen so rasch, daß du dich fragst, ob du nicht alles nur geträumt hast.»

«Wäre toll, wenn du bei uns bleiben könntest», meinte Eduardo nach einer kurzen Pause. «Ich werde morgen meine Mutter fragen.»

Valdir schüttelte lächelnd den Kopf. Er trat vom Fenster weg und legte sich auf seine Matratze, verschränkte seine Arme hinter dem Kopf und starrte einige Zeit mit gemischten Gefühlen an die Zimmerdecke. Eduardo war echt in Ordnung. Es war toll, einen Freund wie ihn zu haben.

«Bist du sicher, daß nicht *du* es warst, der mir die neuen Kleider geschenkt hat?» fragte er auf einmal und drehte den Kopf in Eduardos Richtung. Doch der dicke Junge schlief bereits den Schlaf des Gerechten und schnarchte friedlich vor sich hin.

Der Abschied

«Paulo! Wenn ich dir *das* erzähle, haut es dich glatt vom Sockel!» Valdir stürmte in Paulos Süßwarenladen und war völlig außer sich vor Erregung.

«Na, was ist denn so Umwerfendes geschehen?» fragte Paulo. Valdir holte tief Atem, und dann sprudelte es aus ihm heraus wie ein Wasserfall.

«Ich muß nicht mehr auf der Straße schlafen! Ich hab ein Zimmer gekriegt!»

«Moment», winkte Paulo ab, «ich habe mich wohl verhört. Du hast ein *Zimmer* gekriegt?»

«Ja!»

«Wo? Bei Eduardo?»

«Nein! Bei João Luiz!»

«João Luiz? Heißt dein Freund nicht Eduardo?»

«Das ist der andere.»

«Tut mir leid, jetzt verstehe ich nur noch Bahnhof. Wer ist nun dein Freund: Eduardo oder João Luiz?»

«Beide», lachte Valdir, amüsiert über Paulos Verwirrung. «Ich werd's dir erklären: Eduardo ist der Junge, bei dem ich vorgestern zum Abendessen eingeladen war.»

«Und bei dem du übernachten durftest.»

«Genau. Und João Luiz ist ein anderer Junge aus demselben Wohnblock, mit dem ich mich auch prima verstehe.»

«Von dem hast du mir aber nie was erzählt.»

«Ich kann dir ja nicht von *allen* meinen Freunden erzählen.»

«O.k. Und wie ist das nun mit diesem Zimmer?»

«Also, hör zu: Gestern hat mich João Luiz zu sich nach Hause eingeladen, um Videogames zu spielen, und dann durfte ich zum Abendessen bleiben und lernte seinen Vater kennen, einen erfolgreichen Geschäftsmann, politisch tätig und so. Muß irgendein hohes Tier sein nach dem, was mir João Luiz erklärt hat. Wir saßen also am Tisch, und der Vater stellte mir eine Menge Fragen, warum ich auf der Straße sei und ob ich niemanden hätte, bei dem ich wohnen könne. Ich erzählte ihm meine Geschichte, und da beschlossen er und seine Frau spontan, mir das Zimmer ihrer Angestellten zu überlassen. Sie würde ohnehin nicht darin schlafen. Und für mich sei das hundertmal besser, als auf der Straße zu schlafen.»

«Das ist ja ein Ding!» warf Paulo dazwischen. «Junge, ich bin sprachlos.»

«Das war ich auch», sagte Valdir, «und stell dir vor: Sie gaben mir sogar einige Kleider, und heute morgen gab es frisch gepreßten Orangensaft zum Frühstück und alles, was du dir denken kannst.»

«Valdir!» meinte Paulo fassungslos und packte den Zehnjährigen an der Schulter. «Du bist ein Glückspilz!»

«Weißt du, was mir João Luiz' Vater sagte? Er sagte, daß er sich wünschte, mich eines Tages als studierten, rechtschaffenen Mann wiederzusehen.»

«Da geb ich ihm völlig recht», schloß sich Paulo dieser Aussage an. «Und ich werde dir auch etwas sagen: Viele Straßenjungen würden alles darum geben, in deiner Situation zu sein. Halte diese Chance fest wie dein eigenes Leben, Valdir!»

Von da an war Valdirs Leben nicht mehr dasselbe. Tagsüber arbeitete er nach wie vor beim Supermarkt als Parkwächter, abends gegen sieben Uhr schrubbte er nach wie vor Paulos Süßwarenladen, doch nachts brauchte er nicht mehr in dem verlassenen Gebäude zu schlafen, sondern hatte sein eigenes Zimmer mit seinem eigenen Bett. Und seit er in dem Wohnblock ein und aus gehen konnte, wie und wann er wollte, war er auch immer öfter bei Eduardo zu Hause, und sie spielten Videogames, heckten Streiche aus und stellten eine

Menge Unfug an wie alle Jungen in diesem Alter. Einmal füllten sie Ballons mit Wasser und bombardierten damit aus dem siebten Stock unschuldige Fußgänger, die des Weges kamen. Und wenn die Leute rot vor Zorn in die Richtung blickten, aus der die Wasserbomben geflogen kamen, kauerten sich die Jungen kichernd auf den Boden vor dem Fenster.

Manchmal vergnügten sie sich auch im Schwimmbad auf der Rückseite des Wohnblocks. Valdir liebte es, dort zu schwimmen, aber noch mehr liebte er es, mit Roberta am Beckenrand herumzuflirten und ihr endlose Heiratsanträge zu machen. Einmal küßte er sie sogar mitten auf den Mund, doch genau in diesem Moment kam Tante Betty aus dem Lift, und da begannen die beiden augenblicklich wie die Weltmeister zu schwimmen, um keinen Verdacht zu erwecken. Ja, Valdirs Leben hatte sich verändert, und es sollte sich noch mehr verändern.

«Valdir, ich möchte mit dir reden.»

Valdir saß mit João Luiz und Eduardo vor dem Fernseher und spielte Videogames. Es war ein gewöhnlicher Freitag abend, und die Art und Weise, wie Tante Betty das sagte, beunruhigte Valdir. Ob sie am Ende dahintergekommen war, daß er ihre Tochter im Schwimmbad geküßt hatte?, überlegte er. Er folgte ihr ins Wohnzimmer und machte sich auf alles gefaßt – bloß nicht auf das, was Tante Betty ihm unterbreitete.

«Hör zu, Valdir. Ich weiß, daß du dich hier wie zu Hause fühlst, und wir alle von diesem Wohnblock haben dich ins Herz geschlossen.» Diese Einleitung versprach nichts Gutes, und Valdir wurde es bereits mulmig zumute, obwohl er noch nicht genau wußte, worauf Tante Betty hinauswollte.

«Ich habe mich mit João Luiz' Vater unterhalten», fuhr sie fort, und Valdir merkte, wie sie nach den geeigneten Worten suchte. «Wir haben uns gefragt, ob das, was wir für dich tun, auf lange Sicht das Richtige ist. Ein Bett reicht eben nicht, um einen Straßenjungen von der Straße wegzuholen. Und du willst doch von der Straße wegkommen, nicht wahr?» Valdir nickte. Ja, von der Straße wegkommen, das wollte er. Und daß er nicht für den Rest seines Lebens hier bleiben konnte, war ihm auch klar. Doch es war ihm unangenehm, sich mit dieser Tatsache konfrontiert zu sehen.

«Wir haben ein Heim ausfindig gemacht, das Jungen wie dich aufnimmt.» Nun war es ausgesprochen, und obwohl Valdir wußte, daß es ihr nicht darum ging, ihn abzuschieben, schmerzten ihn die Worte bis ins Innerste. Er hatte gehofft, die Stunde des Abschieds noch länger hinausschieben zu können, so lange wie irgend möglich.

«Wir haben angefragt, ob sie einen Platz frei hätten, und wenn du damit einverstanden bist, werden sie dich morgen nachmittag abholen.»

Morgen schon, dachte Valdir, aber er sagte nichts. Er wußte, daß Tante Betty nur das Beste für ihn wollte und daß sie diese Entscheidung bestimmt schlaflose Nächte gekostet hatte. Wenn er sie anflehen würde, hierbleiben zu dürfen, hätte sie sich bestimmt erweichen lassen. Doch Valdir wußte, daß sich damit das Unabwendbare nur um einige Tage oder Wochen hinauszögern würde, und damit war auch nichts gewonnen.

«Bist du einverstanden?»

Valdir nickte.

Sie holten ihn am Samstag kurz nach dem Mittagessen ab. Valdir hatte eigentlich noch bei Paulo vorbeigehen wollen, um sich von ihm zu verabschieden, doch da die Frau aus dem Heim früher kam als vereinbart und offensichtlich keine Lust hatte, lange zu warten, blieb dafür keine Zeit mehr. Der Abschied fiel ihm schwer, doch er gab sich Mühe, sich nichts anmerken zu lassen. Alle kamen, um ihm Lebewohl zu sagen: João Luiz und seine Eltern, Tante Betty und ihr Mann,

Eduardo, Elisa und Roberta. Eduardo überreichte ihm feierlich eine Packung Kartoffelchips, damit er auf der Reise nicht verhungern mußte. Roberta trat dicht an ihn heran, flüsterte ihm etwas ins Ohr und legte ihm ein Schokoladenherz in die Hand. Valdir flüsterte etwas zurück und wagte es sogar, ihr einen flüchtigen Kuß auf die Wange zu drücken. Roberta lief rot an, und ihre Schwester kicherte leise, unterließ es aber angesichts der Umstände, eine Bemerkung fallenzulassen.

«Vergiß nicht: Du bist jederzeit herzlich willkommen», sagte Tante Betty, als Valdir bereits auf dem Rücksitz des Autos saß. Dann setzte sich der Wagen in Bewegung, und Valdir winkte aus dem Fenster, bis sie in eine andere Straße einbogen. Er spürte, wie Tränen in seine Augen steigen wollten, doch er kämpfte dagegen an und weinte nicht.

Sie erreichten das Heim gegen vier Uhr nachmittags. Kaum hatte der Wagen angehalten, kamen gleich alle Heimjungen neugierig ans Tor, um den Neuling zu begutachten. Valdir zählte neun Jungen, und die meisten mochten zwischen zwölf und vierzehn Jahren alt sein. Nur einer schien etwa sein Alter zu haben. Valdir stieg aus und folgte der Frau, die ihn hergefahren hatte, mit gesenktem Kopf Richtung Eingang. Er spürte die mißtrauischen Blicke der Jungen auf sich ruhen, und das machte ihn nervös.

«Hey, Neginho! Du hast dich in der Adresse geirrt! Hier ist nicht der Zoo!» Ein Gekicher ging durch die Schar. Valdir hob den Kopf und sah in Richtung des Jungen, der diese provozierende Bemerkung von sich gegeben hatte. Es war ein etwa dreizehnjähriger, hellhäutiger Junge, der mit verschränkten Armen an der Hausmauer lehnte und sich offenbar absolut cool vorkam.

«Sag das noch mal!» forderte ihn Valdir mit zusammengekniffenen Augen auf und ballte die Fäuste. Die Betreuerin drehte sich um und wollte die Situation retten, bevor sie außer Kontrolle geriet. Aber es war bereits zu spät.

«Bananen findest du in der Küche!» grinste der Dreizehnjährige, doch im selben Moment stürzte sich Valdir auf
ihn wie ein Tier und riß ihn zu Boden. Die anderen Jungs
scharten sich um sie und pfiffen begeistert durch die Zähne,
während die Betreuerin rief: «Aufhören! Sofort aufhören!»,
was natürlich nicht den geringsten Einfluß auf die beiden
hatte. Der Dreizehnjährige war zwar einen Kopf größer als
der Neuling, doch die blinde Wut verlieh Valdir beinahe
übermenschliche Kräfte. Er stieß seinem Gegner mit einer
solchen Wucht die Faust in den Rücken, daß der Junge sich
plötzlich auf dem Boden krümmte wie ein Wurm und
stöhnte, er bekomme keine Luft mehr. Die anderen traten
augenblicklich einen Schritt zurück und sahen den schwarzen, drahtigen Jungen mit einer Mischung aus Argwohn und
Respekt an, während die Betreuerin ihn grob am Arm
packte und ins Büro des Heimleiters schleppte. Valdir kochte
noch immer vor Zorn, und seine Hände zitterten vor Erregung. Die Betreuerin erklärte, was vorgefallen war, und
der Heimleiter erhob sich von seinem Sessel und trat nahe
an den widerspenstigen Jungen heran.

«Sieh mich an», sagte er. Valdir hob den Kopf, doch er
wich dem Blick des Mannes aus. Seine Nasenflügel bebten.

«Wenn du glaubst, du könntest dich hier herumprügeln
wie auf der Straße, so liegst du falsch, mein Junge. Wir sind
hier eine Familie, und es gibt Regeln wie in jeder Familie.
Und Regel Nummer eins ist, einander zu respektieren.»

«Dann sagen sie diesem… diesem Jungen, er soll mich respektieren», murmelte Valdir.

«Hol Francisco herein», wies der Direktor die Betreuerin
an. «Ich möchte ein Wörtchen mit ihm reden.» Francisco erschien mit gesenktem Kopf am Eingang. Der Heimleiter
winkte ihn zu sich und wies ihn an, sich neben Valdir zu stellen. Valdir schielte wütend zu ihm hinüber, und wäre er nicht
im Büro des Direktors gewesen, hätte er sich bestimmt erneut auf den Jungen namens Francisco gestürzt.

«Also», sagte der Heimleiter, «was ist da draußen vorgefallen?»

«Der Neue hier hätte mich beinahe umgebracht!» berichtete Francisco mit weinerlicher Stimme, und die gesamte Überlegenheit, die er noch vor wenigen Minuten an den Tag gelegt hatte, war verschwunden. Valdir empfand es als Genugtuung, ihn in dieser Verfassung zu sehen. Der würde sich nicht mehr so schnell mit ihm einlassen, davon war er überzeugt.

«Ah», erwiderte der Direktor und verschränkte die Arme, «und was hast *du* getan?»

«Nichts!» sagte Francisco unschuldig.

«Du hast ihn nicht zufällig provoziert oder so?»

«Ich hab nur gesagt, er hätte sich in der Adresse geirrt», rückte Francisco mit der halben Wahrheit heraus. Der Heimleiter nickte bedächtig.

«Seht mich an, ihr beiden.» Die Jungen sahen ihn an. «Ich möchte, daß ihr euch gegenseitig um Entschuldigung bittet.»

«Aber…»

«Nichts aber. Ihr wißt, daß ihr im Unrecht seid, beide zusammen, du, Francisco, weil du Valdir provoziert hast, und du, Valdir, weil du Francisco angegriffen hast. Also los, ich warte.»

«Tschuldigung», murmelte Francisco nach einer längeren Pause, ohne Valdir anzusehen, und Valdir tat dasselbe. Der Direktor gab sich damit zufrieden und stellte die beiden Jungen zur Strafe für ihre Tat eine Stunde lang in die Zimmerecke, den Kopf zur Wand gedreht, um sie dort über ihren Fehler nachdenken zu lassen. Doch Valdir dachte nicht über seinen Fehler nach. Er dachte daran, daß er noch vor wenigen Stunden mit Tante Betty und ihrer Familie am Mittagstisch gesessen hatte, und überlegte sich, ob er sie wohl jemals wiedersehen würde. Zum ersten Mal in seinem Leben hatte er sich an einem Ort wirklich zu Hause gefühlt, hatte Freunde und eine Familie gefunden und sich der Illusion hingegeben, seine Flucht wäre zu Ende.

Wie hatte er sich bloß getäuscht! Er würde nie zur Ruhe kommen, weder in *diesem* Heim noch an irgendeinem anderen Ort, wohin es ihnen einfallen würde, ihn zu schicken. Erst zehn Minuten war er hier, hatte sich bereits mit einem Jungen herumgeprügelt und seine erste Strafe eingefangen, wahrlich kein gutes Zeichen für einen neuen Beginn. Und bestimmt würde es auch in Zukunft Probleme geben. Früher oder später gab es immer Probleme, und meistens gerade dann, wenn er es am wenigsten erwartete.

Er starrte an die kahle Wand, und je länger er sie anstarrte, desto mehr kam es ihm vor, als würde er keine Wand, sondern sein eigenes Leben betrachten. Zehn Jahre war er alt, und sein ganzes Leben lang hatte er um einen Platz in dieser Welt gekämpft, war von Tür zu Tür geschoben worden, war mißhandelt, gedemütigt, diskriminiert worden. Und trotz seiner Bemühungen, einen Sinn in all diesem Leiden zu suchen, fand er nichts anderes als eine große gähnende Leere in sich, so leer wie die Wand, an die er gezwungen war zu starren. Welche Zukunft konnte die Welt ihm bieten, für die es sich lohnte weiterzukämpfen? Welches Ziel sollte er sich setzen? Und welchen Preis sollte er bezahlen, um dieses Ziel zu erreichen?

Er wußte keine Antworten auf seine Fragen. Er wußte nur, daß er sich leer fühlte, leer und unendlich einsam, und daß er am liebsten davongerannt wäre bis ans Ende der Welt oder noch weiter, auf der Suche nach einer Antwort. Dabei war er bereits davon überzeugt, daß ihm diese Antwort niemand geben konnte.

Vanessa

«Willst du mich heiraten, Vanessa?»

Vanessa lächelte und küßte Valdir auf den Mund. «Das hast du mich heute schon über zehnmal gefragt, Valdir.»

Valdir legte seine Arme um das Mädchen und sah es lange an. Vanessa war zierlich, hatte schulterlanges blondes Haar, schmale, dunkelgrüne Augen und einen genauso schmalen, kleinen Mund. Ihre Augen strahlten Güte und Sanftmut aus, und ihr ganzes Wesen hatte etwas Zauberhaftes, Elegantes an sich. Er hatte sie kennengelernt, weil sie an derselben Straße wohnte, wo er eine Arbeitsstelle in einer Pizzeria angenommen hatte. Jedesmal, wenn er sich mit ihr traf, fragte er sie, ob sie ihn heiraten wolle. Sie sagte jedesmal, sie wolle erst heiraten, wenn sie 22 sei, und er müsse sich folglich noch sechs Jahre gedulden.

Valdir blickte verträumt in ihre tiefgrünen Augen.

«Ich liebe dich, Vanessa», hauchte er.

«Ich dich auch, Valdir», sagte Vanessa. Sie küßten sich und vergaßen die Zeit.

Es war Freitag, der 28. Juli 1992, Valdirs 15. Geburtstag, und da er heute nicht arbeiten mußte, nutzte er den freien Tag, um mit seiner sechzehnjährigen Freundin eine Radtour zu unternehmen. Es war ein schwüler Tag, und da ihnen die Hitze schon bald jegliche Energie raubte, suchten sie sich ein schattiges Plätzchen, um etwas auszuruhen. Sie setzten sich unter einen Baum unweit der Straße, legten die Fahrräder ins Gras, lauschten dem Wind, der in den Blättern des hohen Baumes spielte, beobachteten die Vögel, die am Himmel kreisten, sogen den Duft des trockenen Grases ein und genossen es, zusammenzusein. Valdir zupfte einen Grashalm aus der Wiese und zerteilte ihn mit den Fingern in feine Streifen. Vanessa lehnte ihren Kopf an seine Brust.

«Woran denkst du?» fragte sie ihn plötzlich.

«Willst du das wirklich wissen?»

«Ich möchte alles von dir wissen.»

Valdir sah sie von der Seite an und strich ihr sanft übers Gesicht. «Ich überlegte mir, was ich tun würde, wenn ich dich verlieren würde.»

«Verlieren? Warum solltest du mich verlieren?»

Valdir zuckte die Achseln und warf den Grashalm fort. «Ich habe in meinem Leben schon so viele Freunde verloren. Es würde mich nicht wundern, wenn du die nächste wärst, die sie mir wegnehmen.»

«Du bist verrückt, Valdir», meinte Vanessa. «Wer sollte mich dir wegnehmen?»

«Weiß nicht, aber manchmal kommt es mir so vor, als wäre da jemand, der immer nur darauf wartet, bis ich eine neue Freundschaft aufgebaut habe, um sie mir dann zu zerstören.» Er küßte sie auf die Stirn. «Ich würde es nicht ertragen, dich zu verlieren, Vanessa.»

«Hör auf mit dieser Geschichte. Ich werde dich nicht verlassen, niemals.»

«Das haben sie mir im Heim auch versprochen, bis zu dem Tag, als sie mich ins Waisenhaus brachten.» Valdir erinnerte sich daran, als wäre es gestern gewesen. Dabei lag es bereits gute drei Jahre zurück. «Wir waren wie eine große Familie, hatten eine Menge Spaß zusammen, weißt du. Und ich bildete mir ein, endlich meinen Platz gefunden zu haben.»

«Und warum konntest du nicht im Heim bleiben?» fragte Vanessa.

«Das Heim war nicht dafür eingerichtet, Jungen über längere Zeit aufzunehmen. Die Idee war es, Kontakt mit der Familie zu knüpfen und die Jungen wieder in ihre Familien zu integrieren. Und da dies bei mir nicht funktionierte, schoben sie mich ans Waisenhaus ab, wo ich bis heute bin.»

Vanessa strich mit ihrer Hand über Valdirs Wange. «Denkst du oft ans Heim zurück?»

«Manchmal», sagte Valdir. «Es war eine gute Zeit, weißt du.»

«Ich dachte, du hättest dich schon am ersten Tag mit einem Jungen herumgeprügelt.»

Valdir nickte: «Mit Francisco. War ein etwas mißglückter Anfang, zugegeben. Aber dann schloß ich Frieden mit ihm und freundete mich auch mit den anderen Jungs an, und von da an prügelte ich mich nicht mehr herum. Und in kürzester Zeit gewann ich die Herzen aller Mitarbeiter, inklusive des Direktors, der mich damals zur Strafe an die Wand gestellt hatte.»

«Ja, im Erobern von Herzen bist du gut», bestätigte Vanessa und küßte Valdir auf den Mund. «Und wie war es sonst so im Heim?» Valdir lehnte sich an den Baumstamm und begann zu erzählen.

«Ich teilte das Zimmer mit drei anderen Jungen, einer davon war Francisco. Jeden Samstag war ich an der Reihe, das Zimmer zu reinigen, und jeden Dienstag war allgemeiner Waschtag, und wir mußten lernen, unsere Kleider zu bügeln. Das machte mir, ehrlich gesagt, nicht gerade Spaß, doch die Betreuer, die wir Onkel und Tante nannten, meinten, eines Tages, wenn ich heiraten würde, müßte ich wissen, wie man Kleider bügelt, um meiner Frau im Haushalt zu helfen.»

«Welch weise Worte», meinte Vanessa zufrieden. «Eure Betreuer haben meine volle Unterstützung.»

«Mit den Onkeln und Tanten verstanden sich alle ausgezeichnet», fuhr Valdir fort. «Oft unternahmen wir kleine Ausflüge, und jedesmal veranstalteten die Mitarbeiter ein Wettrennen unter sich, und der Verlierer mußte einen von uns huckepack nach Hause tragen. Wenn wir dann im Heim ankamen, wurde geduscht, dann gab es Abendessen, und anschließend durften wir fernsehen bis um halb elf.»

«Hast du nie Heimweh gehabt nach deiner Familie?»

«Doch, und wie. Am schlimmsten war es, wenn einer der Jungen Besuch bekam. Da verkroch ich mich jedesmal in mein Zimmer und begann leise vor mich hin zu schluchzen. Es war mir unerträglich, zusehen zu müssen, wie Väter oder Mütter ihre Söhne besuchten, sie umarmten, sie küßten und ihnen Kleider oder Süßigkeiten brachten. Es war mir unerträglich zu sehen, daß alle Jungen im Heim jemanden hatten, der sich wenigstens ab und zu um sie kümmerte – nur ich nicht. Einmal entdeckte mich einer der Erzieher, Onkel Fernando, weinend in der Toilette, und als er mich fragte, warum ich weinte, öffnete ich ihm mein Herz. Fernando nahm mich darauf in die Arme, wischte mir die Tränen vom Gesicht und sagte: ‹Weine nicht, Valdir. Wir alle hier sind dein Vater und deine Mutter. *Wir* sind deine Familie, und wir werden dich nicht im Stich lassen, o.k.?›

Von da an sorgte Onkel Fernando dafür, daß ich nie alleine war, wenn jemand zu Besuch kam. Einmal lud er mich sogar zum Mittagessen ein, doch als wir bei ihm zu Hause ankamen und nichts Eßbares im Kühlschrank vorfanden, nahm mich Fernando kurzerhand mit in ein nobles Restaurant.»

«Wie lange warst du eigentlich in diesem Heim?» warf Vanessa dazwischen. Valdir zuckte die Achseln.

«Keine Ahnung. Ein paar Monate oder so. Ich erinnere mich, daß im Verlauf der Zeit viele Jungen nach Hause zurückkehrten, wenn sich ihre Familienprobleme gelöst hatten. Und jedesmal, wenn ein Junge das Heim verließ, hoffte ich, der nächste zu sein, bis mich der Direktor eines Morgens ins Büro rief und mich fragte, ob ich nicht Lust hätte, in ein Waisenhaus zu gehen. Ich dachte unwillkürlich an die berüchtigte staatliche Jugendanstalt und die schrecklichen Horrorgeschichten, die mir einmal jemand darüber erzählt hatte, und ich schüttelte entschieden den Kopf.

‹Warum willst du nicht ins Waisenhaus?› fragte mich der Direktor.

‹Dort ist es bestimmt genau wie in der *febem*›, antwortete ich, ‹dort würde ich bestimmt sterben wie ein Tier, Herr

Direktor.› Der Direktor amüsierte sich köstlich über meine falsche Vorstellung, und er erklärte mir, daß das eine mit dem andern nichts zu tun hätte.

‹Im Waisenhaus wirst du dein eigenes Zimmer haben›, sagte er, ‹kannst zur Schule gehen, dir eine Arbeit suchen; und wenn du mit achtzehn das Heim verläßt, hast du bereits genügend Geld beisammen, um dir ein Zimmer zu mieten. Na, was meinst du?› Nach langem Überlegen erklärte ich mich schließlich einverstanden. Eine Woche später war der nötige Papierkram erledigt, und Onkel Fernando brachte mich ins Waisenhaus.

Es war ein Dienstag morgen in aller Herrgottsfrühe, als ich mit der kleinen Tasche mit meinen wenigen Habseligkeiten ins Auto stieg. Ich sag dir, ich erinnere mich an jedes Detail von jenem Tag, sogar daran, daß Onkel Fernando ein weißes Hemd mit blauen Streifen trug und sich einen Tag vorher seinen Bart rasiert hatte.

Als wir das Waisenhaus erreichten, erledigte Onkel Fernando alle Formalitäten, und ein Betreuer führte mich in der Zwischenzeit auf dem Gelände des Waisenhauses herum und machte mich mit einigen Jungen bekannt. Die Jungen schienen in Ordnung zu sein, doch je länger mich der Betreuer herumführte und je mehr neue Gesichter ich kennenlernte, desto elender wurde mir zumute. Mein Herz brannte vor Heimweh nach all meinen Freunden im Heim, obwohl es noch keine zwei Stunden her war, seit ich mich von ihnen verabschiedet hatte, und ich erinnerte mich an Fernandos Worte, als er mir gesagt hatte, wir wären eine Familie und sie würden mich nie im Stich lassen. Nicht im Stich lassen, das hatte er gesagt, und dabei war es genau das, was er jetzt tat, dachte ich: Er ließ mich im Stich, er ließ mich allein in einem großen, unpersönlichen Waisenhaus mit hundert fremden Kindern. Ein mulmiges Gefühl stieg in mir auf bei dem Gedanken, mich in dieser neuen Welt ohne meine alten Freunde aus dem Heim zurechtfinden zu müssen.

Nachdem Onkel Fernando alles geregelt hatte, drückte er mir die Hand, wünschte mir einen guten Start in meinem neuen Zuhause und ging zum Wagen. Als ich ihn in den Wagen steigen sah, überkam mich eine entsetzliche Sehnsucht, und plötzlich begann ich zu weinen wie ein kleiner Junge. Da stieg Onkel Fernando wieder aus, kehrte zu mir zurück und umarmte mich. Er begleitete mich sogar auf mein neues Zimmer und redete mir gut zu, bis ich mich einigermaßen beruhigt hatte.

Aber es war hart, als er dann wegfuhr, echt hart, das sag ich dir. Ich weiß nicht, ob du dir das vorstellen kannst, Vanessa. Abschiednehmen ist grausam. Es ist so, als würde dir jemand gewaltsam ein Stück deines Herzens aus der Brust reißen. Und mit jedem Abschied verlierst du ein Stück mehr von dir selbst, bis dein Herz in kleinen Fetzen in der ganzen Welt verstreut ist und nichts mehr von dir übrigbleibt.»

«Und wenn dein Herz auch in tausend Stücke zersplittert wäre», sagte Vanessa sanft und schlang ihre Arme um ihn. «Es ist immer noch genug von dir übriggeblieben, um dich zu lieben.» Sie küßten sich, und ein paar Minuten lagen sie sich nur schweigend in den Armen und verloren sich in der Liebe zueinander.

Gegen fünf Uhr nachmittags beschlossen sie, den Rückweg anzutreten. Als sie bei Vanessa zu Hause ankamen, stand ein Kuchen mit fünfzehn Kerzen auf dem Tisch, und Vanessas Mutter gratulierte Valdir zum Geburtstag. Valdir war zu Tränen gerührt. Die letzte, die ihm eine Geburtstagstorte gebacken hatte, war seine Mutter gewesen, und das lag bereits acht Jahre zurück. Unwillkürlich mußte er an seine Mutter denken. Wie es ihr wohl gehen mochte? Ob sie wohl noch immer mit diesem unheimlichen Geisterbeschwörer zusammenlebte? Ob sie sich wohl noch daran erinnerte, einen Sohn namens Valdir zu haben?

«Herzlichen Glückwunsch zum Geburtstag, Valdir», sagte Vanessas Mutter und schloß ihn in ihre Arme. Für einen kleinen Moment stellte sich Valdir vor, wie schön es wäre, von seiner eigenen Mutter so umarmt zu werden, und ein Kloß bildete sich in seinem Hals. Doch er schluckte ihn hinunter und schob die Gedanken an seine Mutter beiseite.

«Ich habe ein kleines Geschenk für dich», sagte Vanessa und hielt ihm eine hübsch verzierte Schachtel entgegen. Valdir öffnete sie und fischte eine Armbanduhr und einen Kugelschreiber heraus. Der Deckel des Kugelschreibers hatte die Form eines Herzens, und an einem kurzen goldenen Kettchen war ein kleines Schlüsselchen befestigt. Vanessa löste den Schlüssel vom Kugelschreiber.

«Das Herz für dich», meinte sie, «und der Schlüssel zu deinem Herzen für mich.» Dann küßte sie ihn und flüsterte ihm ins Ohr: «Du brauchst dir keine Sorgen zu machen, Valdir. Du wirst mich nicht verlieren. Mein Herz gehört dir.»

An jenem Tag kehrte Valdir so glücklich ins Waisenhaus zurück wie schon lange nicht mehr, und als er sich gegen elf Uhr ins Bett legte, drehte er den Kugelschreiber zwischen seinen Fingern und dachte an Vanessas Worte zurück. Sie hatte ja recht: Wozu sollte er sich Sorgen machen? Vanessa würde ihn nicht verlassen. Sie hatte ihm ihr Herz geschenkt, und er hatte ihr das seine gegeben, und sein Leben schien zum ersten Mal seit langer Zeit wieder einen Sinn zu haben.

Vanessa war in jeder Beziehung ein außergewöhnliches Mädchen. Sie war anders als die anderen Mädchen in ihrem Alter, irgendwie reifer, und als Valdir sie einmal danach fragte, was ihr Geheimnis sei, lächelte sie ihn an und sagte: «Mein Geheimnis ist Jesus.»

«Jesus?» wiederholte Valdir etwas verblüfft und mußte gleichzeitig an seine Großeltern denken, die ihm auch die ganze Zeit von diesem Jesus erzählt hatten. Doch er hatte immer gedacht, das sei etwas für kleine Kinder und alte Leute.

«Jesus hat mein Leben total verändert», erzählte Vanessa.

«Seit ich ihn kenne, hat mein Leben einen völlig neuen Sinn bekommen. Früher hatte ich mich immer irgendwie leer gefühlt, weißt du. Da war ein Loch in mir drin, und ich versuchte dieses Loch mit tausend Dingen zu stopfen, bis mir jemand sagte, daß mir dies nie gelingen würde. Denn das Loch in mir drin hätte genau die Größe Gottes.»

«Das versteh ich nicht», murmelte Valdir etwas verwirrt.

«Ich hab es, ehrlich gesagt, auch erst mal nicht verstanden. Bis ich Jesus bat, in mein Leben zu kommen. Und im selben Augenblick war diese schreckliche Leere in mir weg! Gleichzeitig füllte Jesus mein Herz aus. Total. Wie, das kann ich nur schwer beschreiben. Aber das weiß ich wirklich: Gott wohnt jetzt in mir. Vorher ging das einfach nicht, denn Gott – der war mir im Grunde egal. Ich hab getan, was ich für richtig hielt, ohne mich groß um ihn zu kümmern. Und er schien mir auch meilenweit weg. Aber jetzt, seit ich ja zu Jesus gesagt habe, ist auch die Verbindung zu Gott voll da. Und ich kann dir nur sagen, es ist spitze, wenn man Jesus bei sich im Herzen hat.»

«Hmm», machte Valdir nur. Die Geschichte war ihm doch etwas zu einfach, zu märchenhaft, um wahr zu sein. Für Vanessa mochte dieser Jesus ja gut und recht sein, schließlich war sie ein Mädchen, und Mädchen hatten wohl von Natur aus eine stärkere Neigung zu Religion, dachte Valdir. Jeder mußte eben selber sehen, wie er sein Leben regelte, und er würde sein Leben jedenfalls nicht irgendeinem Fremden anvertrauen, den er nicht einmal kannte. Er hatte von klein auf gelernt, auf eigenen Beinen im Leben zu stehen, und so würde er es auch in Zukunft tun.

Fast jeden Sonntag nahm Vanessa ihn mit in die Kirche, und ihre Eltern sagten Valdir oft, wenn er auf diesem Weg bliebe, würde ihn Gott reich segnen. Doch Valdir gab nie viel auf diese Worte, schließlich ging er nur zur Kirche, weil Vanessa ihn darum bat, und für sie hätte er alles getan. Die Betreuer im Waisenhaus meinten, er wäre noch viel zu jung, um eine Freundin zu haben, aber Valdir sagte immer, er wäre schon alt genug, um sein Leben selbst zu bestimmen, und müßte sich von niemandem dreinreden lassen.

In der Pizzeria, in der er seit zwei Jahren arbeitete, wurde die Situation täglich kritischer. Die neue Chefin hatte eine grundsätzliche Abneigung gegen Schwarze und gab ihm ständig zu verstehen, daß er zu nichts tauge. Alles, was sie ihn beauftragte zu tun, ließ sie wenig später von einem anderen Mitarbeiter noch einmal ausführen, um Valdir spüren zu lassen, wie hoch sie die Qualität seiner Arbeit einschätzte. Valdir sehnte sich oft zurück nach Alfredo, dem kleinen, rundlichen Italiener, der die Pizzeria geführt hatte, in welcher er mit dreizehn Jahren als einfacher Küchengeselle eingestellt wurde. Das Waisenheim hatte ihm diese Stelle vermittelt, und er stürzte sich mit Begeisterung und Eifer in seine neue Aufgabe. Am Anfang war er bloß dafür verantwortlich, daß die Pizzas im Ofen nicht verbrannten, doch mit der Zeit durfte er selber Pizzas belegen, und schon bald war er zum professionellen «Pizzaiolo» aufgestiegen.

Alfredo mochte ihn und war mit seiner Arbeit mehr als zufrieden. Täglich übertrug er ihm eine größere Verantwortung, und mit vierzehn Jahren arbeitete Valdir bereits von zwei Uhr nachmittags bis um drei Uhr in der Früh, abgesehen von der Schule, die er morgens besuchte. Zuerst fand er das nicht schlecht, denn der Italiener bezahlte ihn gut, und alles Geld, das er in der Pizzeria verdiente, brachte Valdir zur Bank. Aber es war klar, daß dies auf lange Sicht nicht gutgehen würde. Kein Mensch erträgt es, Woche um Woche von zwei Uhr nachmittags bis um drei Uhr morgens zu arbeiten und vormittags auch noch zur Schule zu gehen – erst recht nicht ein vierzehnjähriger Junge. Hatte er zu Beginn mit großem Fleiß Lesen, Schreiben und Rechnen gelernt und war von den Lehrern nur gelobt worden, so fielen seine Noten jetzt innerhalb kürzester Zeit in den Keller. Vanessa ermahnte ihn immer, Vernunft anzunehmen und sich um

Himmels Willen eine andere Arbeit zu suchen, bevor er zusammenbrechen würde und das Schuljahr wiederholen müßte. Aber Valdir hörte nicht auf sie.

«Ich spare schließlich Geld für unsere gemeinsame Zukunft», meinte er. «Und wenn ich mit achtzehn das Waisenhaus verlassen muß, werden wir uns eine Wohnung mieten und heiraten.»

«Wenn du dich bis dahin nicht zu Tode gearbeitet hast», ergänzte Vanessa besorgt.

Die Situation spitzte sich zu, als der Italiener das Restaurant an eine ehrgeizige Frau verkaufte, die ihre Angestellten extrem ausnutzte und immer höhere Leistungen von ihnen forderte. Sie schikanierte Valdir oft in geradezu entwürdigender Weise, und eines Tages war das Maß endgültig voll. Es war Samstag abend kurz vor Mitternacht, die Pizzeria lief auf Hochbetrieb, und alle Angestellten sausten wie aufgescheuchte Wespen von Tisch zu Tisch, um die Bestellungen der vielen Gäste entgegenzunehmen. Valdir und zwei andere Burschen hatten in der Küche alle Hände voll zu tun, um die Pizzas herzurichten, in den Ofen zu schieben und rechtzeitig wieder herauszuholen, als die Chefin eintrat und mit kritischer Miene eine Pizza musterte, die Valdir soeben mit Käse und Tomatenscheiben belegte. Allein ihre Anwesenheit machte Valdir nervös, doch er versuchte sie zu ignorieren. Er drehte sich um, griff nach der Pfefferdose, und dann geschah das Unglück: der Deckel der Dose löste sich genau in dem Moment, als Valdir seine Pizza würzen wollte, und der gesamte Pfeffer verteilte sich auf der Oberfläche.

«Mein Gott, du bist ja noch unfähiger, als ich gedacht habe!» rief die Chefin sogleich aus. «Wofür bezahle ich dich eigentlich?» Valdir sagte nichts und schaufelte indessen den Pfeffer von der Pizza. Doch innerlich begann er bereits zu kochen, denn er kannte seine Chefin gut genug, um zu wissen, daß sie dieses Mißgeschick bis ins letzte ausschlachten würde, um ihn fertigzumachen. Und genau das tat sie wie schon so viele andere Male, allerdings mit einem Unterschied: Diesmal ging sie zu weit.

«Ich hab von Anfang an gewußt, daß es nicht gutgeht, einen aus dem Waisenhaus einzustellen», sagte sie, nachdem sie den Fünfzehnjährigen bereits mit allen möglichen harten Anschuldigungen überschüttet hatte. Sie betrachtete ihn verächtlich von der Seite: «… und dann auch noch eine ehemalige Straßenratte!»

Valdir ballte die Fäuste. Sein Puls war auf hundertachtzig, seine Nasenflügel bebten. Es hätte nicht viel gefehlt, und er wäre ihr an die Gurgel gesprungen. Statt dessen packte er eine Handvoll Pfeffer und schleuderte ihn der Chefin mitten ins Gesicht. Die Frau schrie auf, nieste mehrmals, rieb sich die Augen und geriet völlig außer sich.

«Das reicht! Raus! Raus hier! Ich will dich nie mehr sehen, du dreckiger Schwarzer!» Das ließ sich Valdir nicht zweimal sagen. Er warf die weiße Schürze auf den Boden, spuckte auf die Pizza und verließ laut fluchend die Küche. Diesmal war sie zu weit gegangen, endgültig. Das mußte er sich nicht gefallen lassen. Es war halb eins nachts, als Valdir im Waisenhaus ankam, und seine Wut hatte sich noch nicht gelegt.

Er erinnerte sich an einen Jungen aus seiner Klasse, der sich wegen seiner Hautfarbe über ihn lustig gemacht hatte, als sie das Thema «Sklaverei» durchnahmen. Seine rassistischen Andeutungen irritierten Valdir derart, daß er sich mitten im Unterricht erhob, sich vor ihn hinstellte und ihm sagte, er solle damit aufhören, denn er fände seine Witze nicht gerade lustig.

«Wenn dir hier was nicht paßt, dann laß uns das in der Pause regeln, Sklave.» Bei dieser Bemerkung konnte sich Valdir nicht mehr länger zurückhalten, stürzte sich auf den Jungen und warf ihn mit einem Faustschlag zu Boden. Der Junge raffte sich auf und bekam seinen Gegner am Hals zu fassen, doch Valdir löste sich von seinem Griff und schleu derte ihn gegen einen Tisch. Der Junge prallte mit dem Kopf gegen die Tischkante und riß sich die Haut derart auf, daß bald eine blutende Wunde zu sehen war.

Die Klasse kreischte wild durcheinander, die Lehrerin packte Valdir am Arm und zerrte ihn von dem anderen Jungen weg. Dann beauftragte sie eines der Kinder, ins Lehrerzimmer zu gehen, damit jemand den Verletzten zum Arzt bringen würde, um die Wunde nähen zu lassen. Kurz darauf marschierte sie mit Valdir auf direktem Weg ins Büro der Direktorin, um zu entscheiden, was mit ihm geschehen sollte. Die Direktorin hörte sich die Geschichte an und schickte Valdir zurück in die Klasse mit der dringenden Warnung, falls sich ein solcher Vorfall wiederholen würde, müßte sie ein ernsthaftes Gespräch mit der Leitung des Waisenhauses führen. Kaum waren sie zurück im Klassenzimmer, klopfte es an der Tür. Die Mutter des verletzten Jungen kam herein und begann die Lehrerin vor der gesamten Klasse herunterzuputzen und ihre Unfähigkeit anzuprangern. Doch die Lehrerin gab zurück, wenn hier jemand unfähig sei, so wäre es die Mutter selbst, da sie ihrem Jungen keinen Anstand beigebracht hätte.

«Ich werde meinen Sohn von dieser chaotischen Schule nehmen!» rief die Frau, bevor sie das Schulzimmer rot vor Empörung wieder verließ. Tatsächlich ließ sich der Junge eine ganze Woche nicht in der Schule blicken, und als er zurückkam, hatten alle Mitleid mit ihm und bestaunten seine genähte Wunde. Auf dem Weg ins Klassenzimmer trat der Junge zögernd an Valdir heran und sagte, seine Mutter hätte ihn beauftragt, ihn für seine rassistischen Bemerkungen um Entschuldigung zu bitten, und so bat er ihn um Entschuldigung. Valdir bat ihn ebenfalls um Verzeihung für seinen Wutausbruch. Seit jenem Vorfall prügelte sich Valdir nicht mehr in der Schule herum. Doch es war nur eine Frage der Zeit, bis er das nächste Mal die Nerven verlieren würde. Valdir wußte das so gut wie Vanessa, mit der er schon oft über seine sporadischen Wutausbrüche gesprochen hatte.

An dem Sonntag, nachdem Valdir aus der Pizzeria entlassen worden war, traf er sich mit Vanessa in der Kirche und erzählte ihr von dem Vorfall. Sie war entsetzt.

«Du hast ihr Pfeffer ins Gesicht geworfen?»

«Sie hat mich provoziert, die alte Schachtel! Was sollte ich deiner Meinung nach tun? Den Kopf einziehen und alles wortlos schlucken?»

«Du hättest das nicht tun dürfen, Valdir. *Das* nicht. Wenn du alles auf diese Weise regeln willst, wirst du in deinem Leben nur Probleme haben.»

«Das sagst du so leicht. *Dich* beschimpft ja niemand als Straßenratte wegen deiner Vergangenheit oder als schwarzer Sklave wegen deiner Hautfarbe. *Du* weißt ja nicht, wie es ist, diskriminiert zu werden.»

«Das ist keine Entschuldigung, Valdir. Es wird immer wieder Dinge geben, die dich verletzen und aus der Bahn werfen werden, wenn du dein Temperament nicht in den Griff bekommst.»

«Es gibt Dinge, die man nicht einfach so in den Griff bekommt, Vanessa. Ich bin nun mal so.»

«Wenn du das glaubst, wirst du dich nie verändern, Valdir.»

«Wer sagt denn, daß ich mich verändern will?»

Vanessa schüttelte verständnislos den Kopf und schwieg. Ein paar Tage später teilte sie Valdir mit, ihr Vater hätte einen Job für ihn, falls er interessiert wäre, und Valdir willigte ein. Aber es dauerte leider keine drei Monate, bis sich die Situation in einer drastischen Weise veränderte und das eintraf, womit Valdir zwar nie gerechnet hatte, wovor er sich aber dennoch immer gefürchtet hatte.

«Ich muß mit dir reden, Valdir», sagte Vanessa eines Abends, als sie vor ihrem Haus auf der Veranda saßen, und der Tonfall ihrer Stimme verriet nichts Gutes. Sie machte eine lange Pause, seufzte, legte ihre Arme um Valdir und sah ihn mit traurigen Augen an: «Wir ziehen fort.»

Die Nachricht traf Valdir unvorbereitet und äußerst hart. Eine Weile sagte er nichts und versuchte ihre Mitteilung irgendwie zu verdauen, doch es gelang ihm nicht.

«Das kannst du nicht machen», brach es schließlich leise aus ihm hervor. «Du bist alles, was ich habe.»

Sie warf sich ihm um den Hals, küßte ihn und kämpfte gegen ihre eigenen Gefühle an. «Mein Vater hat eine Arbeit in Mato Grosso do Sul gefunden.»

«Wann reist ihr ab?» fragte Valdir.

«Nächste Woche.»

Wieder schwiegen sie. Vanessa versuchte, etwas Licht in die düstere Situation zu bringen, obwohl sie Valdirs Antwort bereits erahnte.

«Vater sagte, du könntest mit uns kommen.»

Valdir dachte automatisch an Eduardo und Tante Betty zurück und schüttelte den Kopf. «Ich hab schon mal in einer Familie gewohnt. Das geht auf die Dauer nicht gut.»

«Vielleicht kannst du uns mal besuchen», meinte Vanessa.

«Vielleicht», antwortete Valdir nur. Doch er wußte, daß er sich nichts vorzumachen brauchte: Wenn Vanessa nach Mato Grosso do Sul zog, würde er sie so schnell nicht wiedersehen. Für jemanden wie ihn, der es sich finanziell nicht leisten konnte, regelmäßig längere Strecken mit dem Bus zu reisen, war Mato Grosso do Sul unerreichbar weit weg. Er konnte die Beziehung damit abschreiben.

Ja, er hatte Vanessa verloren. Und es schmerzte, denn sie war viel mehr für ihn als nur eine Freundin. Sie war sein Lebensinhalt, sein Anker, wenn die stürmischen Wellen des Alltags ihn aus dem Gleichgewicht brachten, sein Lichtschein, wenn er bedrückt und deprimiert war. Sie war alles für ihn, und allein der Gedanke, sie eines Tages verlieren zu können wie schon so viele andere Freunde, hatte ihn wahnsinnig und gleichzeitig krank vor Liebe gemacht.

Und nun war genau das eingetroffen, und es hatte Valdir noch nie so hart zugesetzt wie diesmal. Der unbekannte

Fremde hatte wieder zugeschlagen und nahm ihm alles weg, was er besaß, und es schien Valdir, als würde er sein schadenfrohes Grinsen hinter sich wahrnehmen. Es war ein Grinsen wie das des alten, verrückten Geisterbeschwörers, mit dem seine Mutter zusammengelebt hatte; und er hörte die drohenden Worte so deutlich wie damals vor sieben Jahren, als ihn der drahtige Greis aus dem Haus gejagt hatte.

«Flieh, Junge, flieh!» hörte er Jacintos Stimme in seinen Gedanken. «Du wirst nicht weit kommen! Die Götter werden dich einholen und dir deine Tat tausendfach zurückzahlen! Die Heiligen, die du zerbrochen hast, werden dich bestrafen, das schwör ich dir!»

Es schauderte Valdir bei der Erinnerung an jene Worte, und er zwang sich, an etwas anderes zu denken. Er küßte Vanessa auf die Stirn, roch ihr Parfüm, den Duft ihrer Haare und drückte sie an sich wie einen kostbaren Schatz, um sie nie mehr loszulassen.

«Du wirst mir fehlen, Vanessa», sagte er schließlich leise.

«Du mir auch», sagte Vanessa genauso leise, und nach einer Weile fügte sie hinzu: «Ich liebe dich, Valdir. Und Jesus liebt dich auch. Das darfst du nie vergessen.»

Mutter

Nichts sah mehr aus wie früher. Sechs Jahre war es her, seit Valdir zum letzten Mal hier gewesen war, und es kam ihm vor, als hätten sie den gesamten Stadtteil erneuert. Das einzige, woran er sich orientieren konnte, war die katholische Kirche. Offenbar hatte sich nur dieses eine Gebäude in São Miguel Paulista nicht verändert.

«Und, erinnerst du dich, wo deine Tante wohnt?» fragte

Tante Ruth, die Betreuerin aus dem Waisenhaus, die den sechzehnjährigen Jungen begleitete. Valdir kratzte sich nachdenklich am Kinn.

«Müßte eigentlich ganz in der Nähe sein, falls sie nicht umgezogen ist.» Er ging die Straße ein Stück entlang und suchte einen Anhaltspunkt, um sein Gedächtnis aufzufrischen. Er *mußte* sich erinnern! Er *mußte* seine Tante finden! Sie war seine einzige Hoffnung, das einzige Verbindungsglied, das ihm geblieben war, um seine Familie zu finden. Er konnte nicht ins Waisenhaus zurückkehren, ohne seine Familie gefunden zu haben. Er *mußte* sie finden! Er hatte lange genug gewartet. Sieben Jahre war es jetzt her, seit er seinen Vater und seine Brüder zum letzten Mal gesehen hatte, und vor acht Jahren hatte er seine Mutter und seine Schwestern verlassen. Eine lange Zeit, eine unendlich lange Zeit!

Es war Dienstag, acht Uhr morgens, und die ersten Männer rollten mit einer Stange die schweren Eisengitter vor ihren Läden hoch. Langsam erwachte die Stadt. Doch Valdir war schon lange hellwach. Um es genau zu nehmen: Er hatte die ganze Nacht kein Auge zugetan vor Aufregung. Und als ihn Tante Ruth um fünf Uhr weckte, sprang er augenblicklich aus dem Bett, duschte sich, zog seine schönsten Kleider an, würgte zwei Butterbrote und eine Tasse Kaffee hinunter, putzte sich die Zähne und rannte die Treppe hinunter zum Eingang.

«Das ist aber schnell gegangen!» stellte Tante Ruth fest. «Du kannst es wohl kaum erwarten, deine Familie zu besuchen, was?» Um sechs Uhr verließen sie das Waisenheim und nahmen den Zug, der so voll war, daß sie die gesamte zweistündige Fahrt bis nach São Miguel Paulista dicht aneinandergedrängt stehen mußten. Aber das kümmerte Valdir wenig. Er war auf dem Weg zu seiner Familie, das war das einzige, das im Moment zählte. Und er würde sie finden, davon war er überzeugt. Tante Ruth meinte zwar, er solle sich besser keine allzu großen Hoffnungen machen, damit seine

Enttäuschung nicht zu schmerzhaft wäre, falls es ihnen nicht gelingen würde, seine Eltern ausfindig zu machen. Vier Monate zuvor hatte sie nämlich einen anderen Jungen aus dem Waisenhaus auf der Suche nach seiner Familie begleitet, und nach drei Tagen waren sie deprimiert zurückgekehrt, weil sie niemanden hatten finden können. Doch Valdir versicherte ihr, das würde nicht geschehen, denn er erinnerte sich an Tante Ana, die in São Miguel Paulista wohnte und schon früher immer bestens über die gesamte Familie informiert gewesen war. Sie würde ihm mit Sicherheit weiterhelfen. Er brauchte sie bloß zu finden. Doch das war leider nicht ganz so einfach, wie er sich das vorgestellt hatte.

Valdir blieb etwas ratlos vor den vielen neuen Häusern stehen und versuchte sich den Weg in Erinnerung zu rufen, den er jeweils von der katholischen Kirche aus zurückgelegt hatte, um zu Tante Ana zu gelangen. Er ging ein Stück in eine Richtung, kehrte um und ging in die entgegengesetzte Richtung, bis er fand, was er suchte: die Bäckerei; einen Häuserblock von der Kirche entfernt. Dort hatte ihm Tante Ana manchmal nach langem Betteln ein Brötchen gekauft, und von der Bäckerei aus kannte er den Weg.

«Hoffentlich ist deine Tante nicht umgezogen», meinte Tante Ruth nur, doch das hielt Valdir für ausgeschlossen. Er beschleunigte seinen Schritt, und als er schon von weitem das kleine, etwas zurückliegende grüngestrichene Häuschen seiner Tante entdeckte, war er nicht mehr zu bremsen.

«Was hab ich dir gesagt? Sogar die rosa Vorhänge sind noch dieselben wie damals! Ich wußte, daß ich sie finden würde!» Sie traten vor das rostige Gartentörchen und klatschten in die Hände, um ihre Anwesenheit anzumelden. Valdirs Herz begann wie wild zu pochen. Er war wohl noch nie in seinem Leben so aufgeregt gewesen, höchstens an seinem ersten Schultag vor vier Jahren. Damals hatten ihn alle belächelt, weil er mit zwölf Jahren in die erste Klasse ging, und Valdir landete noch am selben Tag auf dem Direktorat, weil er einem Jungen aus seiner Klasse, der ihn einen Analphabeten genannt hatte, eine blutende Nase geschlagen hatte. Und dann brachte ihn der Pförtner ins Waisenhaus, wo ihn ein Betreuer zur Strafe den Eßsaal reinigen ließ und ihn warnte, beim nächsten Mal müsse er nicht nur den Eßsaal, sondern alle Zimmer reinigen.

Erwartungsvoll blickte Valdir zum Haus seiner Tante, und die Nervosität, die ihn befiel, war schier unerträglich. Er war wie auf Nadeln. So lange hatte er diesem Moment entgegengefiebert, und jetzt war er endlich gekommen, wie ein Traum, der Wirklichkeit wird.

Die Idee, seine Familie zu besuchen, beschäftigte Valdir schon längere Zeit. Nachdem Vanessa nach Mato Grosso do Sul gezogen war, legte er sich schon bald eine neue Freundin zu und begann, in Diskotheken zu gehen. Das Geld, das er sich in zwei Jahren harter Arbeit in der Pizzeria verdient hatte, schwand mit jedem Wochenende, das er in den Bars und Tanzsälen verbrachte. Und obwohl sich Valdir dessen bewußt war, ging er Woche für Woche zur Bank und hob fünfzig Reais oder mehr ab, um sich samstags und sonntags mit den Mädchen in der Disco zu amüsieren. Zur Kirche ging er natürlich auch nicht mehr, und die Onkel und Tanten des Waisenheims gaben es bald auf, ihn zum Geldsparen anzuhalten.

«Bedenke nur das eine, Valdir», sagten sie ihm, «in zwei Jahren wirst du achtzehn. Du hast keine Eltern, mit denen du rechnen kannst, du weißt nicht einmal, wo sie wohnen. Du wirst auf deinen eigenen Beinen im Leben stehen müssen. Und es ist langsam an der Zeit, daß du dir darüber klar wirst.» Valdir hatte jeglichen Gedanken an seine Familie stets verdrängt. Seine Eltern hatten ihn verstoßen, also war es besser, sie aus dem Gedächtnis zu löschen. Doch als ihn die Betreuer auf seine Zukunft ansprachen und darauf, daß er keine Familie hatte, die ihn unterstützen würde, kam plötzlich das drängende Bedürfnis in ihm auf, sich nach seiner Familie umzusehen. Er teilte seinen Wunsch Tante Ruth mit, und sie versprach ihm, ein Datum zu suchen, um mit ihm nach São Miguel Paulista zu reisen. Es dauerte allerdings über vier Monate, bis sie ihr Versprechen einlöste, und nun standen sie also an der Pforte vor Tante Anas Haus und warteten darauf, daß sie ihnen öffnete.

Es dauerte eine ganze Weile, und Valdir befürchtete schon, sie wäre nicht zu Hause, als eine große, spindeldürre Frau mit verschlafenem Blick an der Tür erschien. Sie trug einen rosafarbenen Morgenmantel und hellgrüne Pantoffeln, und Valdir mußte schmunzeln, denn ihre Kleider hatten farblich noch nie zusammengepaßt. Das graue, krause Haar stand ihr wirr vom Kopf ab, und sie blinzelte gähnend zur Pforte. Ja, das war Tante Ana, wie Valdir sie von früher kannte, nur ihr Haar war in der Zwischenzeit ergraut. Ein mulmiges Gefühl stieg in ihm auf, als er sie an der Tür stehen sah.

«Sie wünschen?»

Valdir wußte kaum, was er sagen sollte. «Tante Ana?» brachte er schließlich zögernd hervor.

Die schwarze Frau setzte sich ihre Brille auf und musterte ihn kritisch. «Wer bist du?»

«Ich bin Valdir», antwortete Valdir und wartete gespannt auf ihre Reaktion. Allerdings reagierte sie nicht so, wie er sich das ausgemalt hatte.

«Valdir?» wiederholte sie. «Ich kenne keinen Valdir.»

«Ich bin dein Neffe, Tante Ana! Erinnerst du dich nicht an mich?»

Die Frau schüttelte den Kopf und trat einen Schritt näher. «Ich hatte einen Neffen namens Valdir», sagte sie, «doch er ist vor einem Jahr gestorben.»

Valdir glaubte sich verhört zu haben. «Gestorben?! Ich *bin* nicht gestorben! Ich bin *hier*!»

«Soll ein Autounfall gewesen sein, hat mir mein Bruder gesagt», fuhr die Tante fort, ohne Valdir richtig zuzuhören. «Eine tragische Geschichte.»

Valdir hätte sie am liebsten durchgeschüttelt, um ihr diese erlogene Geschichte auszutreiben. Warum hatte sein Vater ihr einen solchen Blödsinn eingeredet? Warum erkannte sie ihn denn nicht?

«Valdir ist nicht gestorben!» versuchte er ihr klarzumachen. «*Ich bin Valdir*!!! Dein Neffe, Tante Ana! Ich bin der Sohn von Miriam Vicente de Lima und Romildo Augusto Barbosa, deinem Bruder!»

Die Frau sah ihn entgeistert an. «Du bist Valdir? Der Sohn meines Bruders?»

«Das versuche ich dir doch die ganze Zeit zu erklären!»

«Du bist nicht gestorben?»

«Natürlich nicht!»

«Valdir!» Endlich hatte sie verstanden. Sie öffnete das Gartentörchen, warf sich ihrem Neffen in die Arme und begann zu weinen vor Rührung.

«Valdir! O mein Gott, du bist es wirklich?! Sie sagten mir, du wärst tot! O mein Gott, ich kann es nicht glauben!» Sie war völlig außer sich vor Erregung, und es dauerte eine ganze Weile, bis sie sich von der umwerfenden Neuigkeit erholt hatte. Sie betrachtete Valdir von Kopf bis Fuß, lachte und weinte gleichzeitig, wiederholte tausendmal seinen Namen, umarmte ihn, küßte ihn und sagte immer wieder kopfschüttelnd: «Wo hast du dich bloß all die Jahre herumgetrieben? Wir sind beinahe gestorben vor Sorge um dich. Wir haben dich überall gesucht, Valdir. Warum hast du nie mehr etwas von dir hören lassen?»

Valdir gab keine Antwort auf ihre Fragen. Hätten sie sich wirklich so um ihn gesorgt und ihn gesucht, wie Tante Ana sagte, hätten sie ihn bestimmt gefunden, dachte er. Sie hatten ihn nicht gefunden, weil sie ihn nicht hatten finden *wollen*. Wozu sonst hätte sein Vater die Lüge verbreiten sollen, er wäre bei einem Autounfall ums Leben gekommen?

«Oh, Valdir. Ich bin ja so glücklich, dich zu sehen!» Erneut drückte sie den Sechzehnjährigen an sich, und dann lud sie ihn und Tante Ruth ein, mit ihr zu frühstücken. Valdir redete nicht lange um den heißen Brei herum.

«Und meine Familie? Meine Geschwister? Meine Eltern? Wie geht es allen?»

«Es geht ihnen gut», sagte Tante Ana, während sie Valdir und seiner Begleiterin eine Tasse Kaffee einschenkte. «Es geht ihnen gut, Valdir.»

«Und meine Geschwister?»

«Wohnen alle bei deinem Vater im Stadtviertel Guarulhos», erzählte Tante Ana.

«Valeria und Valdirene auch?» fragte Valdir.

Tante Ana nickte flüchtig und bot ihnen frische Brötchen an. «Bedient euch, fühlt euch wie zu Hause», sagte sie. Valdir bestrich ein Brötchen mit Butter und beobachtete Tante Ana von der Seite. Etwas paßte ihm nicht. Etwas war seltsam an ihr, doch er wußte nicht, was.

«Warum sind meine Schwestern nicht bei Mutter geblieben?» wollte Valdir wissen.

Tante Ana lächelte. «Sie wohnen jetzt eben bei ihrem Vater.» Ihre Antwort befriedigte Valdir nicht. Etwas war faul an der Sache. Der Richter hatte bei der Scheidung die Mädchen der Mutter und die Jungs dem Vater zugesprochen. Und seinen Schwestern wäre es nicht im Traum eingefallen, freiwillig zu ihrem Vater zu ziehen. Das hatten sie immer wieder gesagt. Wenn sie auf einmal bei Vater wohnten, so mußte das seinen Grund haben.

«Ist Mutter etwa wieder zu Vater gezogen?» forschte Valdir. Die Tante verneinte, und Valdir verstand immer weniger, was hier gespielt wurde. Und das machte ihn nervös.

«Wo ist meine Mutter?»

Tante Ana antwortete nicht.

«Wo ist meine Mutter?» wiederholte Valdir seine Frage. Er beobachtete, wie Tante Ana der Frau aus dem Waisenhaus einen vielsagenden Blick zuwarf, und ihm wurde heiß und kalt zugleich.

«Wo ist meine Mutter?» fragte er zum dritten Mal beunruhigt. Die Tante wich seinem Blick aus und strich mit den Fingern übers Tischtuch.

«Sie ist verreist», antwortete sie ihm, doch Valdir kaufte ihr diese Antwort nicht ab.

«Meine Mutter haßt es zu reisen», entgegnete er. «Wo ist sie?»

Die Tante seufzte, sah Valdir an und murmelte: «Deine Mutter ist zu unserem himmlischen Vater gereist.»

Valdir schüttelte den Kopf. «Du lügst!» schrie er wütend. «Wo ist sie? Wo ist meine Mutter?»

Die Tante erhob sich, faßte Valdir am Arm, sah ihm tief in die Augen und wiederholte laut und unmißverständlich: «Sie ist gestorben, Valdir! Deine Mutter ist gestorben! Vor zwei Jahren, wegen ihrer verfluchten Trinkerei!» Sie ließ den Jungen los und setzte sich wieder an den Tisch. «Jetzt weißt du's.»

Valdir starrte sie mit großen, leeren Augen an und war für einen Augenblick wie gelähmt. Dann sprang er auf und rannte auf die Straße hinaus.

«Das ist nicht wahr!» rief er, während ihm die Tränen übers Gesicht liefen. «Das ist nicht wahr!» Er schlug mehrmals mit der Faust gegen die Mauer und ließ sich dann schluchzend wie ein kleines Kind auf den Boden sinken. Er dachte an seine Mutter, dachte an die Torten, die sie ihm zum Geburtstag gebacken hatte, dachte an alles, was sie für ihn getan hatte, ihre Liebe, ihre Fürsorge, und es wollte ihm schier das Herz brechen. Tot. Sie war tot. Zwei Jahre schon. Wegen des verfluchten Alkohols!

Und niemand hatte es ihm gesagt. Niemand hatte versucht, ihn ausfindig zu machen, um ihm mitzuteilen, daß seine Mutter gestorben war. Sie dachten wohl, das würde ihn nicht interessieren. Sie dachten wohl, es spiele für ihn keine Rolle, ob seine Mutter tot sei oder nicht, da sie sich ohnehin nie groß um ihn gekümmert hatte. Zwei ganze Jahre lang hatte er sich im Glauben gewähnt, seine Mutter wäre am Leben, obwohl sie es nicht mehr war. Sie war tot. Jetzt, zwei Jahre nach ihrem Tod, erfuhr er es, und er fühlte sich betrogen, fühlte sich im Stich gelassen und fühlte sich so elend und so mies, wie er sich sein Leben lang noch nie gefühlt hatte. Und für einen Moment dachte er, es wäre besser, seinem Leben ein Ende zu setzen, als in dieser trostlosen Welt weiterzuleben. Was fehlte noch, das er verlieren könnte? Was würden sie ihm *noch* wegnehmen? Wann war die Rache der Götter endlich erfüllt? Wann war der Fluch, den Jacinto vor acht Jahren über ihn ausgesprochen hatte, endlich gebrochen? Wann war es endlich genug?

Er spürte eine Hand auf seiner Schulter, und als er aufsah, war es seine Tante, die sich neben ihm auf den Boden gekniet hatte.

«Tut mir leid, mein Junge», sagte sie. «Ich wollte nicht, daß du es auf diese Weise erfährst.»

Valdir wischte sich mit dem Ärmel seines Hemdes die Tränen vom Gesicht.

«Deine Mutter hat im Krankenhaus viel von dir gesprochen», erzählte Tante Ana. «Sie redete fast ununterbrochen von dir und sagte, wie sehr sie dich liebte und daß sie sich wünschte, dich noch einmal zu sehen, bevor sie sterben würde.» Erneut schossen Valdir die Tränen in die Augen. Warum hatte ihn niemand verständigt, wo sie doch alle wußten, daß Mutter sterben würde? Warum hatte sich niemand die Mühe gemacht, ihn zu suchen? Warum erfuhr er das alles erst zwei Jahre nach ihrem Tod?

«Deine Mutter sagte, sie würde immer bei dir sein, denn Gott würde für sie auf dich aufpassen. Und kurz bevor sie starb, nannte sie deinen Namen.» Valdirs Herz krampfte sich bei diesen Worten zusammen, und sein Schluchzen schüttelte seinen ganzen Körper durch.

«Ich will meine Mutter!» rief er verzweifelt. «Ich will meine Mutter! Warum mußte sie sterben? Warum ausgerechnet meine Mutter?!» Valdir weinte und weinte, bis er alles aus sich herausgeweint hatte, und als er sich einigermaßen beruhigt hatte, kehrten sie ins Haus der Tante zurück, und sie teilte ihm mit, daß auch sein Großvater gestorben war. Doch Valdir nahm diese Mitteilung gelassen auf, denn nach der Botschaft vom Tod der Mutter konnte ihn nichts mehr umwerfen. Und zudem hatte er schlicht keine Kraft mehr, seinen Gefühlen Ausdruck zu verleihen.

Tante Ana notierte ihrem Neffen die Adresse seines Vaters in Guarulhos, und dann machten Valdir und Tante Ruth sich auf den Heimweg ins Waisenhaus. Diesmal gab es eine Menge freier Plätze im Zug. Sie setzten sich, und Tante Ruth versuchte, ein Gespräch anzuknüpfen, um den Sechzehnjährigen auf andere Gedanken zu bringen. Doch Valdir starrte während der gesamten zwei Stunden nur mit leerem Blick zum Fenster hinaus und sagte kein Wort.

Die Begegnung

«Ich möchte meinen Vater besuchen.» Tante Ruth, die gerade damit beschäftigt war, ein Protokoll in den Computer zu tippen, drehte sich um und sah Valdir verblüfft an.

«Ich dachte, du hättest die Adresse zerrissen, damals, als wir vom Besuch bei deiner Tante zurückkehrten.» Valdir klaubte ein Stück zusammengeklebtes Papier aus der Hosentasche und streckte es Tante Ruth hin.

«Ich habe mich anders entschieden», sagte er. «Ich möchte meinen Vater besuchen.» Tante Ruth nahm den Papierfetzen entgegen und blickte Valdir mit gerunzelter Stirn an.

«Und du bist sicher, daß du deinen Vater nicht umbringen willst oder so was ähnliches?»

«Ich hab das damals nur so dahergeredet. Du weißt, daß ich das nicht tun würde, Tante.» In der Tat hatte Valdir an jenem Tag vor sechs Monaten, als sie nach dem Besuch bei seiner Tante zurückgekehrt waren, einige heftige Bemerkungen über seinen Vater gemacht, nicht zuletzt wegen der Lügengeschichte über Valdirs Tod, die er Tante Ana aufgebunden hatte. Natürlich war er auch deshalb erbost gewesen, weil Vater sich nicht aufgerafft hatte, um ihn wenigstens nach dem Tod der Mutter ausfindig zu machen. Doch in der Zwischenzeit war ein halbes Jahr vergangen, Valdir hatte bereits seinen siebzehnten Geburtstag hinter sich, und nach gründlichem Überlegen war er zu dem Schluß gekommen, daß er es mit siebzehn Jahren wohl wagen konnte, seinem Vater gegenüberzutreten. Es war zumindest einen Versuch wert.

«Du willst ihn also besuchen», wiederholte Tante Ruth.

«Ja», sagte Valdir. «Das will ich.»

«Da bist du dir sicher.»

Valdir schüttelte den Kopf. «Um dir die Wahrheit zu sagen, ich bin mir überhaupt nicht sicher, ob ich es tun soll. Aber wenn ich es jetzt nicht tue, werde ich vielleicht nie mehr den Mut dazu aufbringen.» Er sah Tante Ruth flehend an. «Wirst du mich begleiten?»

Die Tante lächelte. «Aber sicher.» Sie zwinkerte dem Siebzehnjährigen aufmunternd zu. «Wird alles gutgehen, du wirst sehen.» Einen Tag später sagte sie ihm, sie hätte mit seinem Vater telefoniert, und er würde ihn sehr gerne wiedersehen.

Valdir wußte nicht, was er davon halten sollte. Er erinnerte sich an jenen Tag, als ihn die Polizisten nach Hause gebracht hatten und der Vater ihn wegen seiner neuen Freundin davongeschickt hatte. Damals war er neun Jahre alt gewesen, und über all die Jahre hinweg hatte er die Ablehnung seines Vaters mit sich herumgetragen wie eine innere Verletzung, die nie verheilt war. Er hatte Angst, diese Wunde wieder aufzureißen, wenn er seinem Vater gegenübertreten würde; er hatte Angst, diesmal eine bittere Enttäuschung zu erleben, die die letzte an Grausamkeit noch übertreffen könnte. Er fürchtete sich vor seinem Vater und vor der Begegnung mit ihm, und während der ganzen Woche tat er kaum ein Auge zu aus lauter Besorgnis. Valdir war nahe daran, das Ganze abzublasen.

Doch gegen alle Vernunft überwand er seine Bedenken und hielt an seinem Entschluß fest, seinen Vater zu besuchen, wie auch immer diese Begegnung ausfallen würde. Er *mußte* ihn sehen. Etwas in ihm drängte ihn dazu, obwohl er es sich selbst nicht erklären konnte.

Am Freitag morgen packte er ein paar Kleider, Handtuch und Zahnbürste in eine Tasche, denn es war geplant, daß er übers ganze Wochenende bei seinem Vater bleiben würde. Und dann machten sich Tante Ruth und er wieder einmal auf die Reise zu seiner Familie. Sie erreichten Guarulhos gegen elf Uhr morgens und fragten sich nach der Straße durch, die Tante Ana ihnen angegeben hatte. Valdir war es mehr als mulmig zumute. Er hatte Lampenfieber wie vor einer schwierigen Prüfung, für die er nicht gelernt hatte und von der er doch wußte, daß er sie bestehen mußte.

Wie würde ihn sein Vater empfangen? Ob er betrunken war wie immer? Valdir dachte auch an seine Geschwister und überlegte sich, ob Vater sie wohl mißhandelte, wie er ihn mißhandelt hatte, vor allem die beiden jüngsten. Valdemir mußte jetzt schon fünfzehn Jahre alt sein, Valdirene sechzehn, Valeria achtzehn und Wagner neunzehn. Vielleicht waren sie ja längst ausgezogen, weil sie es nicht mehr länger bei Vater ausgehalten hatten. So vieles konnte geschehen sein, und Valdir sagte sich, es wäre besser, sich auf das Schlimmste gefaßt zu machen.

Sie bogen in die Straße ein, an welcher der Vater laut Adresse wohnen sollte, und Valdir hatte auf einmal das Gefühl, seine Füße wären aus Blei. Wie würde sein Vater ihn empfangen? Die Frage ließ ihn nicht mehr los, während sie die Häuser nach der richtigen Hausnummer absuchten. In etwa hundert Meter Entfernung entdeckte Valdir ein Mädchen und einen Jungen, und je näher sie den beiden kamen, desto höher begann Valdirs Herz zu schlagen. Plötzlich drehte sich das Mädchen in seine Richtung und starrte Valdir eine Weile mit offenem Mund an. Und dann stieß sie einen Freudenschrei aus: «Es ist Valdir!» Sie stürmte auf ihn zu und umarmte ihn so heftig, daß sie ihn beinahe erstickt hätte.

«Valdir!» rief sie begeistert und strahlte ihn an. «Du bist ja mächtig in die Höhe geschossen!»

«Du aber auch, Valdirene!» sagte er und wirbelte seine jüngere Schwester im Kreis herum. Dann begrüßte er Valdemir, kniff ihn in den Arm und meinte spöttelnd: «Mann, Valdemir... Als wir uns das letzte Mal gesehen haben, hast du dir fast noch in die Windeln gemacht!»

Er lachte und erkundigte sich dann nach den anderen Geschwistern. Valdemir sagte, Wagner wäre verreist und käme erst am Dienstag zurück. Und Valeria wäre ausgezogen, da Vater es nicht gerne sah, daß sie sich nur in Tanzschuppen herumtrieb.

«Komm», drängte Valdirene ihren Bruder. «Vater wartet schon auf dich.» Sie nahm ihn bei der Hand und zog ihn hinter sich her zum Haus. Es war gut, daß sie ihn bei der Hand genommen hatte, denn sonst hätte sich Valdir wohl nicht getraut einzutreten.

Und dann sah er ihn. Er hatte ihm den Rücken zugekehrt und faltete ein Hemd zusammen. Valdir spürte, wie seine Knie weich wurden. Da stand er, der Mann, der ihn geschlagen, erniedrigt, verstoßen und umzubringen gedroht hatte, der Mann, vor dem er fast sein Leben lang nur gezittert hatte. Tausend scheußliche Erinnerungen stiegen in ihm auf, die ihn beinahe in den Boden versinken ließen.

«Vater», sagte Valdirene, «sieh mal, wer gekommen ist!»

Der Vater drehte sich um, und ihre Blicke kreuzten sich.

Es war ein Moment, der sich schwer beschreiben läßt. Valdirs Gefühle überschlugen sich innerhalb von Sekunden und waren dann ein Wirrwarr aus Hoffnung, Angst und zweifelnder Zurückhaltung. Er sah seinen Vater an, und für einen Augenblick fürchtete er, der große Mann würde zu dem Gartenschlauch greifen, mit welchem er ihn so oft durchgeprügelt hatte, und würde ihn erneut zum Teufel jagen. Doch statt dessen lächelte ihn der Vater an und nannte seinen Namen, und allein die Art und Weise, wie er seinen Namen aussprach, sprengte die Mauer, die Valdir in Gedanken zwischen ihn und sich gestellt hatte. Romildo kam auf ihn zu, schloß ihn in seine starken Arme und begann zu weinen.

«Valdir», sagte er, «es ist gut, dich hier zu sehen, mein Sohn.» Nun schossen auch Valdir Tränen in die Augen, und sie standen eine Weile da, weinten zusammen vor Glück und Ergriffenheit und drückten sich aneinander.

«Vater», sagte Valdir nur. Mehr brachte er nicht heraus. Und mehr war auch nicht nötig. Wie lange sie mitten im Wohnzimmer standen und sich in den Armen lagen, hätte Valdir nicht sagen können. Doch es waren die schönsten Minuten seines Lebens, und er konnte kaum glauben, daß ihm das wirklich geschah. Das Eis, das sich in den vergangenen acht Jahren zwischen ihnen aufgetürmt hatte, zerschmolz in einem einzigen Augenblick; und mit jeder Träne, die über ihre Wangen lief, und mit jeder Sekunde, die sie sich umschlungen hielten, durchströmte das befreiende Gefühl der Versöhnung ihre Herzen wie ein warmer Frühlingswind. Wunder sind selten, doch an diesem Freitag morgen in Guarulhos war eines geschehen.

Nachdem sich die erste Aufregung gelegt hatte, setzte sich Valdir mit seinem Vater auf die kleine Veranda vor dem Haus, und die beiden unterhielten sich über zwei Stunden lang ununterbrochen. Romildo hatte sich verändert, das war unschwer zu erkennen. Er war weder betrunken noch schlecht gelaunt und schien sich zum ersten Mal in seinem Leben für seinen Sohn zu interessieren. Das hatte es noch nie gegeben. Und Valdir kam sich vor wie in einem kitschigen Film, während er sich mit seinem Vater unterhielt. Vaters Veränderung war schlicht überwältigend, und Valdir fragte sich ernsthaft, ob er sich das alles nicht nur einbildete.

«Du bist ein Mann geworden, Valdir», stellte der Vater bewundernd fest, und nach einer kurzen Pause meinte er kopfschüttelnd: «Junge, Junge, du hast uns vielleicht Sorgen gemacht. Wo hast du dich bloß die ganze Zeit herumgetrieben, daß dich niemand von uns gefunden hat?» Valdir erzählte seinem Vater in groben Zügen, was sich alles ereignet hatte, bis er im Waisenhaus gelandet war. Der Vater hörte ihm schweigend und aufmerksam zu.

«Und, gefällt es dir im Waisenhaus?»

Valdir nickte. «Ich kann mich nicht beklagen. Das Essen ist gut, die Betreuer sind nett, und ich hab eine Menge Freunde.»

«Das freut mich», sagte der Vater und lächelte. Valdir erkannte ihn kaum wieder. Das war nicht mehr der Vater, der ihn wie einen Hund behandelt hatte. Etwas war geschehen. Etwas hatte ihn verändert. Und Valdir war überzeugt, daß es nicht nur daran lag, daß er nicht betrunken war. Es war mehr. Viel mehr. Sie sprachen über das Waisenhaus. Valdir erzählte ihm von der Schule und von seiner Arbeitsstelle in der Pizzeria, die er vor zwei Jahren aufgegeben hatte. Sie redeten und redeten, und die ganze Zeit überlegte sich Valdir bloß das eine: Was war mit seinem Vater geschehen? Er hätte ihn gerne danach gefragt, traute sich aber nicht. Doch der Vater kam nach einer Weile ganz von selbst darauf zu sprechen. Sie unterhielten sich über Mutters Tod, und der Vater seufzte und meinte:

«Ja, Valdir. Der Alkohol hätte genausogut mich ins Grab reißen können, wäre nicht ein Wunder geschehen.»

«Du hast aufgehört zu trinken?»

«Endgültig», sagte der Vater, und obwohl er dies früher schon so oft gesagt hatte, war es das erste Mal, daß Valdir es ihm glaubte. «Du kannst dich im ganzen Haus umsehen», fuhr der Vater fort. «Du wirst keinen einzigen Tropfen Alkohol finden. Du kannst Valdirene und Valdemir fragen, wie lange es her ist, daß ich zum letzten Mal ein Bier angerührt habe: über ein Jahr.»

«Wie hast du das geschafft?» fragte ihn Valdir verblüfft.

«Alleine hätte ich es nie geschafft, das kannst du mir glauben», erklärte der Vater. «Aber es gibt jemanden, der hat es für mich geschafft: Jesus Christus.»

Da war er wieder, dieser Name, und unwillkürlich mußte Valdir an Vanessa denken, die ihn ebenfalls ständig mit diesem Namen konfrontiert hatte. Doch daß nun auch sein Vater auf Jesus abfuhr, hätte Valdir im Traum nicht für möglich gehalten. Offenbar hatte dieser Jesus nicht nur Teenie-Mädchen wie Vanessa oder alten Leuten wie seinen Großeltern etwas zu bieten, sondern auch Alkoholikern, wie sein Vater einer war – oder besser gesagt *gewesen* war. Eine ziemlich erstaunliche Tatsache, wie er zugeben mußte.

«Weißt du, Valdir», sagte sein Vater, «ich habe sechzig Jahre gebraucht, um einzusehen, daß ich ohne Jesus verloren bin. Sechzig Jahre. Eine lange Zeit, und ich bereue, daß ich ihn nicht schon in deinem Alter kennengelernt habe.»

«Was willst du damit sagen?» fragte Valdir.

«Hätte ich Jesus in deinem Alter kennengelernt, wäre ich nicht zum Alkoholiker und damit zum Alptraum meiner Familie geworden.»

«Na großartig», meinte Valdir. «Wenn Jesus dies hätte verhindern können, warum hat er es dann nicht getan?»

«Weil er niemanden zwingt, ihm sein Leben anzuvertrauen», sagte sein Vater. «Angeklopft hat Jesus schon lange, und daß ich ihm die Tür meines Herzens nicht früher geöffnet habe, ist nicht seine Schuld, sondern meine. Ich dachte, ich würde mein Leben selbst in den Griff bekommen, und manövrierte mich immer tiefer in den Dreck, wie du selbst sehr gut weißt. Ich versuchte, mich an meinen eigenen Haaren aus dem Schlamm zu ziehen. Und dabei streckte mir Jesus die ganze Zeit seine Hand entgegen. Ich hätte sie bloß ergreifen müssen. Aber ich war wohl zu stolz dazu, mir einzugestehen, daß ich es alleine nicht schaffen würde. Hat lange gedauert, bis ich ihn um Hilfe bat. Aber ich habe es getan, Gott sei Dank, und Jesus hat mir ein völlig neues Leben geschenkt.»

Valdir hörte sich die Ausführungen seines Vaters an und zog den Mund schief. Ja, dachte er, für Vater war die Welt in Ordnung, Jesus hatte ihn gerettet und vom Alkohol befreit. Halleluja, würde Vanessa sagen. Doch wer unter den Konsequenzen von Vaters Sucht gelitten hatte, war ja nicht *er*, sondern es waren seine Kinder gewesen. Wer wegen seiner Sucht auf der Straße gelandet war, war ja nicht *er*, sondern es war sein Sohn gewesen, und Valdir packte auf einmal eine unbeschreibliche Wut auf diesen Gott, der dies alles zugelassen hatte. Er unterließ es jedoch, eine entsprechende Andeutung zu machen. Er wollte seinen Vater nicht kränken. Er wollte ihr Verhältnis, das sie zum ersten Mal in ihrem ganzen Leben in guter Weise aufbauten, nicht unnötig trüben. Sollte sein Vater doch glauben, was er wollte. Hauptsache, er ließ ihn damit in Ruhe.

Sein Vater fragte ihn, ob er abends mit ihm zur Kirche gehen wolle, doch Valdir sagte, er würde zu Hause bleiben, um sich mit seinen Geschwistern zu unterhalten. Und das tat er dann auch.

Als Valdir am Sonntag abend ins Waisenheim zurückkehrte, wurde er gleich von allen Seiten bestürmt und mit tausend Fragen überschüttet. Tante Ruth, die bereits am Freitag zurückgereist war, hatte bloß angedeutet, daß sich Valdir und sein Vater versöhnt hätten. Und nun wollten natürlich alle wissen, ob das wahr sei und ob sein Vater tatsächlich aufge-

hört hatte zu trinken und ob er nun nach Hause zurückkehren würde. Valdir meinte bloß, es wäre wohl noch etwas
früh, eine solche Entscheidung zu treffen. Er würde aber
seine Familie bestimmt wieder besuchen, denn es hätte ihm
wirklich gut gefallen. Die Betreuer aus dem Waisenheim
fanden das eine gute Idee und sagten, sie würden ihm die
Daumen drücken.

Fast jedes Wochenende besuchte Valdir nun seinen Vater
und seine Geschwister, aber nicht in erster Linie wegen
seiner Familie, sondern weil er bereits am ersten Wochenende durch seine Schwester ein Mädchen kennengelernt
hatte, das sich für ihn interessierte. Sie hieß Paula, war achtzehn Jahre alt und eine von Valdirenes vielen Freundinnen,
die sie ihm schon am ersten Abend vorgestellt hatte. Und
von da an schmuste Valdir nur noch mit Paula herum, versprach ihr, sie zu heiraten, und sagte, sie wäre die Frau seiner
Träume. Seinem Vater erzählte er freilich nichts davon und
bat seine Geschwister, ebenfalls dichtzuhalten. Religiös, wie
der Vater in der Zwischenzeit geworden war, hätte er daraus
nur einen unnötigen Skandal gemacht. Und das war das
letzte, was Valdir jetzt brauchen konnte. Aber es kam der Tag,
an dem der Vater es trotzdem erfuhr, und die Folgen waren
katastrophal...

Es war Samstag abend. Paulas Bruder hatte die beiden auf
frischer Tat ertappt und wußte nichts Besseres, als es seiner
Mutter zu erzählen, und seine Mutter erzählte es Valdirs
Vater. Valdirs Vater geriet außer sich vor Entsetzen und wartete mit verschränkten Armen, bis sein Sohn nach Hause
kam. Und dann ging das Donnerwetter los.

«Du hast mir wohl nichts zu sagen, was, Valdir?» Valdir
ging schweigend an seinem Vater vorbei ins Haus. Er war
ebenfalls auf hundertachtzig, weil dieser Idiot von einem
Bruder sie verraten hatte. Und da hatte er nun die Besche-
rung.

«Ich habe gedacht, du wärst verantwortungsbewußt ge-

worden», sagte der Vater, während er die Tür hinter sich zu-
stieß. «Aber wie ich höre, treibst du dich bloß mit Mädchen
herum, und das auch noch hinter meinem Rücken.»

«Du hast uns auch nie gefragt, ob wir mit deinen vielen
Freundinnen einverstanden sind», gab Valdir zurück und traf
damit einen wunden Punkt, den er besser nicht angerührt
hätte. Doch der Vater versuchte, die Anspielung großzügig
zu überhören und nicht in Rage zu geraten, soweit das angesichts der nackten Tatsachen möglich war.

«Du bist erst siebzehn Jahre alt, mein Junge.»

«Na und?» tat Valdir provozierend. «Ich möchte nicht wissen, wie viele Mädchen du mit siebzehn Jahren bereits ins
Bett gezogen hast!» Das saß. Wie eine harte Ohrfeige. Und
die Brust seines Vaters wölbte sich.

«Hör mir gut zu, Valdir», sagte er, trat auf seinen Sohn zu
und sah ihm tief in die Augen. «Wenn du noch *einmal*, noch
ein *einziges* Mal eine derartige Bemerkung fallenläßt, schlag
ich dir eigenhändig deine Zähne aus dem Mund!»

Valdir kniff die Augen zusammen und sah seinen Vater an.
Seine Nasenflügel bebten. «Die Zeiten, in denen du mich
wie einen Hund behandeln konntest, sind vorbei, Vater!»
knirschte er erregt. «Du wirst mich nicht mehr verprügeln!
Nie mehr!»

«Und du wirst mein Haus nicht mehr als Hotel benutzen,
nur um dich heimlich mit dieser Paula zu treffen!»

Einen Augenblick sahen sich die beiden an wie zwei blut-
gierige, zähnefletschende Hunde, die kurz davor waren, sich
gegenseitig zu zerfleischen. Doch eine unsichtbare Kraft
hielt sie davor zurück und bewahrte sie vor ihrem eigenen
Temperament. Valdir wandte sich um, rannte ins Zimmer,
suchte sich seine Kleider zusammen und kam ins Wohnzimmer zurück, wo der Vater nach wie vor mit verschränkten
Armen stand und seinen Sohn mit hartem Blick durch-
bohrte.

«Ich glaube, ich habe hier nichts mehr verloren», stellte

Valdir fest, und sein Vater ergänzte: «So ist es. Du brauchst hier nicht mehr aufzutauchen.» Valdir ging an seinem Vater vorbei, öffnete die Tür und trat schweigend in die Dunkelheit hinaus. Er wandte sich nicht mehr um.

Als er einige Stunden später zurück im Waisenhaus war, warf sich Valdir auf sein Bett und begann zu weinen vor Wut über das, was zwischen seinem Vater und ihm vorgefallen war. Er war wütend über seinen Vater, der ihm vorschreiben wollte, wie er zu leben hätte, er war wütend, weil er ihn erneut davongejagt hatte, und gleichzeitig war er wütend über sich selbst, weil er seinem Vater so viele Dinge an den Kopf geworfen hatte. Doch er würde sich dafür nicht entschuldigen, denn er würde nicht mehr zu seinem Vater zurückkehren, nie mehr. Es war aus zwischen ihnen. Endgültig. Er würde sich von ihm nicht mehr sagen lassen, was er zu tun hätte und was nicht. Er brauchte keine Ratschläge, weder von seinem Vater noch von sonst jemandem. Sein Leben gehörte *ihm*, und er würde damit tun, was *er* für richtig hielt!

Gefährliche Freundschaft

Sein achtzehnter Geburtstag rückte näher, und damit der Tag, an dem er das Waisenheim verlassen mußte. Und die große Frage war: Was dann? Zu seinem Vater wollte Valdir auf keinen Fall ziehen. Seit jener heftigen Auseinandersetzung vor einigen Monaten hatte er sich nicht mehr dort blicken lassen.

«Falls mein Vater hier anruft», verkündete er den Heimleitern, «so sagt ihm, ich wolle nicht mit ihm reden.» Seine Geschwister riefen immer wieder an, doch Valdir war nie zu erreichen, denn er trieb sich nur noch in Tanzsälen und Bars herum, um sich mit Schulkameraden zusammen die Birne vollaufen zu lassen und hübsche Mädchen aufzureißen. Er hatte keine Lust mehr, zur Schule zu gehen oder gar zu arbeiten, lag den ganzen Tag auf der faulen Haut herum und kroch erst abends aus dem Bett, um sich mit seinen Freunden zu treffen.

Einen Monat vor seinem achtzehnten Geburtstag rief ihn die Direktorin ins Büro.

«Setz dich», sagte sie und deutete auf einen Stuhl vor ihrem Schreibtisch. Valdir ließ sich mit schläfrigem Blick in den Sessel fallen und wartete desinteressiert auf ihre Moralpredigt. Es war bei weitem nicht das erste Mal, daß sie ihn ins Büro zitierte, und das immer wiederkehrende Thema ödete ihn an. Die Direktorin stützte die Ellbogen auf den Tisch, faltete die Hände zusammen und sah den noch Siebzehnjährigen ernst an. Valdir spielte mit einem losen Faden an seinem zerknitterten Hemd und gähnte gelangweilt.

«Machen Sie's kurz, ich hab Kopfweh», brummte er, ohne die ältere Dame eines Blickes zu würdigen.

«Ich nehme an, du weißt, weswegen ich dich habe rufen lassen.»

Valdir machte einen Knoten in den Faden. «Wenn Sie wissen wollen, ob ich schon einen Ort zum Wohnen gefunden habe: Die Antwort ist nein.»

Die Direktorin schüttelte bedächtig den Kopf. «Du denkst wohl überhaupt nicht über deine Zukunft nach, was?»

Valdir sah die Frau zum ersten Mal an und grinste. «Doch», sagte er, «ich überlege mir, ob ich mich heute abend besser mit Gabriela oder Monica treffen soll. Gabriela hat hübsche Zähne und Monica einen hübschen Hintern. Na, was denken Sie?»

«Ich denke, ich verschwende hier nur meine Zeit mit dir!» Sie erhob sich und baute sich vor Valdir auf. «Es fehlt noch *ein* Monat bis zu deinem achtzehnten Geburtstag. *Ein* Monat,

Valdir! Und das einzige, woran du denkst, sind Mädchen und Diskotheken!»

Valdir zuckte gleichgültig die Achseln.

«Dein Vater hat angerufen», sagte sie nach einer kurzen Pause. «Er läßt dir ausrichten, du könntest bei ihm wohnen, wenn du möchtest.» Valdir antwortete nichts und konzentrierte sich bloß auf den Faden an seinem Hemd. Und wenn sein Vater ihn auch auf den Knien um Verzeihung bitten würde, dorthin würde er nicht zurückkehren.

«Valdir! Hörst du mir überhaupt zu?!» Die Direktorin stützte die Hände in die Seiten. «Wenn du das Angebot deines Vaters nicht annimmst, bist du der größe Dummkopf, den es gibt, das laß dir gesagt sein! Wohin willst du gehen, wenn deine Zeit hier im Heim abgelaufen ist? Was wirst du tun?»

Valdir hob den Kopf und sah die ältere Dame mit zusammengekniffenen Augen an. «Wissen Sie, was ich tun werde? Ich werde mich mit ein paar Gangstern zusammentun, werde das Waisenhaus überfallen und mir von dem Geld eine große Villa kaufen. Das werde ich tun.»

Er sah mit Genugtuung, wie die Direktorin ob seiner Antwort ein wenig blaß wurde, und grinste. «Sonst noch eine Frage?»

Die Dame setzte sich an ihren Schreibtisch zurück und schüttelte verständnislos den Kopf. «Du kannst gehen, Valdir.»

Valdir erhob sich, und bevor er den Raum verließ, mahnte ihn die Direktorin: «Ein Monat, Valdir. Ein Monat und keinen Tag länger, denk dran.»

Valdir schlurfte in sein Zimmer, ließ sich aufs Bett fallen und verschränkte die Arme hinter dem Kopf. Warum waren bloß alle so besorgt um ihn? Einen ganzen Monat hatte er noch Zeit, um sich eine Wohnmöglichkeit zu suchen. In einem Monat würde er problemlos etwas finden. Er konnte sich ja von dem Geld, das er auf seinem Sparbuch hatte, ein Zimmer mieten. Er beschloß, gleich noch am selben Tag auf die Bank zu gehen, um dies zu regeln. Und der Rest würde sich von selbst ergeben.

Als Valdir zwei Stunden später am Bankschalter stand und sein Geld abheben wollte, erlebte er jedoch eine böse Überraschung. Der Beamte hinter dem Schalter sah ihn mit einem bedauernden Lächeln an und meinte: «Tut mir leid. Ihr Konto ist auf null.»

Augenblicklich war Valdir hellwach. «Wie?! Auf null? Das soll wohl ein Scherz sein.»

Doch es war kein Scherz. Ohne es zu merken, hatte Valdir im Verlauf der vergangenen Monate sein gesamtes erspartes Geld verbraucht, und ausgerechnet jetzt, wo er es so dringend gebraucht hätte, war nichts mehr da. Es lief ihm bei dieser Erkenntnis kalt den Rücken hinunter, und auf einmal wurde ihm bewußt, daß ein Monat doch nicht allzuviel Zeit war, um einen Ort zum Unterschlüpfen zu finden. Er mußte sich etwas einfallen lassen, und zwar rasch.

Die Tage vergingen immer schneller, und Valdirs Sorge um eine Wohnmöglichkeit wurde immer größer. Valdir fragte sich bei seinen Freunden durch, ob sie ihn bei sich aufnehmen würden. Doch alle sagten, das wäre nicht möglich, denn die meisten von ihnen wohnten bereits mit Eltern, Geschwistern, Großeltern und irgendwelchen Verwandten auf engstem Raum zusammen und hatten keinen Platz für jemanden, der nicht einmal zur Familie gehörte. Valdir wurde immer verzweifelter. Und als wäre des Übels nicht genug, neigte sich auch sein letztes Geld dem Ende zu. Die 500 Reais, die er verdient hatte, indem er ein Auto gegen ein Motorrad eintauschte, schmolzen dahin wie Eis an der Sonne, und es kam Valdir so vor, als würde sich sein gesamtes Leben einer unabwendbaren Katastrophe nähern.

Eines Abends, als Valdir mit ein paar Bekannten in einer Bar herumhing, klopfte ihm plötzlich jemand auf die Schulter. Valdir drehte sich um und sah sich einem großen, schlanken jungen Mann mit dunkler Sonnenbrille und schwarzer Lederjacke gegenüber. In seinem linken Ohr steckten mehrere Ohrringe. Um seinen Hals baumelten etliche lederne Kettchen mit Kreuzen, Totenköpfen und anderen seltsamen Symbolen, und an seinen Finger trug er verschiedene billige Ringe.

«Na, erkennst du mich nicht mehr, alter Junge?» Der Bursche nahm die Sonnenbrille ab und grinste breit.

«Marcos!» stieß Valdir überrascht hervor. «Mann, wo hast du dich bloß herumgetrieben?»

«Hatte zu tun», sagte Marcos nur unbestimmt. «Kam zufällig hier vorbei und wollte mal sehn, ob die alten Gesichter noch dieselben geblieben sind.» Er setzte sich neben Valdir an die Bar und bestellte ein Bier. Es war über ein Jahr her, seit Valdir ihn zum letzten Mal gesehen hatte, und er schien sich überhaupt nicht verändert zu haben. Damals hatten sie gemeinsam die Schulbank gedrückt, sich gemeinsam durch die Prüfungen durchgeschummelt und gemeinsam mit denselben Mädchen herumgeflirtet. Doch eines Tages erklärte Marcos, er hätte die Nase voll von Schule, Hausaufgaben und Prüfungsstreß, und verschwand kurzerhand von der Bildfläche. Und nun, ein Jahr später, tauchte er so selbstverständlich auf, als wäre er höchstens eine Woche in den Ferien gewesen, und erstaunlicherweise kam es Valdir tatsächlich vor, als hätten sie sich bloß ein paar Tage nicht gesehen.

«Na, wie geht's dir so?» fragte Marcos und legte seinen Arm kameradschaftlich um Valdirs Schulter. Valdir zog den Mund schief.

«Ziemlich mies.»

Marcos grinste. «Willkommen im Club der Frustrierten. Und ansonsten?»

«Im Ernst, ich stecke echt in Schwierigkeiten.»

«Mädchen?»

Valdir schüttelte den Kopf. «Ich werde nächste Woche achtzehn.»

«Oh!» rief Marcos begeistert aus, ohne Valdir weiterreden zu lassen. «Herzlichen Glückwunsch! Wenn du so weitermachst, wirst du mich bald einholen!» Er grinste wieder. «Nimm's nicht so tragisch. Wir werden alle älter.» Er nahm einen großen Schluck Bier und wischte sich mit dem Handrücken über den Mund.

«Das Problem ist, daß ich mit achtzehn aus dem Waisenhaus entlassen werde und bis heute nicht weiß, wo ich dann wohnen soll.»

Marcos wurde zum ersten Mal etwas ernster. «Was ist mit deiner Familie?»

Valdir schüttelte den Kopf. «Geht nicht.»

«Hast du keine Freundin?»

«Marcos! Stell keine so blöden Fragen.»

«Warum mietest du dir kein Zimmer?»

«Ich bin blank, mein Junge. Hab sogar mein Auto verkaufen müssen.»

«Hast du keinen Job?»

«Was ich dort verdiene, reicht nicht mal, um mir jeden Monat eine neue Zahnbürste zu kaufen.»

Marcos kratzte sich nachdenklich am Kinn und dachte angestrengt nach. Valdir seufzte. «Ja, Marcos. Ich stecke echt in der Tinte. Ich hab alle Kollegen gefragt – vergebens.»

«Ganz alle hast du ja wohl nicht gefragt.»

«Doch, hab ich. Echt.»

«Einen hast du jedenfalls vergessen.»

«Wen?»

Marcos wölbte seine Brust und grinste. «Mich!»

Valdir schüttelte den Kopf. «Marcos. Die Sache ist ernst.»

«Ich *meine* es ernst. Du könntest in meinem Zimmer schlafen.»

«Im Ernst?»

«Nein, nur so zum Spaß. Denn wenn du Angst vor Spinnen, Mäusen und Küchenschaben hast, kann ich dir mein Zimmer nicht empfehlen.» Valdir war sich noch immer nicht sicher, ob Marcos sein Angebot ernst meinte oder nicht.

«Ich könnte echt bei dir schlafen?»

«In getrennten Betten, versteht sich. Und nur, wenn meine Mutter einverstanden ist.»

Valdir fiel ein Stein vom Herzen. Er wußte zwar, daß Marcos in einer als ziemlich gewalttätig bekannten Favela, also einem Elendsviertel, wohnte, doch das störte ihn im Moment nicht groß. Hauptsache, er würde ein Dach über dem Kopf haben. Er fühlte sich unsäglich erleichtert und klopfte Marcos auf die Schulter.

«Mann, du bist echt ein Freund», sagte er. «Du weißt nicht, was das für mich bedeutet.»

«Wenn du willst, kannst du morgen vorbeikommen, um meine Mutter zu fragen. Doch ich glaube, sie wird nichts dagegen haben.»

Am nächsten Tag nahm ihn Marcos zu sich nach Hause und stellte ihn seinen Eltern vor. Seine Mutter, eine kleine, rundliche Frau mit grauem, langem Haar und gütigen, winzigen Augen, hatte tatsächlich nichts dagegen einzuwenden, wenn Valdir mit ihrem Sohn das Zimmer teilte, und Valdir versprach, die Familie jeden Monat mit Lebensmitteln zu unterstützen. Er fand die Frau vom ersten Augenblick an sympathisch. Mit dem Vater jedoch war es kaum möglich, ein Gespräch zu führen, denn er saß mit roten, wäßrigen Augen am Tisch, das Bierglas in der einen, die Flasche in der anderen Hand, fragte Valdir mindestens dreimal nach seinem Namen und quasselte einige unzusammenhängende Sätze.

«Am besten, du ignorierst ihn», riet ihm Marcos. «Das geht immer so. Wirst dich dran gewöhnen.»

«Ich kenn das», winkte Valdir ab. «Mein Alter war auch so.»

«War?» wiederholte Marcos. «Hat er ins Gras gebissen?»

«Nein. Er ist fromm geworden.»

«Oh», sagte Marcos. «Einer von denen, die den Leuten mit der Bibel unter dem Arm die Hölle heiß machen?»

«So ungefähr.»

Marcos schüttelte den Kopf. «Die müßten mal nachts hierher kommen. Dann wüßten sie, wo die Hölle ist.»

«Wieso?»

Marcos grinste ihn geheimnisvoll an. «Wart's ab, mein Freund.» Er führte Valdir in sein Zimmer, einen engen Raum mit einem Stockbett und einer uralten Kommode, und deutete auf das obere Bett.

«Das ist deins. Die Matratze ist nicht Top-Qualität, und ich hoffe, das stört dich nicht, denn Reklamationen werden grundsätzlich nicht entgegengenommen. Deine Kleider kannst du übrigens auf dem Brett dort an der Wand verstauen.» Er deutete auf ein schief an die Wand genageltes, ungehobeltes Brett einen Meter über dem Stockbett.

Valdir nickte zufrieden. Es war zwar alles etwas eng und schmuddelig, doch er hatte weiß Gott schon an schlimmeren Orten gehaust. Er blickte zum vergitterten Fenster hinaus und sah über die vielen ineinander verschachtelten Häuser hinweg, die sich dem Hang entlang hinzogen und sich im Unendlichen verloren. Asphaltierte Straßen und holprige Natursträßchen schlängelten sich zwischen den vielen Stein- und Holzhäusern hindurch, Telefonmasten mit Tausenden von schwarzen Kabeln säumten die Wegränder. Auf einigen Flachdächern, die gleichzeitig als Terrasse anderer Häuser dienten, spielten schmutzige kleine Kinder mit ebenso schmutzigen Hunden zwischen Bauschutt, Parabolspiegeln und aufgehängter Wäsche. Der Anblick war für Valdir nichts Neues.

«Nachts ist hier die Hölle los», kam Marcos auf das angeschnittene Thema zurück. «Es vergeht keine Nacht, ohne daß du nicht einen Streit beobachten kannst, Schreie oder Schüsse hörst. Wenn sich der Teufel einen Ort auf dieser Welt aussuchen müßte, wo er sich besonders wohlfühlt, so wäre es hier, darauf kannst du Gift nehmen.» Er winkte Valdir zu sich hinüber und dämpfte seine Stimme, als wolle er verhindern, daß jemand ihr Gespräch belauschte.

«Wenn du dich hier nach Anbruch der Dunkelheit auf die Straße wagen willst, so gebe ich dir einen Ratschlag, mein Freund: Bewaffne dich!» Er forderte Valdir mit einer Kopfbewegung auf, die Tür zu schließen. Dann löste er ein Poster von der Wand, grub seine Fingernägel in die lose Tapete, rollte sie ein Stück zur Seite, und zum Vorschein kam ein Hohlraum von der Größe einer Schuhschachtel. Valdir staunte nicht schlecht über das perfekte Versteck, doch ihm stockte der Atem, als Marcos mit der einen Hand hineintastete – und einen Revolver herauszog.

«Bist du verrückt?» stieß er hervor, und Marcos hielt mahnend seinen Zeigefinger auf den Mund.

«Meine Eltern wissen nichts davon», sagte er. «Meine Mutter würde sterben, wenn sie wüßte, daß ich so ein Ding habe.» Er legte die Waffe in Valdirs Hand. Valdir drehte den Revolver hin und her. Es war ein seltsames Gefühl, eine Schußwaffe in Händen zu halten – und gleichzeitig faszinierend.

«Du solltest dir auch eine besorgen.»

Valdir zuckte leicht zusammen. «Ich?» fragte er unsicher. «Wozu?»

«Jeder von der Gruppe hat eine.»

«Gruppe? Welche Gruppe?»

«Du wirst sie kennenlernen. Sind alles coole Typen.»

«Und wozu die Waffen?»

«Reiner Selbstschutz», erklärte Marcos. «Manchmal tauchen Banden aus anderen Favelas auf, die Streit suchen. Da ist es besser, sich vorzusehen.»

Valdir betrachtete die Waffe von allen Seiten und zielte dann auf die Wand. «Hast du schon mal... ich meine...»

«Ob ich sie schon mal gebraucht habe?» Marcos grinste. «Natürlich.» Er sagte es mit einer Selbstverständlichkeit, die Valdir erschreckte.

«Und...», tastete sich Valdir an eine zweite, etwas heiklere Frage heran, «hast du schon mal...» Wieder grinste Marcos. Er wußte, worauf Valdir anspielte.

«Nein. Umgebracht hab ich noch nie einen. Und ich hoffe, daß es nie dazu kommen wird. Wenn ich schieße, dann nur, um mich zu verteidigen, nicht, um jemanden zu töten.» Valdir nickte und gab Marcos den Revolver zurück, den dieser wieder in das Geheimfach zurücklegte.

«Ich kenn da jemanden, der treibt dir jede Waffe auf, die du willst», sagte Marcos. «Und ziemlich preisgünstig. Ich kann ihn fragen, ob er dir eine 38er besorgt.»

Valdir sagte nichts. Er fühlte sich irgendwie sonderbar. Da saßen sie, zwei alte Schulfreunde, und unterhielten sich über Waffen, wie sie sich früher über Fußball oder Mädchen unterhalten hatten. Und das Sonderbarste daran war, daß ihm die Idee, eine Waffe zu besitzen, zu gefallen begann…

Der Krieg

Daß jede Nacht Schüsse fielen, daran gewöhnte sich Valdir rasch. Marcos hatte recht: Wenn es einen Ort auf dieser Welt gab, wo sich der Teufel besonders wohlfühlen mußte, so war es hier. Mit den ersten Schatten, die sich über die Häuser des Armutsviertels legten, hielt die Gewalt Einzug, und die Mächte der Finsternis spannten ihre verderbenbringenden Netze über die Straßen und Gebäude jenes Stadtteils von São Paulo.

Nach einigen Wochen verkaufte Valdir sein Motorrad und besorgte sich einen Revolver Kaliber 38, den er zusammen mit Marcos' Waffe in der Wandnische versteckte. Marcos nahm ihn mit auf seine allabendlichen Streiftouren von Kneipe zu Kneipe, und so lernte Valdir seine Freunde kennen, alles finstere Typen, die große Sprüche klopften und bedenkenlos von ihrer Waffe Gebrauch machten, wenn es nötig war. Fast jede Nacht erhitzten sich die Gemüter, und einer aus der Gruppe provozierte einen Streit mit Fremden oder Eindringlingen aus anderen Favelas. Und nicht selten gab es auch Auseinandersetzungen mit der Polizei. Es herrschte Krieg, Krieg zwischen Banden aus verschiedenen Favelas und Krieg zwischen den einzelnen Banden und der Polizei. Und Valdir lernte, immer und jederzeit auf der Hut zu sein.

Einmal, als Valdir mit seinen Leuten an der Bar saß, kamen zwei junge Männer herein und setzten sich an eines der vielen Tischchen, ohne zu bemerken, daß sie sich geradewegs in die Höhle des Löwen begeben hatten. Elton, einer aus Valdirs Gruppe, gab den andern einen Wink und trat von hinten auf die beiden zu.

«Eure Gesichter kommen mir irgendwie bekannt vor», sagte er, und als die zwei erkannten, mit wem sie es zu tun hatten, und sich eilends davonmachen wollten, drückte sie Elton mit seinen Händen auf die Stühle zurück. Die andern stellten sich im Kreis um sie, und die beiden wurden kreidebleich.

«Wir hatten nichts mit der Sache zu tun», stammelte der eine, ein etwa sechzehnjähriger, dünner Junge mit kahlrasiertem Kopf. «Tatsache», fügte der andere, ein dunkelhäutiger Bursche von vielleicht zwanzig Jahren, hinzu. «Der Überfall war Fabios Idee.»

«Und warum trägst du dann meine Schuhe?» fragte Erik, ein breitschultriger Junge, der den rechten Arm in Gips trug und dessen linkes Auge angeschwollen war.

«Hat mir Fabio geschenkt», erklärte der Angesprochene mit zitternder Stimme. «Er sagte, er hätte sie auf der Straße gefunden.» Der Kreis um die beiden zog sich enger, und der Barkeeper tastete sich die Wand entlang zum Telefon und wählte eine Nummer, ohne die Bande aus den Augen zu lassen. Ein paar vereinzelte Gäste tranken rasch ihr Bier fertig und suchten das Weite. Elton inhalierte einen tiefen Zug aus seiner Zigarette und blies den beiden den Rauch ins Gesicht.

«Ich glaube, er sollte dir erst mal deine Schuhe zurückgeben, nicht wahr, Erik?» Erik nickte.

«Und dann sollte man ihnen eine gründliche Tracht Prügel verabreichen», schlug Marcos vor und schlug die rechte Faust in die linke offene Handfläche. «Was denkst du, Erik?» Wieder nickte Erik.

«Aber wir hatten nichts damit zu tun!» rief der ältere der beiden verzweifelt. Doch im selben Moment landete eine Faust mitten in seinem Gesicht, und Blut schoß aus seiner Nase. Die Burschen wollten erneut aufstehen, um sich zu wehren, doch Marcos und Valdir legten ihnen augenblicklich die Arme um den Hals und hielten sie fest wie in einem Schraubstock, während sie ihnen gleichzeitig die Arme auf den Rücken drehten. Leandro und Felipe, zwei andere aus der Gruppe, zogen ihnen die Schuhe von den Füßen.

«Mann, ihr solltet euch mal die Füße waschen!» stellte Marcos fest. «Damit könntet ihr glatt einen umbringen.»

Elton grinste sie an, zog seinen Revolver unter dem Hemd hervor und zielte damit auf ihre Köpfe. Die Burschen gerieten in Panik, rührten sich aber nicht vom Fleck.

«Laßt mich überlegen. Sollen wir ihnen bloß eine Lektion erteilen, oder pusten wir ihnen gleich das Gehirn weg?» Es machte ihm Spaß, die beiden einzuschüchtern.

«Denk an die Sauordnung», meinte Felipe scherzend, «dann kriegen wir wieder eine Woche Eintrittsverbot.»

«Auch wieder wahr», sagte Elton und steckte seine Waffe zurück. «Ist wohl besser, wir schlagen ihnen lediglich die Zähne aus dem Mund.» Und kaum daß er seinen Satz beendet hatte, schlug er dem jüngeren der beiden die Faust ins Gesicht.

«Und jetzt bittet Erik um Entschuldigung», sagte Leandro.

«Aber wir…» Ein weiterer Fausthieb warf den Kopf des Burschen zur Seite.

«Bittet ihn um Entschuldigung!»

«Entschuldigung», murmelte der eine.

«Lauter!» rief Elton und trat ihn hart ins Schienbein. «Ich habe nichts verstanden!»

«Entschuldigung!»

«So ist brav», meinte Elton und tätschelte den beiden die Wangen. «Wenn ihr Fabio trefft, so sagt ihm, das nächste Mal würden wir euch in kleine Stücke reißen und jeden Tag eines mit der Post zu ihm nach Hause schicken.» Er grinste, und seine Kollegen grinsten auch.

«Wenn Fabio erfährt, was ihr mit uns getan habt, möchte ich nicht in eurer Haut stecken», sagte der Dunkelhäutige, den Valdir festhielt, worauf sich Elton zu ihm neigte, ihm erneut den Rauch seiner Zigarette ins Gesicht blies und meinte: «Du hast wohl noch nicht genug bekommen, was?»

Er nahm seine Zigarette, spielte damit einige Momente lang vor dem Gesicht des Wehrlosen herum, und auf einmal preßte er ihm die glühende Spitze der Zigarette mitten auf die rechte Wange. Der Bursche schrie auf, versuchte seinen Kopf zur Seite zu drehen, doch Valdir hielt ihn eisern mit seinem Arm um den Hals fest, so daß er sich nicht bewegen konnte. Der andere sah der schmerzvollen Tortur mit weit aufgerissenen Augen zu, während sich die Clique amüsierte und Elton anfeuerte.

«Brenn ihm ein Loch in den Kopf!»

«Nein, schreib deinen Namen, damit er dich nicht vergißt.» Die sechs jungen Männer grölten und klopften faule Sprüche, während Elton mit der makabren Prozedur fortfuhr und dem Jungen die Tränen in die Augen schossen vor Schmerzen. Doch dann verging ihnen das Lachen mit einem Mal: Mehrere Polizisten mit gezückten Waffen stürmten die Bar, und ihre Stimmen waren schrill und unmißverständlich:

«Polizei! An die Wand! Alle zusammen! Los! Los!» Erleichterung spiegelte sich auf dem Gesicht des Barkeepers und Überraschung auf den Gesichtern der sechs verdutzten

Rowdies, die keine Zeit hatten, sich gegen den unerwarteten Angriff zu wappnen. Valdir und Marcos ließen ihre Opfer los, und diese suchten auf Socken das Weite, während die Polizisten die Unruhestifter zwangen, sich mit gespreizten Beinen an die Wand zu stellen. Sie nahmen ihnen ihre Waffen ab, und dann knöpften sie sich einen nach dem andern vor und begannen mit ihren Gummiknüppeln auf sie einzudreschen, bis sie sich nicht mehr auf den Beinen halten konnten.

«Na, was ist hier vorgefallen?» fragte einer der Polizisten, als sich alle sechs wie Raupen auf dem Boden wanden. «Niemand hat eine Erklärung? Nein?» Keiner öffnete den Mund. Einer der Polizisten, ein Hüne von einem Mann mit dichtem, schwarzem Haar und einem Schnurrbart, ging auf Valdir zu, packte seine Hand und hielt ein faustgroßes Gerät an seine Fingernägel.

«Na los, was habt ihr mit den beiden gemacht?»

Valdir sagte nichts, was er kurz darauf bereute, denn der Stromschlag, den ihm der Polizist mit dem kleinen Gerät versetzte, schmerzte höllisch. Der Polizist ging von einem zum andern, und als er vor Leandro stand, beschimpfte ihn dieser mit einem ziemlich heftigen Fluchwort. Leandro war siebzehn, ein großer, muskulöser Bursche mit wasserstoffgebleichtem Haar und einer Tätowierung auf dem linken Oberarm. Der Polizist betrachtete sein blutverschmiertes Gesicht mit finsterer Miene.

«Willst mich provozieren, was?» Er stieß ihm seinen Stiefel in den Bauch. «Da bist du leider an den Falschen geraten.» Er ließ seinen Gummiknüppel auf Leandros Schulter niedersausen. Valdir zuckte zusammen, als hätte der Gummiknüppel auch ihn getroffen. Leandro war derjenige der Gruppe, mit dem er sich am besten verstand. Seine Vergangenheit war seiner eigenen in vieler Hinsicht ähnlich, und das verband sie miteinander wie zwei Brüder, selbst wenn sie äußerlich nichts gemeinsam hatten als ein goldenes Armkettchen am rechten Handgelenk, das sie in einem Geschäft geklaut hatten.

«Was willst du mit ihm machen?» fragte ein anderer Polizist. Der Polizist mit dem Schnurrbart kniff die Augen zusammen und nickte bedächtig mit dem Kopf.

«Laß uns an ihm ein Exempel statuieren, damit er sich ab heute etwas zivilisierter benimmt.» Er gab zweien seiner Kollegen mit dem Kopf ein Zeichen. Sie zerrten Leandro in die Höhe und schleppten ihn durch die Bar Richtung Toilette, während die übrigen Polizisten zurückblieben und die restlichen Burschen in Schach hielten. Sie hörten Leandro mehrmals aufschreien, und seine Schreie gingen Valdir durch Mark und Bein. Als sie ihn zurückbrachten, hielt er sich mit der einen Hand die halb heruntergefallene Hose fest, während sie ihn unsanft vor sich her stießen und schließlich wie einen Mehlsack zu Boden plumpsen ließen.

«Möchte sonst noch jemand?» Der Polizist mit dem Schnurrbart spielte vielsagend mit dem schwarzen Kästchen in der Hand. Valdir konnte sich ausrechnen, was sie mit Leandro gemacht hatten. Das Schock-Gerätchen in der Hand des Polizisten und die Tatsache, daß sie sich in die Toilette zurückgezogen hatten, sagte alles. Leandro krümmte sich auf dem Boden, und der Polizist trat auf ihn zu, stieß ihn nochmals hart mit dem Stiefel in den Bauch und meinte mit erhobenem Zeigefinger: «Das nächste Mal bringen wir dich um.»

Die Polizisten diskutierten eine Weile darüber, was sie nun mit den Burschen machen sollten, bis der Polizist mit dem Schnurrbart, der das Kommando führte, sich entschied, sie laufen zu lassen.

«Wenn sie schlau sind, haben sie ihre Lektion gelernt», sagte er. «Und wenn nicht, landen sie früher oder später sowieso im Knast.»

«Die Schweine», knirschte Valdir, als die Polizisten mit den konfiszierten Waffen abgezogen waren. «Das werden wir ihnen heimzahlen.»

Und sie zahlten es ihnen heim. Ihr Racheakt beschränkte sich nicht nur auf jene Polizisten, die sie verprügelt hatten, sondern weitete sich auf die gesamte Polizei aus, die in dieser Gegend patrouillierte. Sie schlugen die Scheiben ihrer Autos ein, klauten ihre Radios und Funkgeräte, schlitzten ihre Reifen auf und zerbeulten mit Eisenstangen alles, wonach sie gelüstete. Sie hatten das Kriegsbeil ausgegraben, und jedesmal, wenn die Polizei sich in ihre Streitereien mit anderen Banden einmischte und sie mit ihren Gummiknüppeln und Schock-Gerätchen terrorisierte, wurde der Haß auf sie nur um so größer. Sie besorgten sich neue Waffen, und obwohl Valdir seinen Revolver nur zu seiner Sicherheit trug und nicht beabsichtigte, jemals auf einen Menschen zu schießen, kam die Nacht, als er ihn zum ersten Mal einsetzte.

Es war eine warme Oktobernacht, und er war mit seiner Clique unterwegs zu einem Tanzschuppen, als ihnen in einer einsamen Gasse ein Liebespärchen entgegenkam. Sie waren alle schon etwas angeheitert, und Marcos schlug kurzerhand vor, die beiden auszurauben. Die Idee fand allgemeinen Anklang, und als die Verliebten an ihnen vorbeigehen wollten, zückte Elton seinen Revolver. Die junge Frau schrie entsetzt auf, Valdir und Leandro preßten die beiden gegen die Hausmauer, und die andern durchsuchten sie nach Bargeld. Der Überfall dauerte weniger als zwanzig Sekunden, doch haargenau in diesem Moment, durch den Schrei der Frau alarmiert, tauchten vier Polizisten an der Hausecke auf.

«Polizei! Stehenbleiben!» riefen sie, und als die Burschen Hals über Kopf die Flucht ergriffen, eröffneten die Polizisten das Feuer. Die Kugeln sausten haarscharf an ihnen vorbei, und Elton drehte sich um und schoß zurück. Sie rannten so schnell, wie ihre Beine sie tragen konnten, und feuerten dabei mehrere Kugeln auf ihre Verfolger ab. Und als Valdir seinen Revolver zog und ebenfalls zu schießen begann, kam es ihm so vor, als wäre es das Selbstverständlichste auf der Welt und als hätte er sein ganzes Leben lang nichts anderes getan, als mit einer Waffe herumzuballern. Daß er mit einer einzigen Kugel einen der Polizisten hätte töten können, beschäftigte ihn weniger als die Frage, wie sie ihre Verfolger so rasch wie möglich abschütteln und ihnen entkommen könnten. Sie gewannen einen guten Vorsprung und nutzten die Gelegenheit, auf eine hohe Mauer zu klettern und ungesehen auf der anderen Seite herunterzuspringen. Dann trennten sie sich, und jeder kehrte nach Hause zurück.

Am nächsten Morgen gegen acht Uhr klopfte es an die Zimmertür.

«Marcos! Valdir!» Marcos drehte sich müde auf die andere Seite und zog sich die Decke über den Kopf.

«Laß mich schlafen, Mutter!»

«Marcos! Die Polizei will mit dir reden!» Augenblicklich schoß Marcos in die Höhe und hätte sich beinahe den Kopf an der Bettkante des Etagenbettes angestoßen. Er stand auf und rüttelte Valdir wach.

«Valdir! Die Polizei!» Valdir rieb sich die Augen.

«Laß mich in Ruhe», brummte er müde, «bin eben erst eingeschlafen.»

«Die Polizei, Valdir! Sie haben uns gefunden!»

«Die Polizei?» Endlich kapierte Valdir, worum es ging. Er schlug die Decke zurück und wäre beinahe vom Bett gefallen. Dann zog er sich ein T-Shirt über und suchte sich in einem chaotischen Kleiderhaufen ein Paar Jeans heraus.

«Aber wie haben sie uns gefunden?» flüsterte er Marcos verständnislos zu. «Die können doch gar nicht wissen…» Marcos zuckte die Achseln.

«Laß dir um Himmels willen nichts anmerken!» ermahnte er Valdir. «Bleib cool. Wir wissen von nichts. Wir haben bis um Mitternacht in der Bar gesessen, o. k.?» Sie hörten die Stimmen der Polizisten im Wohnzimmer. Marcos' Mutter unterhielt sich mit ihnen. Sie schien ziemlich nervös zu sein. Zögernd öffnete Marcos die Tür, und die beiden traten mit schläfrigem Blick ins Wohnzimmer.

«Morgen», murmelte Marcos. Seine Mutter stürmte gleich auf ihn zu, faßte ihn am Arm und sah ihn besorgt an.

«Gestern nacht soll es einen Schußwechsel zwischen einigen Burschen und der Polizei gegeben haben. Weißt du etwas davon?»

Marcos fuhr sich verschlafen über die Augen. «Ich weiß, ehrlich gesagt, nicht mal, wie ich nach Hause gekommen bin, Mutter. Hab wohl etwas zu viel getrunken gestern. Wieso fragst du?» Er tat, als würde er die beiden Polizisten eben erst bemerken, und begrüßte sie höflich.

«Schießerei?» fragte er dann erstaunt. «Ich hab nichts gehört. Du, Valdir?» Valdir schüttelte den Kopf und legte seine unschuldigste Miene an den Tag. Doch innerlich bebte er. Wieso waren sie ausgerechnet hierher gekommen? Wer hatte sie verraten? Und wieviel wußten die beiden Polizisten? Waren es am Ende zwei jener Polizisten, die sie verfolgt hatten? Es war durchaus möglich, obwohl sie ihre Gesichter in der Dunkelheit nicht gesehen hatten. Und falls sie es waren, ob sie sie erkennen würden? Ja, ob sie sie vielleicht bereits erkannt hatten? Tausend Fragen schossen Valdir durch den Kopf, während er sich äußerlich so ruhig gab, als hätte er die reinste Weste der Welt. Die Polizisten musterten ihn kritisch, und das machte ihn nervös. Er glaubte, sie würden direkt in sein Herz sehen und merken, daß er seine Gelassenheit bloß vortäuschte. Bestimmt wußten sie bereits alles über ihn und warteten bloß darauf, daß er sich ihnen durch eine falsche Bemerkung selbst auslieferte. Sie stellten ihm und Marcos ein paar routinemäßige Fragen, und dann sagte der eine der Polizisten plötzlich: «Wir würden gerne euer Zimmer sehen.»

Marcos winkte entsetzt ab. «Können Sie das nicht auf einen anderen Tag verschieben?»

«Wieso? Hast du etwas zu verbergen?»

Marcos nickte. «Wir müssen erst noch unsere Waffen verstecken!»

Valdir zuckte zusammen, die Polizisten glaubten, sich verhört zu haben, und Marcos' Mutter bekam beinahe einen
Herzinfarkt.

«Du hast eine Waffe, Marcos?»

Der Bursche grinste. «Natürlich, Mutter, mehrere. Die
Mädchen stehen da drauf.»

Valdir verstand überhaupt nichts mehr. Entweder war
Marcos völlig übergeschnappt, oder er hatte einen absolut
makabren Sinn für Humor. Doch wie Valdir seinen Freund
kannte, traf wohl beides zu.

«Versuch bloß nicht, hier den Großen zu spielen», warnte
ihn einer der beiden Polizisten. «Wenn wir tatsächlich Waffen in deinem Zimmer finden, sieht es schlecht für dich aus,
mein Junge, für beide von euch.»

«Zwei der Gruppe haben wir bereits verhaftet», ergänzte
der andere Polizist nüchtern. «Und wenn ihr etwas damit zu
tun habt, werden wir es herausfinden, darauf könnt ihr euch
verlassen.»

«O mein Gott!» sagte die Mutter verzweifelt und hielt sich
die Hand vor den Mund. «Marcos, worauf hast du dich da
eingelassen? Ich sagte dir doch, du solltest dich nicht mit diesen Typen herumtreiben!»

«Mutter!» knirschte Marcos leise. Doch zum guten Glück
wandten die Polizisten sich bereits Marcos' Zimmer zu. Sie
stießen die Tür auf und traten ein. Marcos und Valdir warfen sich einen vielsagenden Blick zu und blieben an der Tür-
schwelle stehen. In ihrem Zimmer herrschte ein Chaos, als
wäre ein Orkan darüber hinweggefegt. Überall lagen Kleider herum, dazwischen einige Zeitschriften, Zigaretten,
Bierflaschen, Bücher und Wolldecken. Auf der alten, wind-
schiefen Kommode vor dem Fenster stand ein Fernseher, in
einer anderen Ecke eine Stereoanlage, auf dem Boden befand sich ein in tausend Teile zerlegter Automotor mit etli-
chem Werkzeug, und an einer quer durchs Zimmer ge-
spannten Schnur hingen zwei riesige Badetücher und andere

Kleidungsstücke zum Trocknen. Die Polizisten bahnten sich einen Weg durch den Dschungel und wühlten etwas in ihren Kleidern herum.

«Ich habe Sie gewarnt», grinste Marcos. «Wären Sie nicht so unvorhergesehen hereingeplatzt, hätten wir etwas aufgeräumt, nicht wahr, Valdir?» Valdir antwortete nicht. Er schielte bloß an das Poster an der Wand und dachte, sie würden als nächstes ihr Versteck mit den Waffen entdecken. Marcos konnte es nicht unterlassen, ein paar faule Sprüche zu klopfen, während die Polizisten das Zimmer durchsuchten.

«Bitte hinterlassen Sie alles so, wie Sie es vorgefunden haben. Ich bin ein ordnungsliebender Mensch. Wenn nicht alles am richtigen Ort ist, verliere ich komplett die Orientierung.»

«Und wenn du so vorlaut weiterredest, nehmen wir dich fest wegen Mißachtung der Behörden», warnte ihn einer der Polizisten. Er stand unmittelbar vor dem Poster, hinter dem sich die Waffen befanden, und Valdir war wie auf Nadeln. Doch sie fanden das Versteck nicht und gaben die Suche schließlich auf.

Nachdem die Polizisten gegangen waren, fragte sie Marcos' Mutter erneut, ob sie auch wirklich nichts mit der Sache zu tun hätten, doch die Burschen versicherten ihr, sie könne unbesorgt sein. Sie würden sich niemals auf eine Schießerei mit der Polizei einlassen. Dann schlüpften sie in ihre Schuhe und verließen eilig das Haus, um die anderen zu warnen. Sobald sie auf die Straße traten, sahen sie, daß das ganze Quartier nur so von Polizisten wimmelte und daß sie sich Haus um Haus vorknöpften.

«Mann, da haben wir ja Schwein gehabt», sagte Marcos, und Valdir meinte: «Du hättest uns beinahe ans Messer geliefert, Idiot!»

Marcos grinste. «Immer cool bleiben, Valdir. Angriff ist die beste Form der Verteidigung.»

«Man kann es auch übertreiben», entgegnete Valdir. Sie nahmen eine Abkürzung und erreichten das Haus von Elton. Seine Tante öffnete und sagte, man hätte ihren Neffen mit auf den Polizeiposten genommen. Dasselbe war mit Felipe geschehen, wie sie später herausfanden, und auch Erik hatten sie verhaftet. Einzig Leandro konnte sich rechtzeitig aus dem Staub machen, weil ihn ein Nachbarjunge gewarnt hatte. An jenem Abend blieben Marcos und Valdir in ihrem Zimmer und sahen sich einen langweiligen Wildwestfilm an, und auch in den darauffolgenden Tagen wagten sie sich nicht groß in die Öffentlichkeit, um sich keine unnötigen Probleme aufzuhalsen.

Die Polizei wurde von Tag zu Tag aggressiver, und die Banden ebenfalls. Fast jeden Morgen lag irgendwo in der Gosse ein Toter, und Valdir versuchte sich einzureden, das sei eben normal. Wer auf einer Insel wohnt, wundert sich nicht, täglich das Meer zu sehen; genausowenig wundert sich jemand, der in einem gewaltgeladenen Gebiet wohnt, darüber, wenn er täglich neue Schreckensgeschichten hört und sieht. Es gehörte eben dazu, beinahe so selbstverständlich wie das tägliche Brot. Die meisten Opfer waren Valdir bekannt, hatten direkt oder indirekt mit Drogen- oder Waffenhandel zu tun oder waren sonst irgendwie in dunkle Geschäfte verwickelt. Ein guter Dieb ist ein toter Dieb, war die weitverbreitete Meinung des Volkes, und Valdir sagte sich, schlechtes Blut müsse eben sterben. Das sei der Lauf der Dinge, eine Art ungeschriebenes Gesetz.

Eines Nachts wachte Valdir auf und hörte in unmittelbarer Nähe mehrere Schüsse. Es schien ein wahrer Krieg ausgebrochen zu sein, man hörte Schritte, erregte Stimmen, laute Rufe, verzweifelte Schreie und Schüsse aus allen Himmelsrichtungen. Valdir hielt sich die Ohren zu und zog sich die Bettdecke über den Kopf. Am nächsten Morgen entdeckte er unweit ihres Hauses auf einem Fußballfeld eine Menschentraube, und als er sich dazugesellte, um zu sehen, was geschehen war, blieb ihm beinahe das Herz stehen. Mitten auf dem Fußballplatz lag die Leiche eines Mannes, von Schüssen durchlöchert wie ein Sieb. Sein Anblick war ekelerregend, seine Haut hatte sich bereits violett gefärbt, und sein Körper war mit eingetrocknetem Blut bedeckt.

Valdir wandte sich angewidert ab. Er kannte den Mann. Er hatte einen Kiosk an der Straßenecke besessen und war von allen in der Umgebung als aufrichtiger, freundlicher Mann geschätzt worden. Er hatte nie jemandem etwas zuleide getan, hatte den Kindern Bonbons geschenkt und mit allen Leuten Späße gemacht.

Warum hatte er sterben müssen? Warum ausgerechnet er? Wer hatte ihn umgebracht? Und was würde aus seinem kleinen Sohn und seiner Frau werden, die schwanger war? Die Leute gingen während des ganzen Tages kopfschüttelnd an der Leiche vorbei, die dort in der prallen Sonne lag. Niemandem wäre es eingefallen, wenigstens ein Leintuch über den Toten zu spannen. Niemand fühlte sich verantwortlich, etwas zu unternehmen, selbst um die Frau des Verstorbenen kümmerte sich niemand, und erst um drei Uhr nachmittags kam der Leichenwagen, um den Körper vom Fußballfeld wegzuräumen. Die Polizei hörte sich etwas in der Nachbarschaft um, doch ernsthafte Nachforschungen stellte sie nicht an, und der Fall wurde schon bald vergessen wie so viele andere Fälle.

Valdir begann sich zu fragen, ob das wirklich das Leben war, das er sich wünschte, und der Ort, an dem er leben wollte. Es gab keine Gerechtigkeit und kein Gesetz, keine Regeln, keine Werte, keine Moral. Die Bewohner waren abgestumpft für die Bedürfnisse der anderen und nur auf ihren eigenen Vorteil bedacht. Nicht einmal ein Menschenleben zählte etwas. Das einzige, was zählte, war das eigene Wohlergehen. Haß, Ehrgeiz, Streit und Eifersucht prägten hier das Leben, und Valdir merkte, wie er ebenfalls in diesen tödlichen Strudel hineingesogen wurde. Es gab kein Entkommen.

Am Rande des Todes

Nachdem Elton, Felipe und Erik verhaftet worden waren, hatte sich bald eine neue Gruppe zusammengewürfelt, und das Leben ging weiter wie bisher: Tanzschuppen, Mädchen, Alkohol und Schlägereien. Viele von ihnen nahmen auch Drogen, doch damit wollte Valdir nichts zu tun haben. Sein bester Freund war nach wie vor Leandro. Mit ihm verstand er sich ausgezeichnet, und häufig zogen die beiden bis zum frühen Morgen durch die Straßen auf der Suche nach einem Abenteuer. Eines Nachts saßen sie an der Bar und unterhielten sich über ihre zahlreichen Auseinandersetzungen mit der Polizei.

«Eine Woche vor meinem achtzehnten Geburtstag kam ich mit meinem Motorrad in eine Polizeikontrolle», erzählte Valdir, «und sie wollten meinen Führerschein sehen, den ich natürlich nie besessen hatte. Ich sagte ihnen, ich hätte ihn zu Hause vergessen, und sie gaben mir fünf Minuten, um ihn zu holen. Ich überlegte mir, wie ich in fünf Minuten einen Führerschein auftreiben sollte, und kam zum Schluß, daß es keinen Sinn hatte, weiter zu lügen. Also versuchte ich es mit Bestechung. Ich sagte, ich würde ihnen 80 Reais geben, wenn sie mich laufen ließen. Zuerst warfen sie mir eine Menge Dinge an den Kopf, einer gab mir sogar einen Fausthieb in den Bauch und sagte, was mir eigentlich einfalle, die Polizei bestechen zu wollen.»

«Laß mich raten», warf Leandro dazwischen, «sie haben die 80 eingesteckt und obendrein noch mehr verlangt.»

«Exakt», bestätigte Valdir. «Sie nahmen das Geld und meinen Ausweis und sagten, wenn ich ihnen nicht bis zum nächsten Tag weitere 50 Reais bezahlen würde, wollten sie nicht nur mein Dokument behalten, sondern warten, bis ich achtzehn wäre, und mich dann ins Gefängnis stecken.»

«Schweine», meinte Leandro verächtlich. «Ich bereue es nicht, daß ich einen von ihnen umgelegt habe.»

«Du hast einen Polizisten umgebracht?»

«Ist schon eine Weile her», sagte Leandro flüchtig. «Ich hatte keine Wahl. Hätte ich nicht geschossen, hätte er mich getötet. Wenn du die Wahl hast, zu töten oder zu sterben, dann überlegst du nicht zweimal.»

Sie verließen die Bar gegen zwei Uhr nachts. Sie hatten alles Geld ausgegeben, und während sie durch die Straßen schlenderten und diskutierten, wie sie um diese Zeit etwas Kleingeld auftreiben sollten, um ein weiteres Lokal aufzusuchen, kam ihnen in der Dunkelheit eine schwankende Gestalt entgegen. Es handelte sich zweifelsohne um einen Betrunkenen, und fast gleichzeitig kam ihnen die Idee, sich den Alten vorzuknöpfen. Gesagt, getan. Sie ließen ihn näher herantorkeln, und als er ihre Höhe erreicht hatte, zog Valdir seinen Revolver.

«Dein Geld, Alter, los!» Der Mann verlor vor Schreck beinahe das Gleichgewicht, stieß einen etwas mißratenen Schrei aus, und bevor er wußte, wie ihm geschah, griff Leandro in seine Hosentaschen und fischte seinen Geldbeutel heraus. Er öffnete ihn, stieß einen Fluch aus und warf ihn dem Alten ins Gesicht.

«Leer. Hat alles Geld versoffen, der Blödmann.» Er versetzte dem Mann einen harten Stoß gegen die Brust, worauf dieser zu Boden fiel. «Laß uns gehen, Valdir. Vielleicht haben wir beim nächsten mehr Glück.» Valdir steckte seine Waffe in den Gurt, trat mit seinem Schuh gegen den Mann am Boden, und ohne große Eile setzten sie ihren Weg fort.

Und dann geschah es. In der Überzeugung, allein auf der Straße zu sein, hatten sie nicht bemerkt, daß sie während ihres Diebstahls beobachtet wurden. Auf einmal standen sie zwei Polizisten mit schußbereiten Revolvern gegenüber. Es blieb ihnen weder Zeit, davonzurennen, noch ihre eigenen Waffen zu ziehen.

«Auf den Boden, los! Hände über den Kopf!» Sie gehorchten, und während der eine seinen Revolver auf sie richtete, nahm ihnen der andere ihre Waffen ab, legte ihnen Handschellen an und nützte die Gelegenheit, ihnen gleich einige Fußtritte zu verabreichen. Er traf Valdir am Mund; der Junge spürte Sand und Blut auf seinen Lippen.

«Pech gehabt, was?» meinte der eine der Polizisten, während der andere mit seinem Funkgerät Hilfe anforderte. Kurz darauf traf ein Streifenwagen mit zwei Polizisten ein, und die Burschen wurden hochgerissen und gezwungen einzusteigen. Eingequetscht zwischen den beiden Polizisten auf dem Rücksitz, die Hände auf dem Rücken gefesselt, wurden sie abtransportiert, und bald merkten sie, daß sie nicht unterwegs aufs nächste Polizeirevier waren, sondern in Richtung Stadtrand. Valdir wurde es mulmig zumute. Was um alles in der Welt hatte das zu bedeuten? Über eine Dreiviertelstunde fuhren sie durch die Nacht. Valdir hatte längst die Orientierung verloren, als sie an einem gottverlassenen Ort mit vielen Bäumen und einer weiten, offenen Fläche anhielten.

«Aussteigen!» Die Hüter des Gesetzes zerrten ihre Gefangenen aus dem Auto, stellten sich im Kreis um die beiden auf, und dann begannen sie sie erbarmungslos zu verprügeln. Anfänglich schrien die Burschen auf, doch mit der Zeit versagte ihnen die Stimme vor Schmerzen. Einer der Polizisten schlug Valdir seinen Gummiknüppel auf den Kopf, und augenblicklich rann ihm Blut über die Stirn. Leandro erhielt einen Fußtritt mitten ins Gesicht, und seine Nase begann zu bluten. Sie droschen auf die beiden ein, bis die körperliche Qual die beiden Opfer beinahe ohnmächtig werden ließ. Dann nahm man ihnen die Handschellen ab.

Valdir spürte seinen ganzen Körper pulsieren. Deswegen hatte man sie also an diesen einsamen Ort gebracht, dachte er. Hier hörte niemand ihre Schreie, hier gab es niemanden, der ihnen zu Hilfe eilen konnte. Hier gab es keine Zeugen.

Einer der Polizisten zerrte ihn hoch und drückte ihm einen Revolver in die Hand. Es war Leandros Waffe.

«Erschieß ihn», sagte er und deutete auf Leandro. Valdir glaubte sich verhört zu haben. «Na los», forderte ihn der Polizist auf, «erschieß deinen Freund! Erschieß ihn!»

Valdir schüttelte entsetzt den Kopf. «Das tu ich nicht!» sagte er und ließ den Revolver zu Boden fallen.

Der Polizist stieß ihm seine Faust in den Bauch, worauf Valdir wie ein Taschenmesser zusammenklappte und in die Knie sank. Doch sogleich wurde er wieder hochgerissen, und der Polizist hielt ihn mit eisernem Griff am Hals fest und flüsterte ihm ins Ohr: «Hör mir zu, du schwarze Ratte. Wenn du nicht tust, was wir dir befehlen, wirst auch *du* sterben. Also entscheide dich!»

Valdir hatte das Gefühl, sein Kopf würde explodieren. Er sah auf seinen Freund, der sich noch immer unter Schmerzen am Boden krümmte, und er erinnerte sich an die Worte, die dieser ihm vor weniger als zwei Stunden gesagt hatte: «Wenn du die Wahl hast, zu töten oder zu sterben, so überlegst du nicht zweimal.»

Er hatte die Wahl. Er hatte die Wahl zwischen Leben und Tod, zwischen dem Tod seines Freundes und seinem eigenen Leben, und er war nicht fähig, eine Entscheidung zu treffen.

Wieder drückte ihm der Polizist den Revolver in die Hand. «Erschieß ihn!»

Valdir schluckte. Seine Hand zitterte. Wenn du die Wahl hast, zu töten oder zu sterben, so überlegst du nicht zweimal. Schweiß rann ihm über die Stirn und vermischte sich mit dem Blut, das in seinem Gesicht klebte. Leandro sah auf, sah direkt in seine Augen, flehend und verzweifelt. Wenn du die Wahl hast... Die Waffe glitt aus Valdirs Hand.

«Töten Sie ihn doch selber!» sagte er, worauf eine schallende Ohrfeige seinen Kopf zur Seite warf. Ein anderer Polizist stieß ihm den Gummiknüppel in die Seite und schleuderte ihn unsanft zu Boden.

Schließlich bückte sich einer der Peiniger und hob Leandros Revolver auf. Er näherte sich Leandro und hielt ihm seinen Gummiknüppel unters Kinn. Leandros Nasenflügel bebten. Angst spiegelte sich in seinen Augen.

«Na, was denkst du? Sollen wir dir eine Chance geben?» Leandro sagte nichts und starrte den Polizisten nur mit großen Augen an.

Der Polizist grinste. «Möchtest du gerne lebend davonkommen?»

Leandro nickte.

«Dann flieh, Junge! Flieh!» Er gab dem jungen Mann einen Stoß mit seinem Stiefel, und Leandro rappelte sich auf und begann zu laufen. Die Polizisten sahen ihm belustigt bei seiner unbeholfenen Flucht zu.

«Lauf schneller!» riefen sie. «Flieh, wenn es dir gelingt! Flieh!»

Nachdem Leandro etwa hundert Meter gelaufen war, fiel der erste Schuß. Die Kugel sauste durch die Luft und traf Leandros Bein. Leandro stürzte, raffte sich erneut auf und humpelte weiter. Der Polizist, der seine Waffe vom Boden aufgehoben hatte, zielte erneut auf den Burschen und drückte ab. Leandro gab keinen Laut von sich, als er zusammensackte und ausgestreckt auf dem weiten Feld liegenblieb. Der Polizist feuerte zwei weitere Schüsse auf ihn ab, und als er das Magazin leergeschossen hatte, warf er Valdir den Revolver zu und meinte grinsend: «Da. Ein Andenken an deinen Freund.»

Die vier traten Valdir ein letztes Mal mit ihren Stiefeln in Bauch und Rücken, dann stiegen sie in ihren Wagen und fuhren davon. Valdir wartete, bis sie verschwunden waren, dann erhob er sich unter Schmerzen und humpelte über das offene Feld zu seinem Freund. Er spürte Tränen in sich aufsteigen, doch er kämpfte dagegen an. Er wollte nicht weinen. Er durfte nicht weinen. Er durfte nicht darüber nachdenken, was soeben vor seinen eigenen Augen geschehen war. Es war zu schrecklich. Sie hatten ihn getötet. Einfach so. Sie hatten ihn abgeknallt wie ein wildes Tier. Sie hatten ihn hingerichtet. Leandro.

«Leandro», murmelte Valdir, während er sich der dunklen Gestalt näherte, die dort unbeweglich auf dem Boden lag. «Leandro! Leandro!» Er kniete sich neben ihm nieder und fuhr ihm übers Haar. Ein kleines schwarzes Loch befand sich in seinem Rücken, und aus mehreren Schußwunden an Armen und Beinen rann Blut. «Leandro», hauchte Valdir verzweifelt. «Leandro! Was haben sie mit dir getan?!» Er stieß einen Schrei aus, starrte mit tränenüberströmten Augen in den sternenklaren Himmel. Ein sanfter Wind strich über seine blutverschmierten Wangen. «Warum hast du das zugelassen, Gott?! Warum?» Er sackte in sich zusammen, warf sich neben Leandro auf den Boden, kratzte mit seinen Fingernägeln die Erde auf und warf sie sich über den Kopf. «Sie haben ihn getötet!» schrie er. «Sie haben ihn getötet!» Er setzte sich wieder auf, vergrub seinen Kopf in den Händen und schluchzte haltlos. Seine Hände zitterten. Sein ganzer Körper schmerzte. Doch der Schmerz in seinem Herzen war weit entsetzlicher. Sie hatten ihn getötet, und sie hatten es mit Genugtuung getan, mit Leandros eigener Waffe, grinsend, ohne zu zögern. Warum hatten sie *ihn* nicht getötet? Warum hatten sie ihn laufenlassen?

«Flieh, Junge, flieh!» hatten sie gerufen, genau wie der Geisterbeschwörer damals vor zehn Jahren. Sein Fluch lastete noch immer auf ihm. Sein Fluch würde ihn überall einholen und ihn zerstören, nicht äußerlich, sondern innerlich, indem er ihm mit einem Lächeln auf den Lippen alles wegnahm, was er besaß, *alles*, bloß nicht sein eigenes Leben. Es wäre besser gewesen, sie hätten ihn auch gleich umgelegt, dachte Valdir, es wäre besser gewesen, sie hätten seinem Alptraum endlich ein Ende gesetzt!

Wie lange er dasaß, neben seinem toten Freund, wußte er nicht. Erst als es zu dämmern begann, zwang er sich aufzustehen und in die Stadt zurückzukehren. Wenn sie ihn hier finden würden, würden sie ihn für den Mörder halten. Schließlich waren seine Fingerabdrücke auf Leandros Waffe. Und wer würde ihm schon glauben, wenn er erzählte, was *wirklich* geschehen war? Wie im Traum schleppte sich Valdir zur nächsten Busstation, doch als er merkte, wie ihn alle Leute angeekelt anstarrten, beschloß er, den Weg zu Fuß zurückzulegen. Und während des gesamten Weges wiederholte sich die Szene in seiner Erinnerung: Hundertmal, tausendmal sah er Leandro aufs offene Feld hinausrennen, sah, wie der Polizist die Waffe hob, kaltblütig abdrückte und wie Leandro lautlos vornüberstürzte.

Die nächsten Tage waren schrecklich. Nachts hatte Valdir Alpträume. Tagsüber lag er nur apathisch im Bett, und wenn Marcos' Mutter seine Wunden versorgte und ihn fragte, was geschehen sei, antwortete er nicht. Nicht einmal Marcos erzählte er, was passiert war, und als sich einige seiner Kumpels nach Leandro erkundigten und Valdir fragten, ob er vielleicht verreist wäre, da er so plötzlich verschwunden war, schüttelte Valdir bloß den Kopf und sagte, er hätte keine Ahnung.

Als seine Wunden einigermaßen verheilt waren, begann er wieder mit Marcos in den Bars herumzuhängen, sich mit Mädchen zu amüsieren und aller Welt vorzugaukeln, es gehe ihm glänzend. Doch innerlich begann er zu verfaulen, langsam, aber unaufhaltsam. Die Leere fraß sich wie eine Säure in seine Seele und wuchs wie ein Geschwür in ihm, bis es so groß war, daß er es nicht mehr länger aushielt.

Etwas mußte geschehen. Und er wußte auch, was. Es gab keine andere Lösung mehr. Er hatte lange genug gewartet. Das Leben hatte keinen Sinn mehr. Er selbst würde ihm ein Ende setzen. Er selbst würde seine Flucht beenden. Endgültig. Was der Fluch des Geisterbeschwörers zehn Jahre lang nicht geschafft hatte, würde er selbst vollziehen: seinen Lebensfaden abreißen.

Sich zu erschießen, dazu fehlte ihm der Mut. Sich die Pulsadern aufschneiden war ihm zu unsicher. Er wollte eine Methode, die garantiert rasch und schmerzlos gelingen würde. Er wählte den Querbalken in ihrem Zimmer, kaufte einen Strick und wartete auf eine günstige Gelegenheit. An einem Wochenende, an dem Marcos' Eltern Verwandte besuchten und Marcos zu einem Fest eingeladen war, beschloß Valdir zu handeln. Er sah sich einen Film im Fernsehen an, trank ein paar Flaschen Bier, und gegen Mitternacht setzte er seinen tragischen Plan in die Tat um. Es gab kein Zurück mehr. Er würde seinem Leben ein Ende setzen, in dieser Nacht, in dieser Stunde, und niemand, *niemand* würde es verhindern – nicht einmal Gott. Er knüpfte eine Schlinge, befestigte das andere Ende des Strickes am Balken, stieg auf einen Stuhl, legte seinen Kopf in die Schlinge, atmete tief durch – mit einem Fußtritt warf er den Stuhl um und ließ sich in die tödliche Schlinge fallen…

Gottes Wunder übersteigen jeglichen Verstand, und hätte Valdir es nicht selbst erlebt, wäre er der allerletzte gewesen, der es geglaubt hätte. Doch es geschah, in jenem Moment, als er den Boden unter den Füßen verlor, in jenem Moment, als der Strick um seinen Hals ihm die Luft abdrückte, in jenem Moment, als sein Körper zwischen Himmel und Erde baumelte, in jenem Moment, als ihn keine fünf Sekunden vom Tod trennten: Der Querbalken gab nach, brach entzwei, und Valdir stürzte zu Boden.

Er hielt sich die Hände um den Hals und rang nach Luft, unfähig zu begreifen, was geschehen war. Er starrte auf den Balken an der Zimmerdecke und konnte es nicht fassen. Wie konnte ein Holzbalken dieser Dicke unter seinem Fliegengewicht entzweibrechen? Das war nicht möglich. Das war schlicht und einfach *nicht möglich*! Das ging nicht mit rechten Dingen zu. Das war nicht normal! Valdir wußte nicht, ob er weinen oder lachen sollte. Noch vor weniger als einer

Minute hatte er sich das Leben nehmen wollen, und alles sprach dafür, daß es hätte klappen müssen. *Er müßte tot sein!* Doch er lebte! *Er lebte!* Und er wußte nicht, ob er darüber wütend oder glücklich sein sollte.

Es war alles so verwirrend, so unbegreiflich, so unlogisch! Da saß er auf dem Boden und starrte auf den Balken über ihm. Niemals hätte sein Gewicht diesen Balken bersten lassen können, *niemals!* Das hatte ein anderer getan, jemand, der an seinem Leben interessiert war, und Valdir überlegte sich, ob dieser Jemand vielleicht Gott war. Aber er verwarf den Gedanken gleich wieder. Warum sollte Gott sich für ihn interessieren? Warum sollte er verhindern wollen, daß er sich umbrachte? Und überhaupt: Was mischte er sich in seine Entscheidungen ein? Es war schließlich *sein* Leben, und er konnte damit tun und lassen, was *er* für richtig hielt!

Ihn packte eine unbeschreibliche Wut auf diesen Gott. Und dann packte ihn eine Wut auf sich selbst, weil nichts, was er sich vornahm, zu klappen schien. Was war bloß falsch in seinem Leben? Was war der Sinn dieses verfluchten Lebens? Und wann würde seine Flucht endlich zu Ende sein? Wann?

Als Marcos am Sonntag zurückkam und den entzweigebrochenen Balken im Zimmer entdeckte, fragte er Valdir, was um alles in der Welt hier vorgefallen sei. Doch Valdir zuckte nur die Achseln und sagte, das wäre ihm auch ein Rätsel. Und das war es ja tatsächlich.

Das Leben in der Favela wurde von Tag zu Tag schwieriger. Die Gewalt schien täglich zuzunehmen, und Valdir wußte, daß das auf die Länge nicht gutgehen würde. Er ließ sich wegen läppischer Kleinigkeiten provozieren und verwickelte sich in zahllose Handgemenge. Eines Abends, als er auf dem Weg nach Hause war, lief ihm Alexandre über den Weg, ein zwanzigjähriger Bursche, mit dem er sich einst wegen eines Mädchens gestritten hatte.

«Hey, Valdir!» rief Alexandre. «Ich dachte, die Mädchen stehen auf dich. Hast du dir heute keine Puppe geangelt?»

«Halt die Klappe», brummte Valdir und ging weiter.

Doch Alexandre heftete sich an seine Fersen und fuhr fort: «Warum so eilig, Junge? Laß uns ein wenig plaudern. Vielleicht kann ich dir ein paar Ratschläge geben.»

«Verzisch dich», sagte Valdir, dem der Störenfried langsam auf die Nerven ging. Er bog in eine düstere Gasse ein, und Alexandre folgte ihm prompt.

«Soll ich dir sagen, was dein Problem ist?» provozierte ihn der Zwanzigjährige. Valdir blieb stehen und sah Alexandre mit lauernden Augen an.

«Was denn?»

«Daß die Mädchen dich im Dunkeln nicht sehen können. Und bis sie deinen Mund zum Küssen gefunden haben, bist du längst eingeschlafen.» Er grinste und wollte eine weitere Bemerkung fallenlassen, doch bevor er dazu kam, hatte ihn Valdir mit der linken Hand am Hals gepackt, ihn gegen die Hausmauer gepreßt und ihm mit der rechten Hand seinen Revolver in den Mund gedrückt.

«Hör mir gut zu», knirschte Valdir und sah ihm in die weit aufgerissenen Augen, «ich habe es nicht gerne, wenn man mich provoziert! Und deshalb werde ich dir jetzt dein Gehirn wegpusten, o.k.?» Alexandres Augen drohten aus ihren Höhlen zu fallen. Nie und nimmer war er auf eine so drastische Reaktion gefaßt gewesen, doch es war ihm klar, daß Valdir keinen Spaß machte. Er hielt zitternd seine Hände in die Höhe und wollte den Achtzehnjährigen um Gnade anflehen, aber die Waffe in seinem Mund hinderte ihn sowohl am Schreien als auch am Sprechen, und Valdir starrte ihn mit einer Entschlossenheit an, die keinen Zweifel aufkommen ließ: Er war ein toter Mann. Verzweiflung lag in Alexandres Gesicht. Er gab ein paar stöhnende Laute von sich, und Valdir drückte mit seiner linken Hand Alexandres Hals zu, während er mit der rechten die Waffe festhielt.

«Bringen wir's hinter uns», sagte er zu sich selbst – doch er drückte nicht ab. Etwas hinderte ihn daran, etwas, was er sich selbst nicht erklären konnte. Er spürte, wie seine Hände leicht zu zittern begannen, und auf einmal ließ er sein Opfer los, versetzte ihm einen Hieb in den Bauch und rief mit bebender Stimme: «Hau ab! Und versuch nie mehr, den Großen zu spielen!»

Alexandre ergriff Hals über Kopf die Flucht, ohne sich auch nur ein einziges Mal umzudrehen. Valdir blieb im Dunkeln stehen, steckte den Revolver in den Gurt zurück und verstand nicht, was mit ihm los war. Warum hatte er nicht abgedrückt? Er hatte das Gefühl, seine Beine seien aus Teig. Er hatte das Gefühl, als würde sich die Welt um ihn herum drehen, als wäre er betrunken oder stünde unter Drogeneinwirkung, obwohl weder das eine noch das andere der Fall war. Was war bloß los mit ihm? War er am Ende völlig durchgedreht? Er hätte beinahe einen Menschen erschossen! Wegen einer banalen Provokation! Wie konnte dies bloß geschehen? Wie konnte er bloß derart außer Kontrolle geraten? Es machte ihm angst zu sehen, an welchen Punkt er gelangt war. Er hatte es auf die Spitze getrieben. Und er wußte, daß es Zeit war, die Bremse anzuziehen, höchste Zeit.

Die Erpressung

«Ich ziehe aus.» Marcos' Mutter hörte auf, in dem Topf mit den Bohnen herumzurühren und sah Valdir kritisch an.

«Du ziehst aus? Wohin?»

«Zu meinem Vater», sagte Valdir.

«Ich dachte, ihr hättet Streit.»

«Wir haben uns ausgesprochen. Er sagte, es wäre o. k.»

«Hmm», machte die Mutter. «Und wann gedenkst du zu gehen?»

«Noch heute.»

«Du willst ausziehen, Junge?» Die Stimme kam von Marcos' Vater, der mit einer Bierflasche auf dem Sofa saß und Fernsehen guckte. «Gefällt es dir nicht bei uns?»

«Ich kann nicht länger bleiben», erklärte Valdir ausweichend.

«Ist es, weil ich trinke? Ja?»

Valdir sagte nichts. Er wollte nicht am letzten Tag nochmals Streit anfangen. Daß er sich nicht mit Marcos' Vater verstand, war kein Geheimnis. Der Mann wußte den ganzen Tag nichts anderes zu tun, als zu trinken und seine Frau zu schlagen – genau wie damals sein Vater, und Valdir hatte ihm deswegen schon mehrmals beinahe die Zähne ausgeschlagen und ihm einmal sogar gedroht, ihn umzubringen. Ihr Verhältnis war wirklich ziemlich mies, und Valdir hatte nicht die Absicht, dies ausgerechnet jetzt noch in Ordnung zu bringen, zumal der Mann ohnehin etwas angeheitert war, und das mittags um ein Uhr. Marcos' Vater winkte ihn zu sich herüber und bedeutete ihm, er solle Platz nehmen.

«Hör zu, Valdir. Ich möchte nicht, daß du mich haßt, bloß weil ich dich an deinen Vater erinnere. Im Gegenteil.» Valdir verdrehte gelangweilt die Augen, und der Mann nahm einen Schluck aus der Bierflasche. «Ich trinke, das ist wahr. Und ich möchte nicht, daß du eines Tages so endest wie ich. Verstehst du?» Valdir wollte aufstehen, doch der Mann zog ihn aufs Sofa zurück und sah ihn mit seinen wäßrigen, roten Augen mahnend an. «Ich habe mein Leben gelebt, ich habe nichts mehr zu verlieren. Aber du, Valdir» – er deutete mit seinem Zeigefinger auf Valdirs Gesicht – «du hast dein ganzes Leben noch vor dir. Mach was draus. Laß dich nicht von der Masse in den Schlamassel ziehen, in den ich mich habe ziehen lassen. Sei anders als die andern, verstehst du? Sei anders!»

Valdir verstand nicht, warum ihm Marcos' Vater dies sagte, doch es kam ihm so vor, als wären es nicht seine Worte, und sie brannten sich augenblicklich in seinem Gedächtnis ein. Sei anders! Ja, das wollte er sein. Er wußte zwar nicht wie, doch er wollte es versuchen. Um in einer Welt wie dieser zu überleben, mußte man anders sein, und Valdir wußte, daß es genau das war, wonach er suchte: nach einer Veränderung in seinem Leben, wie auch immer diese Veränderung aussehen mochte.

Er packte seine wenigen Habseligkeiten in seine Reisetasche, warf sie sich über die Schulter und ging, ohne zu wissen wohin. Daß er mit seinem Vater gesprochen hätte und bei ihm wohnen könnte, hatte er bloß als Alibi gebraucht, um nicht mehr in dieser Favela wohnen zu müssen. In Wirklichkeit hatte er überhaupt nichts mit seinem Vater vereinbart, geschweige denn die Möglichkeit in Betracht gezogen, zu ihm zurückzukehren. Statt dessen beschloß er spontan, zu seinem älteren Bruder zu gehen. Wagner war inzwischen zwanzig, hatte geheiratet und war bereits Vater von zwei kleinen Kindern. Er war ziemlich überrascht, als Valdir so unerwartet bei ihm auftauchte.

«Hallo, Bruder», begrüßte ihn Valdir mit umgehängter Reisetasche. «Lange her, seit wir uns das letzte Mal gesehen haben.»

«Valdir!» stieß Wagner aus. «Mann, was tust du hier? Komm rein!» Er führte Valdir ins Haus. Es war ein bescheidenes Heim, aber geschmackvoll eingerichtet. Das einzige, was auf dem Boden herumlag, war Kinderspielzeug. Wagner bot Valdir einen Sessel an.

«Setz dich. Möchtest du etwas trinken?» Valdir nickte, und Wagner brachte zwei Gläser Orangensaft.

«Ich nehme an, dein Besuch hat seinen Grund.»

Valdir nahm einen Schluck Orangensaft und nickte.

«Du steckst in Schwierigkeiten, was?» Wieder nickte Valdir.

«Erzähl.»

Valdir schilderte seinem Bruder in kurzen Worten die Situation in der Favela und fragte ihn, ob er für diese Nacht bei ihm schlafen könne. «Nur für eine Nacht», sagte er. «Morgen such ich mir ein Zimmer.»

«Kein Problem, Bruder», erklärte sich Wagner sofort einverstanden. «Mein Haus ist dein Haus. Du kannst im Kinderzimmer schlafen.»

«Danke», murmelte Valdir. «Du weißt nicht, was das für mich bedeutet. Ich hoffe, deine Frau hat nichts dagegen.»

«Ach wo», winkte Wagner lächelnd ab. «Irene wird sich freuen, dich kennenzulernen.» Er warf einen Blick auf seine Armbanduhr. «Sie müßte nächstens heimkommen. Sie singt im Kirchenchor mit. Wenn du bis Sonntag bleiben würdest, könntest du mit uns zum Gottesdienst gehen. Der Chor singt jeden Sonntag in der Kirche.»

Valdir runzelte die Stirn. «Sag bloß, du bist jetzt auch fromm geworden.»

Wagner lachte. «Damit hättest du nicht gerechnet, was? Tatsache, Bruderherz. Ich bin Christ geworden. Erinnerst du dich, wie ich vor Vaters Freundin ausgespuckt habe, an dem Tag, als wir zu Vater zogen? Oder daran, wie ich mit dem Küchenmesser auf Vater losging und ihn umbringen wollte? Ich war echt rebellisch. Doch das ist Vergangenheit. Der alte Wagner ist gestorben. Jesus Christus hat einen neuen Menschen aus mir gemacht.»

Valdir wußte nicht, was er davon halten sollte. «Hat Vater dich mit diesem religiösen Tick angesteckt?»

«Jesus ist keine Religion», sagte Wagner. «Religion ist der mißlungene Versuch der Menschen, sich einen Weg zu Gott zu erarbeiten. Doch Jesus ist der Weg, den Gott zum Menschen gebahnt hat, der einzige, der wahrhaftige. Niemand kommt zum Vater außer durch *ihn*.»

Valdir schüttelte den Kopf. «Du redest genau wie Vanessa. Die hat mir auch immer den Kopf mit diesem Jesus vollgequasselt. Ich bin sogar mit ihr zur Kirche gegangen, brav und anständig. Und was hat das gebracht? Nichts.»

«Du kannst ein Leben lang zur Kirche gehen, ohne daß sich auch nur das Geringste in deinem Leben verändert», sagte Wagner. «Jesus ist es, der dein Leben verändert, nicht die Kirche. Jesus liebt dich, Valdir. Und er kann einen völlig neuen Menschen aus dir machen, sofern du es zuläßt.»

Valdir winkte ab. «Hör zu, Wagner. Ich habe kein Interesse an diesem Jesus. Das ist nicht mein Ding, o.k.? Es ist schön, daß Jesus dir einen Lebenssinn gegeben hat. Für dich mag das richtig sein. Aber jeder muß nun mal selbst seinen Weg finden.»

«Es gibt Wege, die dem Menschen gut scheinen», murmelte Wagner und sah seinen Bruder direkt an, «und zum Schluß münden sie in den Tod.» Valdir zuckte bei diesen Worten kaum merklich zusammen. Unwillkürlich dachte er an Leandro, sah ihn über das offene Feld davonhumpeln, das Grinsen der Polizisten im Nacken, die ihm zuriefen: «Flieh, Junge, flieh!» Er hörte die Kugeln, die die Stille der Nacht zerrissen und Leandro zu Boden warfen. Es gab kein Entkommen. Es gibt Wege, die dem Menschen gut scheinen, und zum Schluß münden sie in den Tod. Es kam Valdir so vor, als wären dies nicht die Worte seines Bruders. Zum zweiten Mal an diesem Tag hatte er das seltsame Gefühl, als würde jemand anders zu ihm reden, jemand, der genau wußte, was in ihm vorging, jemand, der ihn besser zu kennen schien als er sich selbst. Doch dann sagte er sich, daß er wohl ganz einfach übermüdet war und sich das alles nur einbildete.

Sie diskutierten noch eine Weile über Gott und Jesus, dann zeigte Wagner seinem Bruder das Zimmer, wo er für diese Nacht schlafen konnte. Natürlich blieb es nicht bei der einen Nacht. Valdir blieb über drei Wochen bei Wagner, bis er zum Schluß kam, daß dies nicht der geeignete Ort für ihn war. Nicht nur, daß er es satt hatte, sich jeden Tag anzuhören, er bräuchte Jesus in seinem Leben. Es war auch schlicht nicht genügend Platz für alle da, und Valdir entschloß sich, eine andere Wohnmöglichkeit zu suchen, um Wagner und seiner Familie nicht mehr länger zur Last zu fallen. Wagner schlug ihm vor, zu ihrem Vater zu ziehen, doch Valdir meinte, das könne er sich gleich aus dem Kopf schlagen. Vater und er, das wäre noch nie gutgegangen.

Er versuchte es bei seiner Schwester Valeria. Valeria hatte ebenfalls geheiratet und war im sechsten Monat schwanger. Sie und ihr Mann wohnten im Haus seiner Mutter, und nach einigen Bedenken erklärten sich die drei einverstanden, Valdir für eine Zeit bei sich aufzunehmen. Doch es ging nicht gut. Valdir lag den ganzen Tag nur auf der faulen Haut herum, und in kürzester Zeit gab es deswegen Streit. Eines Abends, in einer heftigen Diskussion, drohte Valdir dem Mann seiner Schwester, ein paar Typen aufzutreiben, um ihn umzubringen. Somit war das Maß voll, und sie erklärten ihm, er könne seine Siebensachen zusammenpacken und gehen.

Jetzt gab es nur noch einen Menschen, an den sich Valdir wenden konnte, obwohl sich alles in ihm dagegen sträubte, von dieser letzten Möglichkeit Gebrauch zu machen. Aber er sah keinen anderen Ausweg, und so machte er sich auf zum Haus seines Vaters. Auf der gesamten Busfahrt nach Guarulhos überlegte er, wie er seinem Vater begegnen sollte und wie sein Vater ihn wohl empfangen würde nach allem, was in den vergangenen knapp zwei Jahren zwischen ihnen geschehen war. Er fand es beschämend, sich eingestehen zu müssen, daß er es alleine nicht geschafft hatte und daß er nun einzig und allein von der Gunst seines Vaters abhing. Es war demütigend, fremde Hilfe in Anspruch zu nehmen, vor allem von jemandem wie seinem Vater. Es war ein Zeichen von Schwäche und Unterlegenheit, und diese Tatsache war Valdir unerträglich. Beinahe hätte er auf halbem Weg kehrtgemacht, doch dann nahm er all seinen Mut zusammen und ging weiter. Was würde sein Vater sagen? Bestimmt würde er ihm tausend Vorwürfe machen, weil er den Kontakt damals so abrupt abgebrochen hatte. Vielleicht würde er ihn auch gleich zum Teufel jagen. Wie auch immer sein Vater reagieren würde, Valdir fürchtete sich vor ihrem Zusammentreffen. Wenn zwei Dickschädel wie sie aufeinanderstießen, gab es Probleme, das war vorauszusehen. Und Valdir haßte Probleme.

Erstaunlicherweise verlief ihre Begegnung angenehmer, als Valdir befürchtet hatte. Sein Vater machte ihm keine Vorwürfe, er sagte nur: «Ich habe gebetet, daß du zurückkommst. Willkommen zu Hause, mein Sohn.»

Ein paar Tage ging alles gut. Doch dann begannen dieselben Schwierigkeiten wie bei seinen Geschwistern, und schließlich packte Valdir sein Bündel und erklärte seinem Vater, er würde gehen.

«Wohin willst du gehen, Valdir?»

«Auf die Straße», entgegnete Valdir trocken.

«Valdir, die Straße ist kein Ort für dich.»

«Es gibt keinen anderen Ort für mich.»

«Sei vernünftig, Valdir», sagte sein Vater und hielt ihn am Arm fest. «Such dir eine Arbeit, Junge. Kremple deine Ärmel hoch und *tu* etwas! Du weißt besser als ich, daß dir die Straße kein Leben bieten kann.»

«Das laß mal meine Sorge sein.»

«Valdir! Warum hast du dein Herz so verhärtet? Warum läßt du nicht Gott dein Leben verändern?»

Valdir löste sich vom Griff seines Vaters und öffnete die Tür.

«Behalte deinen Gott für dich selbst!» Damit trat er ins Freie, und ohne sich von seinem Vater zu verabschieden, schlug er die Tür hinter sich zu und eilte davon. Ratschläge geben, darin waren sie gut, die Leute, doch wenn es darum ging, ihm zu helfen, dann krümmte niemand einen Finger! Sollten sie sich doch ihre Ratschläge für einen anderen aufheben! Sollten sie doch ihren Gott einem Dümmeren verkaufen! Er brauchte niemanden, der ihm sagte, welchen Weg er einschlagen sollte! Er brauchte niemanden, um sein Leben zu regeln! Er würde sein Leben selbst regeln! Er würde allen beweisen, wozu er fähig war!

Er nahm einen Bus Richtung Stadtzentrum, schlenderte unschlüssig durch die Straßen und hielt Ausschau nach ihm bekannten Gesichtern. Doch er fand niemanden. Die Zeiten hatten sich geändert, und die Jugendlichen auch. Er kaufte sich einen Hot dog und eine Coca-Cola von dem wenigen Geld, das er bei sich hatte, setzte sich auf eine Parkbank und beobachtete das Treiben auf der Straße. Es war ein komisches Gefühl, nach so vielen Jahren zurück zu sein. Er kam sich fremd und einsam vor, und als die ersten Schatten sich über die Hochhäuser legten, wurde ihm seine Situation zum ersten Mal so richtig bewußt:

Er war zurück auf der Straße.

Es fröstelte ihn bei dieser Erkenntnis, obwohl er die Entscheidung, auf die Straße zurückzukehren, ja selbst getroffen hatte. Doch jetzt, wo er sich mit der Realität konfrontiert sah, machte sie ihm auf einmal angst. Er war schließlich nicht mehr der niedliche, kleine Junge, der die Leute mit seinen großen, treuherzigen Augen um den Finger wickeln konnte. Er war ein achtzehnjähriger, rebellischer Bursche mit finsterem Blick, den jeder unweigerlich für einen Dieb oder Drogenhändler halten mußte.

Die erste Nacht verbrachte er auf einer Parkbank, die er mit einem Straßenmädchen teilte, das er kennengelernt hatte. Am nächsten Tag versuchte er, sich etwas Geld zu erbetteln, doch die Leute waren zu mißtrauisch.

«Ein Bursche deiner Größe hat es noch nötig zu betteln?» sagte ein Mann mit Krawatte abschätzig, als ihn Valdir um ein paar Münzen bat.

«Betteln ist immer noch besser als stehlen», entgegnete Valdir gereizt.

«Warum versuchst du's nicht mit arbeiten?»

«Wenn Sie mir eine Arbeit geben…» Der Mann schüttelte den Kopf und ging weiter. Valdir rief ein paar Fluchworte hinter ihm her. Er merkte, daß die Dinge nicht mehr so einfach waren wie früher. Die Umstände hatten sich geändert – nur sein knurrender Magen war derselbe geblieben. Es ging bereits auf zwölf Uhr zu, und er hatte noch nichts zwischen die Zähne gekriegt. Er fragte in einer Bar, ob sie ihm etwas zu essen geben würden, und die Frau an der Theke sagte ihm, die katholische Kirche hätte in der Nähe ein Lokal, wo man duschen, seine Kleider waschen und gratis essen könne. Sie gab ihm die Adresse, und Valdir ging hin.

Am Eingang hing eine Gruppe Jugendlicher herum. Man warf ihm feindselige Blicke zu. Er tat, als würde er ihre Blicke nicht beachten, und trat ein. Hinter einem kleinen Schreibtisch saß eine Frau und notierte sich Valdirs Namen. Dann wurde er von einem großen, kräftigen Mann in Uniform nach Drogen und Waffen abgetastet und in den Eßsaal geschickt, der sich im ersten Stock befand. Erneut wurde er von allen Seiten gemustert, als er sich in die Reihe stellte, um sein Essen zu fassen. Es befanden sich vielleicht vierzig Jugendliche in dem schlecht belüfteten Saal.

«Hey, Neginho! Hat dich deine Mami ausgesetzt?»

Valdir sah sich um. An einem der Tische saß eine Gruppe von sieben Burschen verschiedenen Alters, die ihn angrinsten. Ihr Wortführer war ein großer, dunkelhäutiger Bursche mit kahlrasiertem Kopf und einem häßlich vernarbten Gesicht. Er trug ein ärmelloses schwarzes T-Shirt mit einem Totenkopf, aus dessen Nase und Augenhöhlen Schlangen züngelten.

«Deine Mami hat vergessen, dir deinen Schnuller mitzugeben!» grinste er, und seine Truppe grinste ebenfalls.

«Laß dich von denen nicht provozieren», flüsterte ihm jemand von hinten ins Ohr, «die wollen dich bloß testen.» Doch Valdir haßte es, provoziert zu werden. Er ließ das Tablett stehen, tat ein paar Schritte auf die Gruppe zu und sagte: «Wenn ihr scharf auf eine Prügelei seid, braucht ihr es bloß zu sagen.»

«Paß auf, Neginho», antwortete einer aus der Gruppe, «1000 Volt hat schon ganz andere umgelegt.»

«Wenn du mich damit beeindrucken willst, bist du an den Falschen geraten.» Er nahm sein Tablett, ließ sich den Teller mit Reis, Bohnen und Hühnerbeinchen füllen und suchte sich einen leeren Tisch.

«Wir sprechen uns noch, Neginho», rief der Wortführer, den sie «1000 Volt» nannten, über die Tische zu ihm hinüber. Valdir tat, als hätte er seine Warnung überhört, und begann die warme Mahlzeit hastig in sich hineinzustopfen.

«Du bist neu hier, was?» Es war dieselbe Stimme, die ihm eine Minute zuvor ins Ohr geflüstert hatte, er solle sich nicht von den Typen provozieren lassen. Valdir sah hoch und blickte in das bleiche Gesicht eines etwa vierzehnjährigen Jungen mit filzigem Haar und Sommersprossen. Ohne ihn um Erlaubnis zu bitten, setzte dieser sich ihm gegenüber.

«Tiago», stellte sich der Junge ungefragt vor. «Und du?»

«Valdir», brummte Valdir ohne großes Interesse.

«Weißt du, warum sie ihn ‹1000 Volt› nennen?» plauderte Tiago weiter. «Er ist in die Stromleitung der Eisenbahn gekommen und wäre beinahe draufgegangen. Daß er den Unfall überlebt hat, ist ein Wunder, doch nicht von dem da oben, sondern von dem da unten, wenn du verstehst, was ich meine. Sie sagen, er hätte einen Pakt mit dem Teufel geschlossen.»

«Hmm», tat Valdir bloß, während er Reis und Bohnen in sich hineinschaufelte, als hätte er seit Monaten nichts mehr gegessen.

«Wenn ich du wäre, würde ich auf der Hut sein», warnte ihn Tiago. «Mit 1000 Volt ist nicht zu spaßen. Er und seine Truppe haben hier das Sagen. Und wer es wagt, sich ihnen in die Quere zu stellen, kriegt Probleme, ernsthafte Probleme.»

Valdir hielt inne und sah den Jungen an. «Hör zu, Kleiner. Kümmere dich um dein eigenes Leben. Ich kann mich selbst verteidigen, o. k.?»

«Ist ja gut», winkte Tiago beleidigt ab und erhob sich, «wollte dir bloß einen Tip geben.»

Valdir schielte unauffällig zu 1000 Volt und seiner Gruppe hinüber und sah, wie sie miteinander tuschelten. Es lag etwas in der Luft, das wußte er aus Erfahrung. Nachdem er fertiggegessen hatte, suchte er die Toilette auf. Und dort knöpften sie sich ihn vor. Sie waren so schnell über ihm, daß Valdir keine Chance hatte, sich gegen sie zu wehren. Einer packte seinen Kopf und drückte ihn in den kleinen Trog unterhalb des Spiegels, ein anderer hielt ihm die Hände auf den Rücken, und ein dritter heftete sich an seine Beine. Das häßlich entstellte Gesicht von 1000 Volt kam dicht an seines heran und grinste.

«Hör mir gut zu, Neginho», sagte er. «Übermorgen wirst du uns ein paar Scheine abliefern, o. k.? Wie du das Geld auftreibst, ist mir ehrlich gesagt egal. Dümmer ist, wenn du es *nicht* auftreibst, denn dann werden wir dich so lange verprügeln, bis du tot bist. Alles klar?» Sie zerrten ihn hoch, und einer der Gruppe versetzte ihm einen Faustschlag ins Gesicht. Sie schleuderten ihn gegen die Abtrennung der Toiletten, gaben ihm ein paar kräftige Fußtritte, und dann zogen sie ab.

«Übermorgen, Neginho. Denk dran!» Valdir rappelte sich auf und betastete mit der Hand vorsichtig seine Nase. Sie blutete. Er betrachtete sein Gesicht im Spiegel an der Wand und wischte sich das Blut mit einem feuchten Lappen ab. Da war er ja in ein tolles Wespennest getreten. Es war ihm klar, daß mit den Typen nicht zu spaßen war. Und wenn er ihnen übermorgen kein Geld geben würde, waren sie tatsächlich fähig, ihn totzuschlagen, daran gab es keinen Zweifel.

Was sollte er tun? Er könnte ganz einfach verschwinden und sich nie mehr hier blicken lassen. Doch früher oder später würden sie ihn finden, denn Typen wie 1000 Volt hatten ihre Informanten. Was also sollte er tun? Ihnen das Geld auftreiben? Sich ihnen unterwerfen wie ein Hund? Nein, das war nicht seine Art. Valdir hatte sich noch nie jemandem unterworfen, und er würde es auch diesmal nicht tun. Wenn sie glaubten, bloß weil sie länger auf der Straße lebten, hätten sie Macht über sein Leben, so täuschten sie sich gewaltig.

Er würde den Spieß umdrehen. *Er* würde sie das Fürchten lehren und ihnen zeigen, mit wem sie es zu tun hatten und daß es sich nicht lohnte, sich mit ihm auf einen Streit einzulassen. Übermorgen sollte er ihnen das Geld geben? Darauf konnten sie lange warten! Valdir ballte entschlossen die Faust. «Sei anders!» hatte ihm Marcos' Vater gesagt. Und genau das würde er sein. Anders als alle andern, die diese Typen bereits vor ihm erpreßt hatten. Sollten sie doch kommen, um ihn zu verprügeln. Er war bereit zu kämpfen.

Specht

Sie fingen ihn bereits vor dem Eingang ab.

«Und, Neginho, wo hast du unser Geld?»

«Geld? Wenn du Geld brauchst, dann besorg's dir doch selber!»

Die Gruppe zog den Kreis um Valdir enger, und 1000 Volt spuckte vor ihm auf den Boden.

«Hör zu, du kleiner, dreckiger Schwarzer. Du weißt wohl nicht, mit wem du es zu tun hast. *Wir* geben hier das Kommando!»

«Das könnte sich leicht ändern», entgegnete Valdir mutig

und fing gleichzeitig einen Faustschlag in den Magen ein. 1000 Volt ging zum Angriff über, doch Valdir ebenfalls, und die zwei stürzten zu Boden. Neugierige wurden angelockt und beobachteten aus sicherem Abstand gespannt, wie sich dieser Kampf entwickeln würde. Daß sich jemand mit 1000 Volt einließ, hatte es noch nie gegeben. Einige Jungs versuchten, Valdir von ihrem Boß zu trennen, aber auf einmal gewann Valdir die Oberhand und hielt seinen Revolver an 1000 Volts Hals. Automatisch traten alle einen Schritt zurück. 1000 Volt atmete heftig, rührte sich jedoch nicht vom Fleck.

«Na, was denkst du», keuchte Valdir, «auf eine Narbe mehr oder weniger kommt es auch nicht mehr an.» 1000 Volt schluckte und sah Valdir mit weit aufgerissenen Augen an.

«Du bist verrückt! Willst du mich umbringen?»

«Angst?» Valdir fühlte sich gut in seiner Rolle. «Ich dachte, 1000 Volt kennt keine Furcht. Es wird Zeit, daß du dich pensionieren läßt. Ich sagte dir doch: Leg dich nicht mit mir an!» Er grinste, ließ sein Opfer los und steckte den Revolver in den Gurt zurück. 1000 Volt raffte sich auf, unterließ es aber, Valdir erneut anzugreifen, und begnügte sich damit, ihn zu bedrohen: «Das letzte Wort ist noch nicht gesprochen!»

Er gab seiner Bande mit dem Kopf ein Zeichen, und sie zogen sich wortlos zurück, während einige Jungs faule Sprüche hinter ihnen herriefen. Valdir spürte die Hochachtung in den Blicken der Jugendlichen, die sich die Szene angesehen hatten. Niemand wagte es, sich ihm zu nähern oder ihn auch nur anzusprechen. Er hatte auf einmal etwas Mysteriöses an sich, und als er sich entfernte, hörte er, wie die Jugendlichen leise zu diskutieren begannen. Daß es jemand gewagt hatte, 1000 Volt mit einem Revolver zu bedrohen, war sensationell.

Valdir hatte sich noch keine hundert Meter entfernt, als ihm jemand auf die Schulter tippte. Als er sich umdrehte, sah er sich dem Jungen mit den Sommersprossen und dem filzigen Haar gegenüber, der sich vor zwei Tagen zu ihm an den Tisch gesetzt hatte.

«Mann, heute hast du dir aber Respekt verschafft», stellte Tiago bewundernd fest. «Wurde langsam Zeit, daß jemand den Mut aufbrachte, 1000 Volt vom Thron zu stoßen. Bloß eines mußt du wissen: Er wird sich nicht so leicht geschlagen geben. Er wird zurückkommen, und dann wirst du alleine keine große Chance gegen ihn haben.»

«So», sagte Valdir nur. «Meinst du.»

«Ich könnte dich mit zwei Freunden bekanntmachen», fuhr Tiago fort. «Die brennen nur so darauf, 1000 Volt eins auszuwischen. Wir könnten uns zusammentun.»

«Und was sind das für Freunde? Gehen sie noch in den Kindergarten wie du?»

«Ich bin fünfzehn, mein Lieber!» sagte Tiago beleidigt. «Und ich bin besser informiert über Geldtransporte und Lohnauszahlungen als die Firmen und Banken selber! Ich könnte dir sehr nützlich sein, wenn du dich für diese Art von Geschäft interessierst.»

Valdir nickte zufrieden. «Na bitte. Jetzt kommen wir der Sache langsam näher. Und deine Freunde?»

«Von der feinsten Sorte», erklärte Tiago. «So wie ich dich einschätze, nach dem, was ich vorhin gesehen habe, dürfte es genau das sein, wonach du suchst. Soll ich dir unser Versteck zeigen?»

Valdir war einverstanden. Das Versteck war eine Kartonburg hinter einem vergitterten Abhang unter einer Brücke. Und Tiagos Freunde waren tatsächlich ganz nach Valdirs Geschmack: zwei abgehärtete Burschen, die vor nichts zurückschreckten und mit Waffen umzugehen wußten. Der eine der beiden hieß José, wurde aber von allen nur «Narbe» genannt wegen einer tiefen Narbe über seiner rechten Gesichtshälfte, die von einem Streit stammte. Er war siebzehn Jahre alt, mittelgroß, schlank und hatte tiefsitzende, wachsame Augen. Der andere war achtzehn und stellte sich als

«Ratte» vor. Er hatte sich diesen Namen zugezogen, weil ihm vor zehn Jahren Ratten sein rechtes Ohr angeknabbert hatten, als er sich in einem Tunnel schlafen gelegt hatte. Er war groß und kräftig, und seine Hautfarbe war so schwarz wie die Nacht.

«Leute, das ist Valdir, der Negão», stellte Tiago seinen neuen Freund vor, «der es in aller Öffentlichkeit gewagt hat, 1000 Volt bloßzustellen. Da habt ihr was verpaßt, sag ich euch!»

«Du hast 1000 Volt bloßgestellt?» zweifelte Ratte.

«Er hat ihn in die Flucht gejagt!» antwortete Tiago an seiner Stelle. «Es war spektakulär!»

«Wenn das so ist», meinte Narbe anerkennend und streckte Valdir die Hand entgegen, «dann gehörst du zu uns, Negão.»

Die Nachricht, daß jemand 1000 Volt eingeschüchtert hatte, verbreitete sich wie ein Lauffeuer, und alle wußten, daß sich 1000 Volt dafür rächen würde. Doch bevor sich dazu die Gelegenheit ergab, wurde er bei einem Überfall verhaftet und kam ins Jugendgefängnis. Valdir wurde unterdessen immer bekannter in der Gegend und genoß einen Ruf als einer, der rasche Überfälle durchführte. Bald kannte man ihn nicht mehr unter seinem richtigen Namen, sondern nur noch unter dem Spitznamen «Specht». Denn so rasch wie ein Specht seinen Schnabel gegen einen Baumstamm hämmert, so rasch schlug Valdir zu, wenn er mit seiner Bande jemanden überfiel, und in kürzester Zeit wurde Valdir wegen seiner Gewandtheit, Furchtlosigkeit und seiner natürlichen Autorität zum Chef der Bande ernannt.

Er freundete sich auch mit einem Mädchen an, das er auf der Straße kennengelernt hatte. Sie hieß Marcia, war siebzehn Jahre alt und das hübscheste Mädchen, das ihm je begegnet war. Alles an ihr war perfekt: ihre Figur, ihre goldbraune Haut, ihr pechschwarzes, langes Haar, ihre dunklen Augen, ihre Gangart, ihr Lächeln. Sie war eines von jenen

Mädchen, von denen man nur träumen konnte, und Valdir fand, das Leben könne nicht schöner sein. Endlich hatte er erreicht, wonach er sich so lange gesehnt hatte: Er war Chef einer Bande, hatte alle Macht, die er sich wünschte, war gefürchtet und geachtet von den Mitgliedern seiner Gruppe und bekannt in der kriminellen Szene als einer, der mit seiner Waffe umzugehen wußte. Er besaß das Monopol für seine Überfälle auf mehreren Straßen und Plätzen der Stadt, und von dem vielen Geld, das sie sich dabei verdienten, mietete sich Valdir ein Hotelzimmer, in das er sich jederzeit mit seiner Freundin zurückziehen konnte. Tiago, Narbe und Ratte leisteten eine vorzügliche Arbeit und waren immer bestens informiert über Tag und Uhrzeit einer größeren Geldauslieferung.

Mit der Zeit schlossen sich andere Typen der Bande an, doch die wenigsten blieben lange, denn Valdir verbot allen Mitgliedern seiner Gruppe, Drogen zu nehmen.

«Wer von euch Drogen nimmt, wird rausgeschmissen», erklärte er schlicht. «Drogen rauben euch nicht nur den Verstand, sondern bringen euch ins Grab. Ich weiß, wovon ich spreche, Leute. Ich habe schon einige an einer Überdosis verrecken sehen. Wer in meiner Gruppe bleiben will, braucht einen klaren Kopf, Kontrolle über sein Leben. Wer Drogen nehmen will, kann dies jederzeit tun, aber nicht in meiner Bande.»

Die Jugendlichen wußten, daß Valdir recht hatte, und Tiago, Narbe, Ratte sowie zwei, drei andere Jungs folgten seinem Beispiel und hielten sich von Drogen fern. Und ihre Disziplin machte sich bezahlt, im wahrsten Sinne des Wortes. Oftmals ließ Valdir seine Leute den Überfall alleine durchführen und wartete im Hotel auf die Beute. Die Hälfte des geraubten Geldes steckte er jeweils für sich ein, die andere Hälfte teilten die Mitglieder gerecht unter sich auf. Einmal gab es deswegen beinahe Streit, als Valdir 2500 der 5000 erbeuteten Reais für sich absahnte.

«Die Hälfte für dich, ohne einen Finger zu krümmen», murrte ein sechzehnjähriger Junge, der erst zwei Wochen bei der Bande war. «Nennst du das Gerechtigkeit?»

Valdir wandte sich ihm zu und knurrte unmißverständlich: «Kannst ja austreten, wenn es dir nicht paßt. Solange *ich* hier Chef bin, bestimme *ich* die Regeln, o.k.?»

Der Junge wagte nicht zu widersprechen. Valdir hatte Autorität, eine unantastbare Macht, die er allein durch seine Worte oder den Ausdruck seiner Augen innehatte. Und alle wußten, daß er es nicht duldete, wenn sich jemand über seine Meinung hinwegsetzte oder gar versuchte, seine Position einzunehmen. *Er* war der Boß, und was er beschloß, wurde durchgezogen. Da gab es nichts zu diskutieren.

Eines Morgens, als Valdir in seinem Hotelzimmer vor sich hindöste, nachdem er die halbe Nacht in der Bar verbracht hatte, klopfte es an die Tür.

«Wer ist da?»

«Die Polizei!» hörte er eine ihm wohlbekannte, weibliche Stimme. «Mach schon auf, Schlafmütze! Ich hab uns was zum Frühstück besorgt.» Valdir schlurfte zur Tür und öffnete. Seine Freundin trat ein und wedelte verheißungsvoll mit einer Tüte, und der Duft nach Parfüm und frischen Brötchen erfüllte die Luft. Er schlang von hinten seine Arme um Marcia und küßte sie auf den Hals.

«Laß uns das Frühstück auf später verschieben», raunte er ihr ins Ohr und zog sie mit sich zum Bett. Sie kicherte, legte die Tüte mit den Brötchen auf den Tisch und ließ sich von ihm in den Zauber der Liebe einhüllen.

«Hab ich dir schon gesagt, daß ich dich liebe?» fragte Valdir, während er das Mädchen zu sich hinzog. Sie küßten sich lange.

«Ich möchte ein Kind von dir», sagte Marcia plötzlich, und augenblicklich kehrten Valdirs Sinne in die Wirklichkeit zurück. Er löste sich aus ihrer Umarmung und setzte sich auf.

«Du bist verrückt», meinte er. «Wozu willst du ein Kind in diese Welt setzen? Damit es dasselbe durchmacht, das ich durchgemacht habe? Damit es auf der Straße groß wird?»

Marcia nahm seinen Arm und schmiegte sich an ihn. «Wir könnten uns eine Arbeit suchen», schlug sie vor, «eine anständige, meine ich.»

«Vergiß es», winkte Valdir ab. «Wenn du ein Kind willst, such dir einen andern. Ich will kein Kind, und damit basta.»

«Und wenn es schon geschehen ist?»

Valdir zuckte zusammen und sah seine Freundin ungläubig an. «Was willst du damit sagen?»

Sie richtete sich auf und blickte ihn mit einem breiten Lächeln an. «Ich bin schwanger, Valdir.»

Valdir starrte sie erschrocken an. Er konnte nicht glauben, was sie ihm da offenbarte.

«Das ist nicht wahr», murmelte er entsetzt und schüttelte den Kopf. «Sag, daß das nicht wahr ist.»

Marcia zuckte die Achseln, als wolle sie damit sagen, es täte ihr ja leid, aber es sei nun mal passiert. «Freust du dich nicht?»

Valdir erhob sich und begann nervös im Zimmer umherzugehen. «Das soll wohl ein Scherz sein, Marcia. Sag, daß das ein Scherz ist!»

«Valdir. Was soll daran so schlimm sein? Wir können uns eine Arbeit suchen, und alles wird gut.»

Valdir blieb stehen und machte ein paar energische Handbewegungen. «Alles wird gut, ja? Wo lebst du eigentlich, auf dem Mond?»

«Valdir, beruhige dich.»

«Beruhigen? Wie soll ich mich beruhigen? Sieh dir unser Leben an! Ist das ein Umfeld, um ein Kind großzuziehen?»

«Ich dachte immer, du würdest dir eine Familie wünschen.»

«Eine hübsche Familie, die wir da gründen! Einwandfrei. Wie im Bilderbuch!» Er stieß ein paar Fluchwörter aus und warf die Tüte mit den Brötchen vom Tisch. So nervös hatte Marcia ihn noch nie gesehen.

«Valdir, ich...»

«Brauchst gar nichts mehr zu sagen», schnitt ihr Valdir das Wort ab. «Sonst dreh ich völlig durch.»

Sein Atem ging heftig, und er schritt im Zimmer auf und ab wie ein Panther im Käfig. Er konnte es nicht fassen. Marcia schwanger. Das war zuviel. Das war eine Situation, mit der er nie im Leben gerechnet hätte und mit der umzugehen er sich unfähig fühlte. Am liebsten hätte er alles kurz und klein geschlagen, um seinen Gefühlen irgendwie Luft zu verschaffen, doch dann klopfte es an die Tür.

«Wer ist da?»

«Wir sind es, Specht.»

«Kommt rein, die Tür ist nicht abgesperrt.»

Narbe und Ratte traten ein. Sie merkten gleich, daß etwas nicht in Ordnung war.

«Irgendein Problem, Specht?»

«Ich wüßte nicht welches», antwortete Valdir, indem er Marcia einen vielsagenden Blick zuwarf. «Was gibt's?»

«Wir haben einen heißen Tip bekommen», begann Ratte. «In einer Woche ist Lohnauszahlung bei IBM. Wenn wir uns gut vorbereiten, liegen da einige Scheinchen drin. Wir brauchen bloß ein paar Tage zu beobachten, wer welchen Arbeitsweg zurücklegt, um den einen oder andern Lohnempfänger zur rechten Zeit am richtigen Ort abzupassen.»

«Perfekt», meinte Valdir. «Laßt uns die Sache durchziehen.»

In den nächsten Tagen hielten sie sich nur noch vor dem hohen IBM-Gebäude auf und beobachteten die Leute, die dort ein und aus gingen. Innerhalb kürzester Zeit hatten sie sich zwei Opfer ausgesucht, die sie am Tag der Lohnauszahlung zu überfallen gedachten: einen sportlichen jungen Mann Mitte dreißig, der jeden Tag gegen fünf Uhr das Gebäude verließ, zur nächsten Metrostation ging und dort nicht wie alle andern die Rolltreppe nahm, sondern die Treppe benutzte. Und einen älteren, rundlichen Herrn um die fünfzig, der jeweils pünktlich um halb sechs zur Glastür herauskam und eine kurze Strecke bis zu einem öffentlichen Parkplatz zurücklegte, wo er sein Auto abgestellt hatte. Zwei leichte Opfer. Zuerst ging alles rund: Sie folgten dem jungen Mann zur Metrostation, und als er wie gewöhnlich die Treppe nahm, überholte ihn Valdir, drehte sich um und hielt ihm seinen Revolver vors Gesicht, während ihn Tiago, Narbe und Ratte von hinten und von beiden Seiten einkeilten, damit er nicht fliehen konnte.

«Dein Geld, los!» Der junge Mann brachte keinen Laut heraus, als sie ihm seine Aktentasche abnahmen und ihn nach seiner Brieftasche durchsuchten. Narbe versetzte ihm einen Fußtritt, worauf er das Gleichgewicht verlor und die Treppe hinunterstürzte, während die vier Burschen das Weite suchten. Der Überfall hatte sich gelohnt: In wenigen Sekunden hatten sie über 3000 Reais erbeutet, wie sie einige Minuten später feststellten. Sie waren mehr als zufrieden mit ihrem Fang. Valdir steckte das Geld ein und warf einen Blick auf seine Uhr.

«O.k., Jungs. Laßt uns zum Parkplatz gehen und auf den andern warten.» Es war zehn nach fünf, als sie sich auf der dem Parkplatz gegenüberliegenden Straßenseite an eine besprayte Mauer lehnten, nochmals das geraubte Geld durchzählten und ein paar Zigaretten rauchten, um die Wartezeit zu verkürzen. Der Wächter des Parkplatzes warf ihnen einen kritischen Blick zu und verschwand in seinem Häuschen, doch die Burschen waren so aufgedreht wegen des geglückten Überfalls, daß sie ihm keine große Beachtung schenkten.

Und dann kam er, pünktlich auf die Minute, und Valdir gab seinen Leuten ein Zeichen. Tiago und Narbe näherten sich ihm von hinten, Specht und Ratte von vorne, und als der ältere Herr sich dessen bewußt wurde, daß sie es auf ihn abgesehen hatten, war es bereits zu spät zur Flucht.

«Los, Alter, rück dein Geld rüber!» knirschte Ratte, während ihm Specht seine Waffe an den Hals hielt. Der eingeschüchterte Mann hatte keine andere Wahl und zog mit zitternden Händen seine Brieftasche hervor.

«So ist brav!» grinste Valdir, während Ratte dem Opfer das Geld abnahm. Er steckte seinen Revolver wieder unter sein T-Shirt zurück. «Und jetzt mach 'ne Fliege.» Im selben Moment, in dem sie sich von dem Mann entfernten, quietschten Autoreifen, das Geräusch von aussteigenden Leuten war zu hören, und ehe sie sich's versahen, blickten sie in die Mündungen zahlreicher Waffen.

«Hände hinter den Kopf! Polizei!» Valdir schielte zu dem Wächter des Parkplatzes hinüber und kombinierte augenblicklich, doch leider zu spät. Ihm blieb wenig Zeit, sich über seine Unbedachtsamkeit zu ärgern, denn die acht Polizisten nahmen ihnen ihre Waffen, Dokumente und das gestohlene Geld ab und begannen mit ihren Gummiknüppeln erbarmungslos auf sie einzudreschen.

«Wer ist der Anführer?» fragte einer der Polizisten Tiago. Tiago weigerte sich zu antworten, worauf er eine schallende Ohrfeige einfing, daß ihm das Blut aus der Nase schoß.

«Wer ist der Anführer?» wiederholte der Polizist seine Frage, und Tiago deutete auf Valdir. Zwei Polizisten packten Valdir an den Armen, richteten ihn auf, und der Kommandant, ein knochiger Mann mit scharfen, kleinen Augen, stieß ihm die Faust in den Bauch, worauf Valdir zusammenklappte und für einen Augenblick keine Luft mehr kriegte. Der Kommandant hielt ihm seinen Gummiknüppel unters Gesicht.

«Wie ist dein Name?»

«Valdir.»

«Alter?»

Valdir wußte, daß es keinen Wert hatte zu lügen, da sie ihm seinen Ausweis abgenommen hatten.

«Achtzehn», antwortete er wahrheitsgetreu.

Der Mann hielt ihm ein Bündel Banknoten unter die Nase.

«Eine Menge Geld, die ihr euch da unter den Nagel gerissen habt, Valdir. Bewaffneter Überfall. Ich könnte dich dafür für einige Jahre hinter Gitter bringen. Oder noch besser: Ich bringe dich ins Gefängnis und sage, du hättest ein Mädchen vergewaltigt. Na, wie findest du das?»

Valdir sagte nichts. Er wußte, was mit denen geschah, die wegen Vergewaltigung ins Gefängnis kamen: Sie wurden ebenfalls vergewaltigt und dann umgebracht. Als Vergewaltiger ins Gefängnis zu kommen war einem Todesurteil gleich. Der Kommandant lächelte ihn an.

«Nein, ich glaube, ich habe eine bessere Idee.» Er näherte sich seinem Gesicht und sah ihn mit seinen kleinen, scharfen Augen finster an. «Ich nehme an, ihr habt Übung in eurem Geschäft. Wer 3000 Reais auf einen Schlag macht, ist nicht auf den Kopf gefallen. Ich mache dir deshalb einen Vorschlag, Valdir: Wir lassen euch laufen, und dafür teilt ihr mit uns die Beute. Ich rede nicht nur von den heutigen 3000, wenn du verstehst, was ich meine. Ab heute gilt: die eine Hälfte für uns, die andere Hälfte für euch.»

«Ihr könnt mich mal!» antwortete Valdir, worauf ihm der Kommandant einen weiteren Fausthieb in den Magen versetzte, der ihm beinahe die Sinne raubte.

«Die Frage ist nicht, ob du damit einverstanden bist, mein Bester», erklärte er ihm lächelnd, «die Frage ist, ob du ins Gefängnis kommen willst oder nicht. Denn sollte es dir einfallen, uns übers Ohr zu hauen, werde ich dich ganz einfach festnehmen, dir eine Menge Verbrechen anhängen und dich für den Rest deines Lebens einlochen. Es liegt ganz in deiner Hand, wie du deine Zukunft gestalten willst.»

Er tätschelte ihm die Wange, dann wies er seine Männer an, den Burschen ihre Dokumente wieder auszuhändigen. Die Polizisten zogen sich zurück. Valdir hob seinen Ausweis vom Boden auf und fluchte vor sich hin. Ihre Beute mit diesen abgebrühten Polizisten zu teilen, das hatte ihm gerade noch gefehlt! Und das Schlimme daran war, daß er keine andere Wahl hatte!

Als er an diesem Abend ins Hotelzimmer zurückkam, wartete Marcia bereits auf ihn. Sie sah ihn mit großen, schuldbewußten Augen an.

«Ich muß dir etwas beichten», sagte sie und biß sich auf die Lippen. Valdir war noch so wütend von der Auseinandersetzung mit der Polizei, daß er sie keines Blickes würdigte und geradewegs auf den Tisch zusteuerte, wo eine angefangene Bierflasche stand.

«Wenn du mir den Tag noch mehr versauen willst, bitte, ich höre.» Er nahm die Flasche und leerte sie in einem Zug.

Marcia trat auf ihn zu und strich ihm sanft über die Schulter. «Ich hab dich angelogen. Ich bin nicht schwanger.»

Valdir stellte die Flasche auf den Tisch, sah seine Freundin einige Sekunden ausdruckslos an und gab ihr dann eine schallende Ohrfeige.

«Das war die dümmste Lüge, die du je erfunden hast!» rief er aufgebracht, während sich Marcia erschrocken die Wange festhielt und stammelte: «Ich… ich wollte doch nur… ich wollte dich nicht verlieren!»

«Dann überleg dir das nächste Mal besser, was du sagst!»

Sie streckte ihre Hand nach ihm aus, aber er wich ihr aus. «Geh mir aus dem Weg!»

«Valdir, ich…»

«Hau ab! Laß mich allein!»

Sie merkte, daß Valdir es ernst meinte, und zog sich aus dem Zimmer zurück. Valdir setzte sich aufs Bett, stützte den Kopf in die Hände und brütete heftig atmend vor sich hin. Er hatte die Kontrolle verloren. Er merkte, daß ihm das Ganze über den Kopf wachsen würde. Bandenchef zu sein war gut, aber es gab Momente, wo er seine Position verfluchte. Ganz so wunderbar, wie es die ersten Monate den Anschein gemacht hatte, war sein Leben doch nicht. Etwas ging schief, gründlich schief, und Valdir hatte den Eindruck, als hätte jemand eine Zeitbombe an seinen Hals gehängt, die leise vor sich hin tickte und jederzeit explodieren konnte.

Die Nacht der Entscheidung

Marcia faßte Valdirs Hand und legte sie sich auf die Wange. Sie sah ihren Freund beunruhigt an.

«Wer ist ‹1000 Volt›?»

«Niemand. Zerbrich dir nicht den Kopf darüber. Es lohnt sich nicht.»

«Ich will es aber wissen! Wer ist er? Woher kennst du ihn?»

«Vergiß es.»

«Du hast mir versprochen, nichts aus deinem Leben zu verheimlichen. Ich habe ein Recht darauf, zu wissen...»

«Er ist mein Feind, und ich habe ehrlich gesagt keine Lust, ihm zu begegnen, genügt dir das?» Valdir zog seine Hand energisch zurück und sah Marcia mit einem unmißverständlichen Blick an, was soviel bedeutete wie: keine weiteren Fragen. Es war der 12. März 1996. Noch vor wenigen Augenblicken hatten die beiden im flimmernden Licht einer Diskothek zum dröhnenden Rhythmus der Musik ihre Körper geschwungen, sich umarmt, geküßt, gelacht, getrunken und die Welt um sich herum vergessen. Und jetzt standen sie vor der «Drachenbar», und Valdir versuchte die Nachricht zu verdauen, die ihm Narbe soeben überbracht hatte: 1000 Volt war aus dem Gefängnis geflohen und hinter ihm her. Es war vor wenigen Monaten gewesen, daß Valdir ihm seinen Revolver an den Hals gehalten und ihn in die Flucht geschlagen hatte. «Das letzte Wort ist noch nicht gesprochen», hatte 1000 Volt damals gesagt. Und wie es schien, war er zurückgekommen, um das letzte Wort zu sprechen. Valdir schauderte bei diesem Gedanken.

«Du fürchtest dich vor ihm, was?» bohrte Marcia weiter.

«Laß mich in Frieden!» entgegnete Valdir gereizt und begann die Straße entlangzugehen. Marcia folgte ihm und heftete sich an sein Hemd.

«Warum nennen sie ihn ‹1000 Volt›?»

«Hör endlich auf damit, ja? Ich muß nachdenken!»

«Mann, bist du heute schlecht drauf!» brummte das Mädchen. Für einen Augenblick sprachen sie nicht mehr miteinander. Und dann kamen sie an jene Kreuzung, wo das Unerwartete geschah: ob es Zufall war, oder ob sie ihn schon eine Weile beobachtet hatten, war schwer zu beurteilen. Sie tauchten aus dem Nichts auf und waren plötzlich da, einer auf jeder Seite, und preßten ihn und seine Freundin mit vorgehaltenen Revolvern gegen die Mauer. Es ging alles so schnell, daß Specht nicht einmal Zeit hatte, seine eigene Waffe zu ziehen, und ehe er etwas dagegen unternehmen konnte, hatten sie ihm seine Waffe bereits entwendet und ihrem Anführer überreicht.

Marcia unterdrückte einen Schrei. Specht stockte der Atem. Eine leise Ahnung stieg in ihm auf, und sein Verdacht bestätigte sich wenige Sekunden darauf, als er in das ihm wohlbekannte häßliche Gesicht seines Feindes blickte. Trotz der Dunkelheit spürte Specht den Haß, der in den Augen des anderen flackerte, wie ein Feuer, das direkt aus der Hölle gespeist wird.

«So sieht man sich wieder», sagte 1000 Volt. «Damit hast du wohl nicht gerechnet, was, Neginho?» Er spuckte vor ihm auf den Boden. «Hab gehört, hast dir einen neuen Namen zugelegt. Specht, der Superschnelle.»

Ein mitleidiges Lächeln umspielte seine Lippen. «Diesmal war ich ein wenig schneller als du, wie in guten, alten Zeiten.»

«Was willst du von mir?»

«Kannst du dir das nicht denken?» 1000 Volt trat näher an ihn heran und grinste ihm ins Gesicht. «Die Sache ist ganz einfach: Gib mir zurück, was du mir genommen hast!»

«Ich hab dir nichts genommen!»

«Ach nein? Und was ist mit all den Straßen und Plätzen, die du mit deiner Truppe dominierst? Gehörte alles *mir*, bevor du es dir unter den Nagel gerissen hast.»

«Na und? Die Zeiten ändern sich. Ist nicht meine Schuld, daß sie dich in die *febem* gesteckt haben. Such dir ein anderes Gebiet.»

«Du scheinst nicht zu kapieren, Neginho. Ich bin nicht scharf auf ein anderes Gebiet. Ich will *mein* Gebiet! Oder um es genauer auszudrücken: Ich will mein Gebiet für *mich allein*! Und deshalb rate ich dir dringend, 'ne Fliege zu machen und noch heute nacht aus meinem Gebiet zu verschwinden, wenn du verstehst, was ich meine.»

Er nahm Spechts Revolver und zielte damit auf dessen Stirn. Specht schien trotz der Schwüle dieser Nacht das Blut in den Adern zu gefrieren. «Ich könnte dich natürlich auch gleich erledigen, obendrein mit deiner eigenen Waffe. Würde aussehen wie Selbstmord. Originelle Idee, findest du nicht?» Er grinste selbstzufrieden und kostete seine Macht in vollen Zügen aus. Er genoß es sichtlich, seine Opfer mit seinem makabren Humor zu quälen und die nackte Angst in ihren Gesichtern geschrieben zu sehen. Und wahrscheinlich hätte er sein grausames Spielchen noch einige Minuten in die Länge gezogen, wäre nicht exakt in diesem Moment ein Polizeiwagen in die Straße eingebogen. In Sekundenschnelle ließen 1000 Volt und seine zwei Helfer ihre Waffen unter den T-Shirts verschwinden.

«Diese Nacht wirst du nicht überleben, Neginho!» war das letzte, was 1000 Volt Specht ins Ohr flüsterte, bevor er sich mit seinen beiden Helfern möglichst unauffällig aus dem Staub machte.

«Diese Nacht wirst du nicht überleben, Neginho!» Die Worte hallten in Valdirs Erinnerung wider. Er hörte sie so deutlich, daß ihn fröstelte. Es war halb zwei Uhr nachts, und Valdir saß mit seiner Freundin auf der Treppe eines Hauseingangs, den Revolver griffbereit unter dem Hemd versteckt. Marcia legte ihre Hand auf sein linkes Bein, und er faßte ihre Hand und hielt sie fest, als wäre es das einzige, woran er sich klammern konnte, während es in seinen Ohren dröhnte:

«Diese Nacht wirst du nicht überleben, Neginho!»

Marcia sah besorgt zu ihm hoch. «Was willst du jetzt tun?» fragte sie.

«Ich werde auf ihn warten», sagte Valdir. «Ich werde ihn umbringen.»

Marcia schüttelte den Kopf.

«Valdir!» sagte sie verzweifelt, und Tränen traten in ihre Augen. «Er wird *dich* umbringen! Du mußt fliehen! Flieh, Valdir, flieh! Bevor es zu spät ist!» Sie begann zu weinen und schmiegte sich an ihren Freund. «Ich habe Angst, Valdir.»

Valdir antwortete nichts. Er wollte ihr nicht eingestehen, daß er ebenfalls Angst hatte. Ja, er hatte Angst; der furchtlose, hartgesottene Valdir hatte Angst, panische Angst, denn er wußte, daß diese Nacht seine letzte sein konnte. Es war im Grunde eigenartig. Er hatte in seinem Leben schon so oft dem Tod ins Auge geblickt, er hatte gesehen, wie Leute gefühllos abgeknallt wurden, hatte gesehen, wie junge Menschen an einer Überdosis starben, ja, er hatte sich sogar selbst einmal umbringen wollen! Wovor also fürchtete er sich? Warum war er nicht fähig, sich dem Tod erneut zu stellen? Was spielte es schon für eine Rolle, ob er diese Nacht überlebte? Sein Leben war ohnehin ein einziger Leerlauf!

Er dachte zurück an die vergangenen Wochen. Seit die Polizei die Hälfte jedes Überfalls für sich absahnte, war das Leben von Tag zu Tag schwieriger geworden. Es gab kein Entkommen. Auf die eine oder andere Weise erfuhr die Polizei immer, wann wieder ein Überfall stattgefunden hatte, wie groß die Beute ausgefallen war und ob Valdirs Bande dahintersteckte. Und wenige Stunden später standen sie vor der Tür und forderten ihren Anteil, und das Geld, das Valdir und seiner Bande blieb, zerrann ihnen zwischen den Fingern wie Sand.

Valdir merkte, daß die Dinge sich nicht so entwickelten, wie er sich das vorgestellt hatte. Das Leben, das er lebte, ergab keinen Sinn mehr! Etwas mußte geschehen, doch er wußte nicht, was. Er wollte aussteigen, doch er wußte nicht wie. Sein Leben war eine einzige Katastrophe, die sich von Tag zu Tag, von Stunde zu Stunde, von Minute zu Minute verschlimmerte, ein Zeitzünder, der sich mit rasanter Geschwindigkeit dem Zeitpunkt der Explosion näherte, und er wußte nicht, womit er es verhindern sollte. Noch nie in seinem Leben hatte er sich so hoffnungslos verloren, noch nie hatte er sich der Hölle näher gefühlt! Er wollte um Hilfe schreien, doch er wußte, daß ihn niemand hören würde. Es gab keine Hilfe.

«Flieh, Junge, flieh!» hatte der Geisterbeschwörer vor zehn Jahren hinter ihm hergerufen. «Du wirst nicht weit kommen! Die Götter werden dich einholen und dir deine Tat tausendfach zurückbezahlen! Die Heiligen, die du zerbrochen hast, werden dich bestrafen, das schwör ich dir!» Valdir war überzeugt, daß ihn die Götter in dieser Nacht einholen würden. 1000 Volt war ihr Bote, der Todesbote, den ihm der Teufel selbst auf die Fersen heftete, um ihn umzubringen.

«Diese Nacht wirst du nicht überleben, Neginho!» Valdir sah seine kleinen, bösen Augen vor sich, spürte seinen heißen Atem an seinem Ohr, als er ihm diese Worte zugeflüstert hatte, mit einer Entschlußkraft, die keinen Zweifel daran aufkommen ließ, daß er seine Worte in die Tat umsetzen würde, daß er seinen Auftrag ausführen würde, präzise und ohne mit der Wimper zu zucken. 1000 Volt war kein Mensch, er war ein Tier, ein höllisches Tier, getrieben von Rache und Blutgier, gelenkt von den Mächten der Finsternis, aus deren Hand sich niemand retten konnte. Valdir hatte das Gefühl, als würden sie ihn bereits langsam mit ihren dunklen Fäden einwickeln, wie eine Spinne ihre Beute einwickelt, um sie dann mit ihrem giftigen Biß zu töten und auszusaugen. Es schauderte ihn bis ins Innerste, wenn er daran dachte, daß ihn 1000 Volt finden würde. Marcia hatte recht, er mußte fliehen, denn 1000 Volt würde ihn finden, davon war Valdir überzeugt. Doch seine Beine waren wie aus Blei. Er war unfähig, sich von der Stelle zu rühren.

«Diese Nacht wirst du nicht überleben, Neginho!» Die Worte wiederholten sich hundertfach in seinem Kopf und brachten ihn beinahe um den Verstand. Marcia hielt seine Hand fest, und ihre Tränen befeuchteten sein blaues, sauberes Hemd, das er sich heute extra angezogen hatte, um mit ihr auszugehen.

«Du mußt etwas tun, Valdir!» flehte ihn seine Freundin an und zerrte ihn am Arm. «Du kannst hier nicht sitzenbleiben und auf deinen Tod warten! Valdir! Das ist Wahnsinn!» Doch Valdir rührte sich nicht von der Stelle und starrte nur ausdruckslos vor sich hin. Es schien, als hätte er jeglichen Lebenswillen verloren.

Am Ende der Straße tauchte ein Menschengrüppchen auf. Augenblicklich zuckte Marcia zusammen.

«Sie kommen!» flüsterte sie ängstlich. «Valdir! Steh auf! Sie kommen, um dich zu erschießen!» Valdir reagierte nicht, und Marcia drehte beinahe durch. «Valdir!!!» Sie warf sich ihm an die Brust und schluchzte verzweifelt. «Du darfst nicht sterben, Valdir! Bitte! Bleib nicht hier sitzen! Ich flehe dich an!»

Das Grüppchen schritt immer weiter auf sie zu, und je näher es kam, desto mulmiger wurde den beiden zumute. Stimmen waren zu hören, doch es schienen nicht die düsteren Stimmen ihrer Verfolger zu sein. Aber wer um Himmels Willen sollte sich nachts um halb zwei auf der Straße her-

220

umtreiben, wenn nicht 1000 Volt und seine Bande? Die Gestalten traten ins Licht einer Straßenlaterne, und Valdir und Marcia erkannten ein paar Männer und Frauen, die keineswegs in diese düstere Umgebung hineinpaßten. Es waren weder Bettler noch Betrunkene noch sonstige schräge Vögel, die sich normalerweise um diese Uhrzeit auf den Straßen befanden. Es schienen ganz normale Leute zu sein, wie man sie täglich in der Stadt antrifft, und es war Valdir und Marcia ein Rätsel, was diese Menschen zu dieser späten Stunde hier verloren hatten. Ein etwa dreißigjähriger Mann löste sich aus der Gruppe und trat direkt auf die beiden Jugendlichen zu.

«Hallo!» begrüßte er sie unverhofft. «Möchtet ihr vielleicht eine Suppe?» Er deutete auf einen großen Topf, den zwei der Männer trugen, und Valdir dachte, diese Leute seien wohl völlig übergeschnappt. Mitten in der Nacht Suppe verteilen, das war doch eher ungewöhnlich.

«Nein danke», winkte Valdir ab, und Marcia schüttelte ebenfalls den Kopf. Sie hatten weiß Gott keine Lust auf Suppe, wo sie sich innerlich darauf einstellten, in den nächsten Stunden ein Duell auf Leben und Tod auszufechten. Der Mann wandte sich Valdir zu.

«Wie heißt du?»

«Valdir.»

«Darf ich dich etwas fragen, Valdir?»

«Was denn?»

«Wie stellst du dir deine Zukunft vor?» Valdir zuckte zusammen. Die Frage traf unweigerlich ins Schwarze! Warum stellte ihm dieser wildfremde Mann ausgerechnet diese Frage? Was wußte er schon von seinem Leben? Und davon, daß er einen Revolver unter seinem Hemd trug, um in dieser Nacht seinen Feind umzubringen oder selbst von einer Kugel durchlöchert zu werden? Was wußte dieser Mann schon davon, daß seine Zukunft von dieser einen Nacht abhing?

«Wie ich mir meine Zukunft vorstelle?» wiederholte Valdir und versuchte, möglichst ruhig zu wirken. «Nun, ich möchte eine Familie gründen, möchte Kinder haben, möchte ihnen ein guter Vater sein, ihnen Geborgenheit geben und sie mit Liebe großziehen.»

«Und wie willst du das erreichen?» warf der Mann dazwischen. «Auf der Straße?»

Valdir zuckte die Achseln. «Hören Sie. Ich kenne Sie nicht, und ich weiß nicht, was Sie das eigentlich angeht. Aber da Sie mich schon nach meiner Zukunft fragen, will ich Ihnen eines sagen: Mit meiner Vergangenheit lohnt es sich nicht, über die Zukunft nachzudenken.»

«Warum nicht?»

«Wenn ich Ihnen erzählen würde, was ich in meinem Leben schon alles durchgemacht habe, würden Ihnen die Haare zu Berge stehen. Mein Vater hat mich davongejagt, als ich neun war. Meine Mutter ist gestorben, und ich habe es erst zwei Jahre nach ihrem Tod erfahren. Die Polizei hat mich schon so oft grün und blau geschlagen, daß ich aufgehört habe zu zählen. Und da kommen Sie mitten in der Nacht mit Ihrer komischen Gruppe daher, bieten mir eine Suppe an und fragen mich nach meinen Zukunftsplänen. Irgendwie unpassend, finden Sie nicht?»

Der Mann lächelte und stellte dann eine Frage, die nicht den geringsten Zusammenhang hatte zu dem, was Valdir ihm soeben erzählt hatte.

«Hast du schon einmal von Robin Hood gehört?»

«Robin Hood?» Die Frage brachte Valdir völlig aus dem Konzept.

«Ja, Robin Hood. Was weißt du von ihm?»

«Nun, das war doch der Typ, der den Armen geholfen hat, richtig?»

Der Mann lächelte wieder und wechselte erneut das Thema.

«Was weißt du von Jesus?»

«Jesus?» wiederholte Valdir verwirrt. Allein dieser Name löste eine Kette von Erinnerungen in ihm aus, gemischte Gefühle, die er nicht richtig einzuordnen vermochte. «Man sagte mir, Jesus wäre für mich am Kreuz gestorben. Doch das glaube ich nicht. Denn wäre dieser Jesus wirklich für mich gestorben, dann würde ich jetzt kaum auf der Straße leben.»

«Jesus möchte nicht, daß du auf der Straße lebst», sagte der Mann. «Er hat einen wunderbaren Plan für dein Leben.» Er sah Valdir an, und obwohl sein Gesicht im Schatten der Straßenlaterne lag, spürte Valdir die Liebe, die aus seinen Augen strahlte, als er sagte: «Jesus liebt dich, Valdir. Das ist der Unterschied zwischen Robin Hood und ihm. Robin Hood hat wohl den Armen geholfen, doch dein Leben kann er nicht verändern. Aber Jesus kann es. Und wenn du ihm vertraust, wird er dich zu einem völlig neuen Menschen machen.»

«Das sagen Sie so leicht», entgegnete Valdir. «Sie wissen ja nicht, in welcher Lage ich mich zur Zeit befinde. Während Sie mit Ihrer Gruppe Suppe verteilen, gibt es jemanden, der in der Dunkelheit mit einem Revolver auf mich lauert, um mich noch diese Nacht zu erschießen. *Das* ist meine Realität.»

Weshalb er diesem Mann das erzählte, wußte Valdir selbst nicht so genau, doch er merkte, wie es ihn beeindruckte. «Eine tolle Situation, was? Wissen Sie, was mir mein Feind vor weniger als zwei Stunden ins Ohr flüsterte? ‹Diese Nacht wirst du nicht überleben, Neginho!› Und jetzt sagen Sie mir bloß, daß Jesus mir da heraushelfen kann.»

«Er kann es», antwortete der Mann ohne zu zögern und mit einer Überzeugungskraft, die Valdir verblüffte. «Oder glaubst du, es ist Zufall, daß wir genau heute nacht hier vorbeikamen? Es gibt tausend Straßen in São Paulo, wo wir Suppe verteilen können. Doch Jesus hat uns hierher geführt, zu *dir*. Glaubst du, Jesus wüßte nicht, in welcher Situation du dich befindest? Er kennt dich! Er weiß, was du durchmachst.

Er weiß, daß diese Nacht jemand beabsichtigt, dich zu erschießen. Und er hat uns vorbeigeschickt, um dir einen Rettungsring zuzuwerfen und dir zu sagen: Jesus ist die einzige Lösung für deine Probleme! Er liebt dich. Er liebt dich so sehr, daß er sein Leben für dich gegeben hat, damit du frei werden kannst. Dies ist die Nacht der Entscheidung, Valdir. Vielleicht hat Jesus schon oft an deine Herzenstür geklopft, und du hast ihm nicht aufgetan. Doch er ist hier, in diesem Augenblick. Und er klopft an, Valdir. Er möchte in dein Herz einziehen, er möchte dein Leben verändern. Und ich kann nicht glauben, daß Gott dir diese Nacht seine Hand entgegenstreckt, damit du gerettet wirst, um Augenblicke später von einer Kugel getroffen zu werden. Er will dich retten, um etwas Großartiges aus dir zu machen. Du brauchst ihm bloß dein Ja zu geben, Valdir.»

Valdir spürte, wie ihm heiß wurde. Die Worte dieses Mannes trafen ihn. Sie durchbrachen die ganze harte Schale, die er all die Jahre wie einen schützenden Panzer um sich gelegt hatte, um unverletzlich und unantastbar zu sein. Sie trafen ihn mitten ins Herz. Das waren nicht die Worte eines Menschen, das war Gott selbst, der zu ihm redete. Valdir wußte, daß jedes dieser Worte hundertprozentig auf ihn zutraf. Ja, Jesus hatte tatsächlich schon so oft bei ihm angeklopft, durch seine Großeltern, durch seine Freundin Vanessa, durch seinen Vater, seinen Bruder. Und er hatte nie etwas davon wissen wollen. Er hatte gedacht, er würde sein Leben selbst meistern, er hatte gedacht, er bräuchte diesen Jesus nicht. Und dabei war er immer tiefer in den Dreck gesunken und hatte sich sogar eingebildet, er könne sich selbst wieder heraushelfen. Sie hatten ihn gewarnt, alle hatten ihn gewarnt, doch er hatte nicht auf sie hören wollen. Unzählige Chancen hatte er verspielt, unzählige Male hatte Gott ihm seine Hilfe angeboten, und er hatte es vorgezogen, seine Probleme selbst zu lösen. Wie konnte er nur so stur sein? Es war an der Zeit, eine Entscheidung zu treffen. Es war an der Zeit, mit seiner irrsinnigen Flucht aufzuhören und in die Arme dessen zu fliehen, der während all der Jahre mit Geduld und Liebe auf ihn gewartet hatte. Jesus klopfte an seine Herzenstür. Und es war an der Zeit, ihm aufzutun.

Valdir spürte einen Kloß in seinem Hals, während ihm all diese Gedanken durch den Kopf schossen. Seine Augen füllten sich mit Tränen.

«Können... können Sie für mich beten?» brachte er schließlich hervor. Der Mann kniete sich neben Valdir nieder und sprach ein Gebet. Und während er Jesus bat, Valdir diese Nacht vor dem Tod zu bewahren und in sein Herz einzukehren, war es Valdir, als würde jemand eine riesige Last von seinen Schultern nehmen. Die starre Schale, die sein Herz verhärtet hatte, zerbrach, und sein Herz begann wieder zu pulsieren. Etwas Wunderbares hatte sich ereignet, etwas, was Valdir sich selbst nicht richtig erklären konnte. Es war, als wäre er von der Finsternis ans Licht gedrungen. Er spürte förmlich, wie Gottes Liebe ihn umschloß wie die Umarmung eines Vaters, der seinen verlorenen Sohn in seine Arme schließt, ihn küßt und weint und sich freut, daß er endlich den Weg nach Hause zurückgefunden hat.

Und als der Mann sein Gebet beendet hatte, sich verabschiedete und mit seinen Leuten in der Dunkelheit verschwand, blieb Valdir noch lange auf der Treppe sitzen und versuchte zu begreifen, was mit ihm geschehen war. Und es kam ihm so vor, als wäre es kein Mensch gewesen, der ihm diese Nacht begegnet war, sondern Gott selbst.

Bis zur letzten Konsequenz

«Specht! Mann, du bist am Leben! Wir dachten schon, es wäre aus!» Es war sieben Uhr morgens, und Narbe, Ratte und Tiago kamen aufgeregt ins Hotelzimmer gestürmt. Sie alle hatten die ganze Nacht kein Auge zugetan und waren ziemlich erschöpft. «Hast du ihn umgelegt?»

Valdir schüttelte den Kopf.

«Ich hab ihn nicht mal zu Gesicht bekommen.»

«Gott sei Dank», sagte Tiago, und Valdir ergänzte: «Das kannst du laut sagen.»

Sie machten es sich auf dem Bett und den Stühlen bequem und waren sichtlich erleichtert über den Verlauf der Dinge.

«Da hast du nochmals Schwein gehabt, was, Specht?»

Valdir lächelte. «Nein, Ratte. Mit Schwein hat das nichts zu tun. Es war Gott, der mich vor dem Tod bewahrt hat.»

«Wie auch immer», meinte Narbe, «wir sind davongekommen. Und jetzt haben wir mehr Zeit, uns gegen 1000 Volt zu wappnen. Was schlägst du vor, Specht?»

Valdir zog den Mund schief. Er zögerte mit einer Antwort.

«Leute», sagte er schließlich. «Ich habe eine Entscheidung getroffen.»

Die Bande sah ihn gespannt an. «Na, dann schieß mal los!»

Valdir griff unter sein Hemd, nahm seinen Revolver, wog ihn in der Hand und legte ihn dann auf den Tisch. «Ich steige aus.»

Schweigen in der Runde. Narbe, Ratte und Tiago blickten ihren Chef ungläubig an und wußten nicht, wie sie seine Worte interpretieren sollten.

«Was heißt das, du steigst aus? Ich dachte, du wärst scharf darauf, 1000 Volt umzulegen.»

«Es geht nicht um 1000 Volt», erklärte Valdir und sah entschlossen von einem zum andern. «Ich steige aus, Leute. Ganz. Definitiv. Ich will nicht mehr unschuldige Menschen überfallen und ständig vor der Polizei fliehen. Ich will kein Bandit mehr sein.»

Einen Augenblick war es so still, daß man eine Nadel zu Boden fallen gehört hätte. Die Jugendlichen saßen nur mit offenem Mund da und dachten wohl, ihr Boß wäre völlig durchgedreht. Narbe wandte sich an Marcia, die bis zu diesem Zeitpunkt nur schweigend auf dem Bettrand gesessen und sich nicht in das Gespräch eingemischt hatte.

«Marcia. Was hast du mit ihm gemacht, während wir weg waren? Was soll das?»

Marcia zuckte die Achseln. «Ich kapier das genausowenig wie ihr», sagte sie. «Heute nacht kamen ein paar Leute an uns vorbei, und einer von ihnen hat begonnen, von Jesus zu erzählen und so'n Quatsch. Und als sie wieder gegangen waren, hat er mit dieser Geschichte begonnen von wegen ehrlich werden und so.»

Narbe erhob sich und schüttelte lachend den Kopf. «Das ist der beste Scherz seit der Erfindung von Adam und Eva. Specht und ehrlich werden! Das ist gut, echt!» Er ging auf Specht zu und legte ihm kameradschaftlich die Hand auf die Schulter.

«Hör zu, Specht. Diese Nacht hat uns allen etwas zugesetzt. Leg dich schlafen, ruh dich aus, und in ein paar Stunden sieht alles wieder anders aus, o.k.?»

Valdir schüttelte den Kopf. «Ich meine es ernst. Ich habe mich entschieden, Jesus zu folgen.» Die Jungs brachen in Gelächter aus. Einzig Marcia enthielt sich der allgemeinen Heiterkeit.

«Du willst also fromm werden, ja?» tat Ratte amüsiert und begann mit erhobenem Kopf durchs Zimmer zu gehen. «Ich kann dir den Heiligenschein besorgen!»

«Wißt ihr, wie Specht von heute an Leute überfällt?»

fragte Tiago grinsend. Er holte seine Waffe unter dem Hemd hervor, hielt sie Narbe an die Schläfe, blickte zur Zimmerdecke hoch und sagte: «O Gott, segne den Geldbeutel dieses Mannes, und vergilt ihm tausendfach, was er mir heute gibt, damit ich ihm das nächste Mal noch mehr Geld abnehmen kann. Amen!» Sie kugelten sich vor Lachen, und Valdir hörte sich ihre spottenden Bemerkungen gelassen an. Er wartete, bis sie sich einigermaßen beruhigt hatten.

«Sonst noch was?» Den Jungs war die Munition und die Puste ausgegangen. Sie sahen ihren Chef erwartungsvoll an.

«Ich weiß, daß ihr mich für verrückt haltet. Ist euer gutes Recht. Doch in dieser Nacht habe ich Jesus kennengelernt, und ich möchte ihn um nichts in der Welt mehr gegen dieses kriminelle Leben eintauschen, das ich bisher geführt habe. Er hat mich verändert. Specht ist gestorben, Leute. Wer hier vor euch steht, ist ein neuer Valdir. Und ich kann euch nur sagen: Jesus liebt euch.» Er ging von einem zum andern, drückte jedem die Hand, und die Jungs waren noch so verblüfft, daß sie kein Wort über die Lippen brachten, als Valdir die Tür öffnete und ging. Er hatte sich schon ein paar hundert Meter vom Hotel entfernt, als Marcia ihm hinterherrannte und seine Hand faßte.

«Du bist zwar verrückt», keuchte sie. «Doch ich bleibe bei dir.»

Sie gingen in einem Café frühstücken, dann suchte sich Valdir eine Straße, um wie früher als Parkwächter zu arbeiten. Er verdiente an jenem Tag fünf Reais.

Seine Freundin schüttelte verständnislos den Kopf und meinte: «Dir ist wirklich nicht mehr zu helfen. Du könntest dir in zwanzig Minuten locker 2000 Reais erbeuten, und statt dessen ziehst du es vor, einen Tag lang auf Autos aufzupassen, um sage und schreibe fünf Reais zu verdienen. Das ist lächerlich, Valdir. Was willst du dir damit beweisen?»

Abends besuchten sie einen Gottesdienst in einer nahegelegenen Kirche, und Valdir fühlte sich in seiner Entscheidung, Jesus zu folgen, bestätigt, mit jedem Lied, das gesungen wurde, jedem Gebet, das gesprochen wurde. Er erinnerte sich daran, wie oft er zusammen mit Vanessa zur Kirche gegangen war und wie die Worte des Pfarrers immer an ihm vorbeigeplätschert waren, ohne ihn auch nur im geringsten anzusprechen. Und jetzt saß er da und war zu Tränen gerührt über alles, was in diesem Gottesdienst von Jesus gesagt wurde. Er spürte die Macht, die in den Worten des Predigers lag. Ja, das war es, wonach er so lange gesucht hatte: Jesus Christus, der lebendige Sohn Gottes!

In jener Nacht wählten sich Marcia und er eine Parkbank als Nachtquartier.

«Und wenn 1000 Volt plötzlich auftaucht?» fragte Marcia besorgt. «Hast du keine Angst, er könnte dich hier finden und töten?»

Valdir lächelte. Er dachte daran zurück, wie oft ihn Gott schon vor dem Tod bewahrt hatte. Unzählige Male hatte ihn seine Hand beschützt, damals, als die Polizei Leandro erschoß, damals, als er sich selbst das Leben nehmen wollte, und nicht zuletzt in der vergangenen Nacht, als 1000 Volt ihn umzubringen drohte.

«Wenn Gott mich gestern vor dem Tod bewahren konnte, so kann er es auch heute tun», antwortete er und war dabei selbst erstaunt über seine Furchtlosigkeit. Ja, er brauchte nichts mehr zu fürchten. Er war geborgen in der Hand eines allmächtigen Gottes, der ihn aus der Finsternis an sein herrliches Licht geführt hatte, und nichts konnte ihn mehr aus dieser Hand reißen.

Am nächsten Morgen suchte Valdir mit seiner Freundin ein Projekt auf, das ihm jemand aus der Kirche empfohlen hatte. Es hieß «*Jeame*», was soviel bedeutet wie «Jesus liebt den Minderjährigen», und befand sich ganz in der Nähe der Praça da Sé. Etwa zwanzig Straßenjungen und Straßenmädchen stürmten um neun Uhr den kleinen Saal des Projektes, wo es Frühstück gab und anschließend ein abwechslungsreiches Programm mit einem Film, Liedern und einer Andacht über Worte der Bibel. Valdir setzte sich mit Marcia in die hinterste Reihe und musterte den etwa vierzigjährigen, kleinen, energiegeladenen Mann, der mit der Bibel in der Hand vor den vielen schmutzigen Jugendlichen auf und ab ging und ihnen von Jesus erzählte. Er stellte sich als Virgilio vor, und seine Augen strahlten eine Liebe und eine Freude aus, die Valdir noch nie zuvor bei einem Menschen gesehen hatte. Er sprach mit Hingabe, spritzte schier vor Begeisterung, machte Witze, lachte, vollführte Luftsprünge, rollte die Augen, flüsterte, schrie und bot ein Riesenspektakel, das alle Anwesenden in den Bann zog.

Von da an gingen Valdir und Marcia regelmäßig bei *Jeame* vorbei. Valdir freundete sich schon bald mit Virgilio an und vertraute ihm seine kriminelle Vergangenheit an und daß er Jesus sein Leben übergeben hatte. Virgilio legte ihm seine Hand auf die Schulter, strahlte ihn mit seinen kleinen, funkelnden Augen an und meinte: «Valdir! Du hast die beste Entscheidung deines Lebens getroffen. Jesus wird dir helfen, von der Straße wegzukommen. Und wir werden ebenfalls tun, was in unserer Macht steht. Weißt du, ich glaube, Jesus hat noch Großes mit dir vor.» Das glaubte Valdir auch, und von Tag zu Tag lernte er, Jesus mehr zu vertrauen.

Marcia hingegen wurde von Tag zu Tag unruhiger. Valdir war nicht mehr derselbe, das war unübersehbar. Früher hatte sie ihren Freund nie lachen sehen, jedenfalls nicht so, wie er es jetzt tat. Er schien sich tatsächlich in den glücklichsten Menschen der Welt verwandelt zu haben und redete nur noch von Jesus, ging in alle Gottesdienste, die er ausfindig machen konnte, und liebte es, sich mit Virgilio stundenlang über die Veränderung zu unterhalten, die Jesus in seinem Leben bewirkt hatte. Eines Tages, als Valdir auf dem Mäuerchen an der Straße saß und auf die geparkten Autos aufpaßte, kam Marcia und setzte sich zu ihm.

«Und, wieviel hat der ehrliche Räuber heute schon verdient?» fragte sie spöttisch. Valdir zählte die Münzen in seiner Hand.

«Sechs Reais und 45 Centavos.»

«Ratte und Narbe haben gestern 4000 gemacht», sagte Marcia, um seine Eifersucht zu erwecken. Doch Valdir lächelte bloß.

«Es ist eigenartig», antwortete er. «Die vielen tausend Reais aus unseren Überfällen sind mir in Minuten unter den Händen zerronnen, während die wenigen Münzen, die ich mir während eines Tages mühsam zusammenverdiene, zwei bis drei Tage reichen.» Marcia wußte nicht, was sie ihm darauf antworten sollte.

«Ratte und Narbe möchten, daß du zurückkommst», sagte sie nach einer Weile, doch Valdir schüttelte den Kopf.

«Du weißt, daß ich das nicht tun werde. Mein Leben hat sich geändert.» Marcia zog die Augenbrauen hoch.

«Das habe ich gemerkt», stellte sie trocken fest und blieb für einige Augenblicke wortlos neben ihrem Freund sitzen. Dann rutschte sie zu ihm hinüber, legte ihre Arme um ihn und küßte ihn auf den Mund.

«Was meinst du, Valdir», sagte sie, während sie ihn immer wieder küßte, «laß uns heute nacht zusammen ausgehen, nur wir zwei.»

«Einverstanden», antwortete Valdir. «Aber erst gehen wir in den Gottesdienst.» Augenblicklich löste sich Marcia von ihm und sah ihn beinahe wütend an.

«Gottesdienst! Kannst du eigentlich an nichts anderes mehr denken? Ich verstehe dich nicht, Valdir!»

«Marcia, Jesus ist mir wichtiger geworden als alles andere im Leben.»

«Ja, genau das ist es», hakte Marcia ein. «Jesus ist dir wichtiger geworden als alles andere. Jesus hier, Jesus da, und für mich hast du keine Zeit mehr! Ich habe es satt, dich mit diesem Jesus zu teilen, Valdir. Entweder du entscheidest dich für mich – oder für Jesus. Beides zusammen kannst du nicht haben!» Sie sah ihn herausfordernd an.

Daß ihn Marcia vor diese Wahl stellen würde, hätte Valdir nicht erwartet, und für einen kurzen Augenblick starrte er sie nur ungläubig an, um sich darüber klarzuwerden, ob sie ihre Worte ernst gemeint hatte.

«Ja, Valdir. Es ist mir ernst. Ich kann so nicht mehr weiterleben. Entweder ich – oder Jesus. Eine andere Möglichkeit gibt es nicht.» Sie warf ihr gewelltes Haar zurück und wartete mit spitzem Mund auf seine Antwort, in der sicheren Meinung, seine Entscheidung bereits zu kennen. Er liebte sie zu sehr, um sie gegen diesen Jesus einzutauschen, dessen war sie sich sicher, denn ein Mädchen wie sie fand man nicht alle Tage. Er würde das Risiko nicht eingehen, sie zu verlieren, nur um diesem Jesus nachzufolgen, niemals. Valdir sah sie lange prüfend an.

«Wenn das die Wahl ist», sagte er schließlich mit Überzeugung, «dann entscheide ich mich für Jesus.» Sie sah ihn überrascht und zornig an.

«Idiot!» Sie erhob sich und wedelte mit ihrem Oberkörper vor seinem Kopf herum. «Was hat dir dieser Jesus mehr zu bieten als ich?»

«Er ist mein Leben», antwortete Valdir einfach. Marcia drehte sich um, und ihr langes, schwarzes Haar berührte sein Gesicht. Ihr Parfüm blieb in der Luft hängen, während sie sich raschen Schrittes entfernte. Sie war das perfekteste Mädchen, das Valdir je kennengelernt hatte, doch ihr gesamter Zauber, ihre gesamte Eleganz, ihre gesamte weibliche Ausstrahlung kam nicht die Spur an die Anziehungskraft heran, die Jesus auf ihn ausgeübt hatte von jener Nacht an, als er ihm sein Leben übergeben hatte. Er hatte Marcia verloren, doch er bereute seine Entscheidung keinen Augenblick.

Als er am nächsten Tag zu *Jeame* ging, fragte ihn Virgilio, ob er einen Aids-Test machen wolle. Valdir zögerte. Die

Möglichkeit, HIV-positiv zu sein, bestand durchaus, ja, war sogar sehr wahrscheinlich, nach dem Leben zu urteilen, das Valdir bisher geführt hatte. Ein mulmiges Gefühl beschlich ihn bei dem Gedanken, daß er sich vielleicht unwissend angesteckt hatte. Er fürchtete sich davor, die Wahrheit zu erfahren. Andererseits war es genauso schrecklich, im Ungewissen zu bleiben.

«O.k.», willigte er nach reichlichem Überlegen ein, «laßt uns der Wahrheit ins Gesicht sehen. Aber eins sag ich dir, Virgilio: Wenn ich Aids habe, bringe ich mich um.»

Fünfzehn Tage später traf das Resultat ein, und Virgilio zog Valdir mit traurigem Blick ins Büro.

«Das Resultat ist gekommen», sagte er, und sein Tonfall war alles andere als mutmachend. «Lies es selbst, Valdir.»

Valdir schien das Herz stillzustehen. Sollte er tatsächlich Aids haben? «Wenn ich Aids habe, stürze ich mich vom Viadukt», dachte er bei sich selbst, während er mit zitternden Fingern das Papier entgegennahm. Er begann zu schwitzen, als er die vielen Zeilen überflog, die er nicht zu deuten vermochte. Er gab Virgilio das Papier zurück und meinte mit kraftloser Stimme: «Machen wir's kurz. Hab ich Aids?»

Virgilio seufzte schwer, und Valdir wäre am liebsten im Boden versunken. Das durfte nicht wahr sein! Er hatte es gewußt, er hatte es geahnt! Er legte sich die Hand auf die Stirn und hätte beinahe losgeweint, als Virgilio plötzlich ein Grinsen aufsetzte, ihm die Hand auf die Schulter legte und verkündete: «Du hast nichts, mein Junge! Du bist kerngesund!»

Valdir schoß hoch: «Ist das wahr?»

«Absolut, Valdir!»

Valdir umarmte Virgilio so stürmisch, daß er ihn beinahe zu Boden gerissen hätte. Dann rannte er in den Saal hinaus und umarmte einige seiner Freunde und tanzte wie ein Irrer im Zimmer herum. Er war gesund! Er konnte es kaum fassen! Er hatte nichts, *nichts*! Valdir wußte, daß ihn Gott ein weiteres Mal vor dem Tod bewahrt hatte, ja, er hatte ihm sein

Leben erneut geschenkt. Und Valdir wußte, daß er dies nur einem Wunder zu verdanken hatte. Ja, Gott meinte es gut mit ihm, und manchmal war es ihm ein Rätsel, warum sich Gott ausgerechnet *ihn* ausgesucht hatte. Es gab so viele andere Menschen, die ein viel ehrenwerteres Leben geführt hatten als er. Und doch hatte sich Gott für *ihn* interessiert. Ausgerechnet. Und das einzige, was Valdir ihm dafür geben konnte, war seine aufrichtige Dankbarkeit.

Auf Fels gegründet

«Valdir! Ich hab was, das dich interessieren dürfte.» Virgilio winkte Valdir zu sich ins Büro. «Die Heilsarmee hat vor wenigen Tagen ein Nachtprojekt eröffnet. Vielleicht könntest du dort übernachten.» Valdir war skeptisch. Er kannte die wenigen Nachtprojekte, die es in São Paulo gab. Die meisten Straßenkinder zogen es vor, auf der Straße zu übernachten, denn weder Gewalt, Drogen noch Kriminalität machten halt vor den Toren dieser Projekte. Virgilio schien seine Gedanken zu erraten.

«Du kannst unbesorgt sein. Ich kenne die Leute, die dort arbeiten.»

«Und was ist mit der Altersgrenze?» erkundigte sich Valdir, da er sehr wohl wußte, daß alle Straßenkinderprojekte im allgemeinen nur Jugendliche bis siebzehn aufnahmen.

«Wenn du ihnen deinen Fall erklärst», meinte Virgilio, «wer weiß, ob sie nicht eine Ausnahme machen. Du kannst es wenigstens versuchen.» Valdir fand das eine gute Idee, und noch am selben Abend, am 2. Juli 1996, machte er sich auf zum Nachtprojekt der Heilsarmee. Es war tatsächlich keines dieser allgemein bekannten, chaotischen Projekte. Es war klein und übersichtlich, hatte Klappbetten für zwanzig Jungs, und es wurde von drei jungen Frauen betreut. An jenem Abend waren außer Valdir nur noch fünf andere Jungs im Projekt, und nachdem sie geduscht und zu Abend gegessen hatten, sangen sie ein paar Lieder und hörten eine biblische Geschichte.

Ja, dachte Valdir, hier konnte man sich wirklich wohlfühlen; hier die Nacht zu verbringen war tausendmal besser, als draußen auf dem kalten Straßenboden schlafen zu müssen. Die Sache hatte bloß einen Haken: die magische Altersgrenze! Wie sollte er den Betreuern klarmachen, daß er diese Chance brauchte wie nichts anderes in dieser Welt? Was war, wenn sie ihn davonschicken würden? Als ihn eine der Frauen ins Büro rief, um seine Personalien aufzunehmen und nach seinem Alter zu fragen, wußte Valdir keinen anderen Ausweg mehr, als zu lügen.

«Siebzehn», sagte er mit klopfendem Herzen und schlechtem Gewissen, und die Frau notierte es auf ihren Schreibblock. Er wußte, daß er falsch gehandelt hatte. Doch er redete sich ein, daß der Zweck in diesem Falle die Mittel heilige, und ließ es dabei bewenden.

Von da an übernachtete er jeden Abend in der Heilsarmee, und es gefiel ihm dort täglich besser. Niemand mißtraute ihm, und als sein Geburtstag näherrückte, sagten sie ihm sogar, er bräuchte sich keine Sorgen zu machen, weil er jetzt achtzehn würde, schließlich wäre er mit siebzehn ins Projekt gekommen, und somit würden sie ihn nicht von einem Tag auf den andern auf die Straße setzen. Valdir wußte, daß er ihnen die Wahrheit sagen sollte, doch er hatte nicht den Mut dazu.

Und dann kam sein neunzehnter Geburtstag. Die Betreuer hatten eine Torte gebacken und ein richtiges Geburtstagsfest für ihn organisiert, etwas, was Valdir seit Ewigkeiten nicht mehr erlebt hatte. Doch auf einmal meldete sich die Stimme seines Gewissens wieder: «Sag ihnen die Wahrheit», hörte er die Stimme in sich flüstern, während sie die Torte anschnitten und die großen Kuchenstücke auf Servietten verteilten. «Sag ihnen die Wahrheit.»

Das kann ich nicht, dachte Valdir bei sich selbst. Sie werden mich rausschmeißen, wenn sie erfahren, daß ich mich mit einer Lüge ins Projekt geschlichen habe. Und das wollte er nicht riskieren, nicht jetzt, wo sich sein Leben endlich verbessert hatte: Er mußte nicht mehr auf der Straße übernachten. Er hatte einen Ort gefunden, wo er geachtet und geliebt wurde, wo er jeden Abend Gottes Wort hörte, wo er neue Freunde kennengelernt hatte. Er fühlte sich wohl in dem Projekt, und jede Aufgabe, die ihm die Betreuer auftrugen, erledigte er mit Hingabe und Sorgfalt. Sollte er das alles aufs Spiel setzen, nur um dieser einen Lüge willen?

Doch dann erinnerte er sich an Marcia und mit welcher Überzeugung er sich für Jesus entschieden hatte, als sie ihn vor die Wahl gestellt hatte, sich entweder ihr oder Jesus zu widmen. Wo war seine Treue zu Gott geblieben? Warum fiel es ihm plötzlich so schwer, sich für die Wahrheit zu entscheiden? Warum war er so lasch geworden? Wie wollte er im Glauben wachsen, wenn er sein derzeitiges Leben auf einer Lüge gegründet hatte? Er mußte ihnen die Wahrheit sagen, wie auch immer die Konsequenzen aussehen würden. Jesus hatte keine halben Sachen gemacht, als er am Kreuz gestorben war. Also durfte er auch keine halben Sachen machen. Er tippte Eline, einer der Betreuerinnen, auf die Schulter.

«Ich möchte mit dir reden», sagte er. «Unter vier Augen.» Sie nickte, ließ ihr Kuchenstück auf dem Tisch stehen und ging mit ihm ins Büro.

«Na, wo drückt dich der Schuh?» fragte sie ihn. «Ausgerechnet an deinem achtzehnten Geburtstag?»

«Genau darum geht es», murmelte Valdir und suchte nach den richtigen Worten. Es war ihm unangenehm, er schämte sich, die Betreuerinnen über einen ganzen Monat hinweg angelogen zu haben, und er fürchtete sich vor ihrer Reaktion. Doch er mußte da durch. Er mußte dies in Ordnung bringen. Das war er sich selbst und das war er Jesus schuldig.

«Ich bin heute nicht achtzehn geworden, Tante.» Eline sah ihn überrascht und mit gerunzelter Stirn an.

«Und wie alt bist du wirklich?»

«Neunzehn», antwortete Valdir mit gesenktem Kopf. Jetzt war es raus. Und Valdir wartete mit reuigem Herzen auf die Folgen seines Geständnisses. Einen Moment blieb es ruhig. Dann legte ihm Eline die Hand auf die Schulter und sagte:

«Es ist gut, daß du die Wahrheit gesagt hast, Valdir. Falsche Dinge tun wir alle, doch sich den Fehler eingestehen und vor Gott und den Menschen berichtigen, das tun die wenigsten.»

«Und», meinte Valdir zögernd, «was wird jetzt mit mir geschehen? Ich habe keinen andern Ort, wo ich hinkönnte.» Eline lächelte.

«Darüber zerbrich dir nicht den Kopf, Valdir. Du bist in unser Projekt gekommen, weil Gott dich hergeführt hat. Es wäre absurd, dich dafür zu bestrafen, daß du heute aus freiem Willen die Wahrheit gesagt hast, meinst du nicht auch?»

«Heißt das, ich kann bleiben?» fragte Valdir hoffnungsvoll.

«Valdir, du hast in den wenigen Wochen, die du hier bist, ein vorbildliches Verhalten an den Tag gelegt. Du hast uns allen bewiesen, daß du *wirklich* von der Straße wegkommen willst. Jesus ist dabei, dein Leben täglich mehr zu verändern. Und da sollen wir dich vor die Tür setzen?»

Sie schmunzelte. «Laß uns zurückgehen, bevor uns die andern den ganzen Kuchen wegessen.»

In dieser Nacht schlief Valdir so selig wie schon lange nicht mehr. Eline hatte recht: Jesus war dabei, sein Leben täglich mehr zu verändern. Manchmal kam er sich wie ein kleines Kind vor, das an der Hand seines Vaters die ersten unsicheren Schritte wagt. Doch mit jedem Schritt, den er mit Jesus ging, gewann er mehr Sicherheit und merkte, daß er ihm hundertprozentig vertrauen konnte. Er beschloß, von nun an keine halben Sachen mehr zu machen. Er wollte Jesus *ganz* gehören, und er wollte ihm alles übergeben, was an sein altes Leben erinnerte.

«Nimm alles von mir», bat er Gott, «selbst meine gestohlenen Turnschuhe und die gestohlene Armbanduhr, wie auch immer du das anstellen willst.» Wenige Tage später wurde Valdir auf der Straße von einigen Typen ausgeraubt, die ihm prompt das wegnahmen, worum er Gott gebeten hatte: seine Turnschuhe und seine Armbanduhr...

Eines Tages, als Valdir unterwegs zu einem Tagesprojekt war, hörte er plötzlich jemanden seinen Namen rufen.

«Hey, Specht!» Er drehte sich um und sah zwei Burschen quer über die Straße auf sich zukommen. Er erkannte sie augenblicklich: Narbe und Ratte. Sie begrüßten ihn fröhlich.

«Mann, lange her, seit wir uns zum letzten Mal gesehen haben», stellte Narbe fest und klopfte ihm kameradschaftlich auf die Schulter. «Was treibst du so? Die fromme Phase bereits überstanden?»

«Mit Gottes Hilfe wird diese Phase mein ganzes Leben dauern», erklärte Valdir zur Verblüffung seines ehemaligen Kumpels.

«Komplett verrückt, der Junge», sagte Narbe zu Ratte, und Ratte zeigte Valdir stolz eine goldene Armbanduhr an seinem linken Handgelenk.

«Hab ich gestern einem vornehmen Geschäftsmann abgeknöpft. Ist echt Gold, ein Vermögen wert.» Er trug auch einen goldenen Ring an der rechten Hand, den er zweifelsohne ebenfalls gestohlen hatte.

«Sieh bloß, was du verpaßt. Das Leben hat dir so viel zu bieten. Warum willst du auf das alles verzichten?»

Valdir betrachtete die goldene Armbanduhr an Rattes Handgelenk, den goldenen Ring an seiner Hand, und er spürte etwas Eigenartiges in sich hochkommen, ein Verlangen, das er seit Monaten nicht mehr gespürt hatte. Er kannte

dieses berauschende Gefühl, er hatte es unzählige Male empfunden, wenn sie jemanden überfallen und die Beute unter
sich aufgeteilt hatten; es war wie eine Droge, ein unwider-
stehlicher Drang, gewaltsam an sich zu reißen, was ihm nicht
gehörte, und je länger Ratte und Narbe auf ihn einschwatz-
ten, je länger er auf die gestohlenen, wertvollen Gegenstände
starrte, desto stärker wurde die Versuchung.

«Du bist echt dumm, daß du damals ausgestiegen bist»,
meinte Narbe. «Warum kommst du nicht zu uns zurück?» Ja,
warum eigentlich nicht? Valdir merkte, wie etwas von ihm
Besitz ergriff, das stärker war als er selbst.

«Seit du gegangen bist, ist es nicht mehr wie früher», fuhr
Narbe fort, und seine Worte hatten eine unglaubliche Anziehungskraft. «Komm zurück, Specht. Wir brauchen dich.»

Valdir kämpfte gegen sich selbst an. Es war alles so verlockend und so greifbar nah. Und Jesus? Hatte er ihn nicht
gebeten, alles von ihm zu nehmen, was an sein altes Leben
erinnerte? Hatte er nicht einen Bund mit ihm geschlossen,
keine halben Sachen mehr zu machen? Er trat einen Schritt
zurück und schüttelte dann überzeugt den Kopf.

«Ich will dieses Leben nicht mehr», hörte er sich sagen,
und er wußte, daß er dies nicht aus eigener Kraft tat. «Ich
habe ein viel besseres Leben gefunden.»

«Ach, komm», winkte Ratte ungläubig ab. «Das glaubst du
doch selbst nicht. Gott ist etwas für kleine Kinder und alte
Leute.»

«Das habe ich auch lange gedacht, bis zu dem Tag, an dem
ich Jesus kennenlernte», entgegnete Valdir, und es war ihm,
als würde er wieder Boden unter den Füßen gewinnen.
«Jesus liebt euch, Leute. Er hat sein Leben für euch gegeben.
Er kann euch verändern, komplett, wie er mich verändert
hat.»

Narbe und Ratte warfen sich einen vielsagenden Blick zu,
dann gab Narbe seinem Freund mit dem Kopf ein Zeichen.
«Laß uns gehen, Ratte, ich glaube, wir verschwenden hier

nur unsere kostbare Zeit.» Sie verabschiedeten sich flüchtig von ihrem ehemaligen Boß und gingen kopfschüttelnd davon.

Valdir atmete innerlich erleichtert auf, als er ihnen nachblickte. Er war erschrocken über sich selbst. Er hätte nicht gedacht, daß die Straße nach so langer Zeit noch eine derart starke Faszination auf ihn ausüben würde, und er dankte Gott, der ihn vor der Versuchung bewahrt hatte.

Am Abend erzählte Eline im Projekt das Gleichnis vom Sämann, der ausging, um zu säen. Dabei, so führte sie aus, fielen einige Samenkörner auf den Weg, wo sie die Vögel wegfraßen. Andere Körner landeten auf felsigem Boden, wo sie rasch aufgingen und verdorrten, weil sie keine Wurzeln schlagen konnten; wieder andere gerieten unter die Dornen, und als sie aufgingen, erstickten sie. Und ein weiterer Teil der Samenkörner fiel auf gutes Land und brachte Frucht.

«Der Samen ist das Wort Gottes, das in eure Herzen ausgestreut ist», erklärte Eline. «Es gibt Menschen, die hören das Wort Gottes, doch sie wollen nichts damit zu tun haben, und der Teufel reißt es aus ihren Herzen – genau wie die Vögel, die den Samen vom Weg fortpickten. Dann gibt es Menschen, die das Wort Gottes sofort mit Freude aufnehmen und bereit sind, Jesus nachzufolgen. Sie gehen rasch auf wie der Samen, der auf felsigen Boden fiel, doch bei der ersten Anfechtung, dem ersten Problem, das auftaucht, fallen sie ab und kehren in ihr altes Leben zurück. Andere hören das Wort Gottes und glauben eine Zeitlang an Jesus, doch plötzlich ist die Lust nach Reichtum und Vergnügen stärker und erstickt sie wie die Dornen. Und dann gibt es Menschen, die das Wort Gottes hören und Jesus in ihr Herz aufnehmen und wachsen und Frucht bringen.» Sie machte eine Pause und sah auf die wenigen Jungs, die ihre Augen auf sie gerichtet hatten. Valdir klebte förmlich an ihren Lippen.

«Viele von euch haben Jesus ihr Herz übergeben», sagte sie. «Doch jetzt geht es darum, das Gehörte in die Tat umzusetzen und in eurem täglichen Leben zu beweisen, daß Jesus euch *wirklich* verändert hat. Christ zu sein ist nicht immer einfach. Ihr werdet vielleicht von den eigenen Freunden belächelt werden wegen eures Glaubens. Einige werden versuchen, euch von Jesus wegzubringen, werden euch Drogen anbieten oder euch zu einem kleinen Diebstahl überreden wollen. Andere werden euch einreden wollen, daß ihr alles tun dürft, wonach euch gelüstet: Diskotheken, Alkohol, hübsche Mädchen. In diesen Situationen kommt heraus, ob euer Glaube hält. Es gibt viele, die behaupten, jede Situation zu meistern, und sobald ein starker Wind weht, fallen sie um. Doch wer sein Leben auf den Felsen Jesus Christus gegründet hat, den haut so leicht nichts um.»

Valdirs Herz begann schneller zu pochen. Ja, dachte er, genau das war es, was heute mit ihm geschehen war: Sie hatten versucht, ihn zurückzuholen. Doch es war ihnen nicht gelungen. Jesus hatte gesiegt! Und Jesus würde immer siegen, solange er sich ihm voll und ganz hingab. Wer sein Leben auf den Felsen Jesus Christus gegründet hat, den haut so leicht nichts um!

Umwerfende Mitteilungen

«Vater?» Valdirs Stimme klang etwas unsicher. Am andern Ende der Leitung trat eine kurze Pause ein.

«Valdir? Bist du's, Valdir?»

Valdirs Herz pochte zum Zerspringen. Er hatte diesen Augenblick lange hinausgezögert, beinahe zu lange. Über ein Jahr hatte er nicht mehr mit seinem Vater gesprochen, und es war ein eigenartiges Gefühl, nach so langer Zeit seine Stimme zu hören. Ihm fehlten die Worte, und seinem Vater auch. Sie schwiegen, doch die Luft schien zu vibrieren vor Spannung.

«Vater», begann Valdir nach einer peinlichen Stille, «ich wollte dir sagen: Es tut mir leid, was zwischen uns geschehen ist. Ich… ich möchte dich um Verzeihung bitten.» Wieder Schweigen. Doch Valdir hörte den schweren Atem seines Vaters. Er hätte gerne sein Gesicht gesehen, um zu wissen, wie er seine Worte aufnahm.

«Es tut mir auch leid, Valdir», sagte sein Vater schließlich, und dem Tonfall seiner Stimme war zu entnehmen, daß er gegen seine Gefühle ankämpfte. «Warum hast du so lange nichts von dir hören lassen, mein Sohn? Wo hast du bloß gesteckt?»

«Das ist eine lange Geschichte, Vater.»

«Und wo bist du jetzt? Was tust du?»

«Ich habe mir zusammen mit einem Freund ein Zimmer gemietet und arbeite in der Heilsarmee.» Das waren etwas viele umwerfende Mitteilungen auf einmal, und sein Vater mußte erst eine nach der anderen verdauen.

«Du hast ein Zimmer gemietet?»

«In derselben Straße, in der sich die Heilsarmee befindet, wo ich arbeite.»

«Heilsarmee?» wiederholte der Vater skeptisch. «Wie kommst du dazu, in der Heilsarmee zu arbeiten?»

«Ganz einfach. Die Heilsarmee hat ein Straßenkinderprojekt, wo ich eine Zeitlang übernachtet habe. Und weil ich mich gut benahm, boten sie mir an, für sie zu arbeiten.»

«Sich gut benehmen? Arbeiten? Du? Das kann ich nicht glauben.»

«Und abends gehe ich zur Schule.»

«Das soll wohl ein Witz sein. Du hast dich noch nie für Arbeit oder Schule interessiert. Was ist mit dir geschehen, Valdir?»

«Ich habe mich bekehrt, Vater.» Am andern Ende der Leitung trat nun Stille ein. Obwohl alles, was Valdir seinem

Vater bisher gesagt hatte, bereits so umwerfend war, daß es dem über Sechzigjährigen fast die Sprache verschlug, so stellte diese Nachricht doch alles andere in den Schatten.

«Sag das noch mal, mein Junge.»

Valdir mußte lächeln. Er merkte, wie diese Neuigkeit seinen Vater völlig durcheinanderbrachte.

«Ich habe mich bekehrt, Vater. Ich habe mein Leben Jesus übergeben. Ich gehe jeden Sonntag in den Gottesdienst der Heilsarmee, bin in der Jugendgruppe tätig, und im nächsten Jahr werde ich mich als Heilssoldat einreihen lassen.»

«Valdir!» Der Vater suchte nach Worten. Er wußte nicht, wie er seiner Freude Ausdruck verleihen sollte. «Valdir!» wiederholte er nur, und Valdir wußte, daß seinem Vater jetzt Tränen übers Gesicht liefen. «Valdir! Ich habe jeden Tag für dich gebetet, daß du die Wahrheit erkennen darfst! Valdir! Das ist… das ist das größe Geschenk, das du mir machen konntest.»

Auch Valdirs Augen wurden feucht. Er wischte sich mit dem Handrücken übers Gesicht und lachte und weinte gleichzeitig. Er hätte seinen Vater gerne umarmt wie damals, als sie sich nach so vielen Jahren endlich versöhnt hatten. Doch die Verbundenheit und der tiefe Friede zwischen ihnen waren selbst durchs Telefon hindurch zu spüren, stärker als alles, was Valdir bisher für seinen Vater empfunden hatte.

«Wir haben einen wunderbaren Gott, was, Vater?»

«Das haben wir», bestätigte der Vater. «Oh, das haben wir, Valdir! Ja, das haben wir!»

Einige Tage später rief Valdir auch Wagner, Valeria und zuletzt seine Großmutter an, um ihnen von dem Wunder zu erzählen, das in seinem Leben geschehen war. Alle drei wußten kaum, wie sie ihrer Freude über seine Entscheidung Ausdruck verleihen sollten. Die Nachricht war einfach zu gewaltig. So viele Jahre hatten sie treu für ihn gebetet, und obwohl sie manchmal nahe daran gewesen waren, die Hoffnung aufzugeben, hatte Gott ihre Gebete erhört.

Valdirs Glaube wurde von Tag zu Tag stärker, und die Freude, die er seit seiner Bekehrung empfand, strahlte aus seinen Augen. Jedem, den er antraf, sagte er: «Hey, hast du schon gewußt: Jesus liebt dich!» Er wollte es allen erzählen, er wollte es in die Welt hinausschreien, was Jesus in seinem Leben getan hatte. Sein Herz war erfüllt von der Botschaft Christi; das Wort Gottes brannte in seinem Herzen wie ein unauslöschliches Feuer, und wo immer sich die Gelegenheit ergab, von Jesus zu erzählen, sprudelte es nur so aus ihm heraus.

Eines Tages, als er über ein Viadukt ging, blieb er plötzlich wie angewurzelt stehen: Eine Frau war gerade dabei, aufs Brückengeländer zu steigen! Sie mochte etwa dreißig Jahre alt sein, war mager und ziemlich armselig gekleidet. Einige Leute, die es sahen, gingen hastig weiter, andere bekreuzigten sich oder schüttelten entsetzt den Kopf und warteten darauf, wie sich diese tragische Szene weiterentwickeln würde. Niemand schien sich dafür verantwortlich zu fühlen, sie an ihrem grausamen Vorhaben zu hindern, doch Valdir war entschlossen, etwas zu tun. Ohne lange zu zögern, ging er auf die Frau zu, und ehe sie sich's versah, packte er sie am Arm und riß sie vom Brückengeländer. Sie wandte sich ihm verstört zu.

«Laß mich los!» sagte sie. «Ich will nicht mehr weiterleben!» Sie sah völlig fertig aus und zitterte am ganzen Körper. Offenbar hatte sie getrunken, denn sie konnte sich kaum aufrecht auf den Beinen halten, und ihre Augen waren rot und geschwollen. Valdir krampfte sich das Herz zusammen bei ihrem Anblick.

«Warum tust du so was?» fragte er sie. «Warum willst du deinem Leben ein Ende setzen?»

«Ich wüßte nicht, was dich das angeht!» entgegnete sie nervös und versuchte sich von seinem Griff zu lösen. Doch Valdir hielt sie fest. «Kümmere dich um dein eigenes Leben!» rief sie. «Mein Mann hat mir meine Kinder weggenommen. Doch davon verstehst du nichts!»

«Ich habe mich auch einmal umbringen wollen», sagte

Valdir, und schmerzhafte Erinnerungen kamen in ihm hoch. «Ich habe auch einmal geglaubt, das Leben hätte keinen Sinn mehr. Aber Jesus hat mich gerettet.»

Sie sah ihn erstaunt an. Darauf war sie wohl nicht gefaßt gewesen. «Mein Leben war ein einziger Leerlauf», erklärte ihr Valdir, «mein Vater hat mich mißhandelt und mich auf die Straße geschickt, als ich neun Jahre alt war. Ich wurde ein Bandit, lebte vom Stehlen, wurde von der Polizei verprügelt. Ich hätte tausend Gründe gehabt, mich umzubringen, und einmal habe ich sogar versucht, mich aufzuhängen.» Er machte eine Pause und merkte, wie die Worte die Frau sichtlich beeindruckten. Er sah sich wieder in jenem Zimmer, sah sich die Schlinge um den Hals legen. Er verdrängte die Szene aus seiner Erinnerung.

«Und warum hast du's nicht getan?» fragte ihn die Frau.

«Der Balken, an dem ich mich erhängen wollte, brach mitten entzwei.» Valdirs Augen füllten sich mit Tränen, als er sich daran zurückerinnerte, und er merkte, wie das Bedürfnis in ihm aufkam, ihr von Jesus zu erzählen.

«Ich bin weiß Gott nicht schwer. Aber ob du's glaubst oder nicht: Der Balken brach entzwei. Jesus hat nicht zugelassen, daß ich mich umbringe, genausowenig, wie er zulassen wird, daß *du* dir etwas antust. Als Jesus am Kreuz auf Golgatha hing und für unsere Sünden starb, riß der Vorhang im Tempel entzwei, genau wie der Balken, an dem ich mich erhängen wollte. Der Fluch der Sünde, die uns von Gott trennt, ist gebrochen. Jesus hat sein Leben für uns gegeben, er hat sein Blut für uns vergossen, für mich, für dich, für jeden Menschen auf dieser Welt. Er war bereit, für dich ans Kreuz zu gehen, weil er dich unendlich liebt. Du brauchst dein Leben nicht fortzuwerfen, denn Jesus liebt dich! Er kann dir einen Sinn in deinem Leben geben!»

Die Frau starrte Valdir an und schüttelte den Kopf. «Ich war auch einmal gläubig», sagte sie leise.

Valdir sah sie mit Tränen in den Augen an. «Dann kehr zurück zu Jesus! Kehr zurück, bevor es zu spät ist!» Sie atmete tief durch, und je länger Valdir von Jesus sprach, desto ruhiger wurde sie, bis sich ihre Gesichtszüge entspannten.

«Du wirst dir nichts antun, ja? Versprich mir, daß du dir nichts antun wirst!» Sie versprach es. Valdir ließ ihren Arm los.

«Kehr zu Jesus zurück», sagte er. «Er wird dir einen Ausweg zeigen. Für ihn ist nichts unmöglich.»

Sie nickte. «Danke», murmelte sie, «danke.»

Sie ging davon, und Valdir blieb auf dem Viadukt stehen und sah ihr nach, bis sie in der Menschenmenge verschwand. Er wischte sich die Tränen aus dem Gesicht und bemerkte die vielen Leute, die sich angesammelt hatten und ihn mißtrauisch musterten. Doch es war ihm egal, was sie über ihn dachten.

Der Kloß in seinem Hals wurde größer, während er durch die Menge hindurchging und den Weg Richtung Heilsarmee einschlug. Wie viele Menschen gab es doch in dieser Welt, die keine Lösung mehr für ihr Leben sahen, keinen Ausweg aus ihrer verzweifelten Situation? Wie viele Jahre hatte er selber damit zugebracht, einen Sinn in seinem Leben zu finden, und hatte keinen gefunden? Er betete zu Gott, daß sich diese Frau nichts antun würde, und dankte ihm, daß er sie davor hatte bewahren können, sich vom Viadukt zu stürzen. Erneut füllten sich seine Augen mit Tränen, während sein gesamtes Leben wie ein Film an ihm vorbeizog.

Wozu hatte Gott ausgerechnet *ihn* gerettet? Das hatte er sich schon oft gefragt. Jetzt wußte er eine Antwort: Er hatte ihn gerettet, damit er anderen Menschen helfen könnte, die durch dieselben Schwierigkeiten gingen wie er selbst. *Deshalb* hatte Gott ihn aus dem Chaos und dem Dunkel in ein neues, helles Leben geführt. *Deshalb* hatte er einen neuen Menschen aus ihm gemacht.

Und während Valdir sich dessen bewußt wurde, welch große Verantwortung Jesus ihm damit auf seine Schultern legte, begann er vor Freude und Ergriffenheit zu weinen.

Jesus hatte ihn nicht nur um seiner selbst willen gerettet. Er hatte ihn gerettet, damit er den Straßenkindern, den Verzweifelten, den Mutlosen, den Hoffnungslosen zurufen würde:

«Hast du schon gewußt: Jesus liebt dich!»

Dazu hatte ihn Jesus gerettet, und Valdir war entschlossen, seine Verantwortung wahrzunehmen.

Wie es weiterging

Eines Tages schlenderten Valdir und ein Freund, beide ohne T-Shirt und Unterhemd, durch die Stadt, als sich ihnen zwei Polizisten näherten.

«Hey, Schwarzer, wo hast du die Droge versteckt?» fragte der eine drohend.

Valdir versuchte ihnen klarzumachen, daß er keine Drogen bei sich hätte. Doch die Polizisten glaubten ihm nicht, und schon begannen sie, auf die beiden jungen Männer einzuprügeln. «Los, sag schon – wo ist die Droge? Wo hast du sie versteckt?»

Doch während Valdir gerade ein paar schmerzhafte Tritte einfing, kamen ihm plötzlich Worte aus der Bibel in den Sinn: «Ich schaue hinauf zu den Bergen – woher kann ich Hilfe erwarten? Meine Hilfe kommt vom Herrn, der Himmel und Erde gemacht hat!» Diese Worte aus Psalm 121 prägten sich in seine Gedanken ein, während die Polizisten auf ihn und seinen Freund einschlugen, und Valdir betete zu Gott, daß ihnen nichts Schlimmes widerfahren möge.

Die Polizisten fanden zwar keine Drogen, nahmen die beiden jedoch mit auf den Posten, in der Absicht, ihnen bei dieser Gelegenheit noch ein paar Verbrechen anzuhängen.

Aber da man ihnen nichts nachweisen konnte, wurden sie keine fünf Minuten später wieder freigelassen. Valdir dankte Gott, der sie aus dieser brenzligen Lage befreit hatte.

Auch in einer anderen kritischen Situation erlebte Valdir, wie seine Reaktionen sich verändert hatten. Eines Tages, als er gerade in sein Zimmer kam, mußte er voller Entsetzen feststellen, daß seine Stereoanlage gestohlen worden war. Augenblicklich bekam er eine Riesenwut. Doch dann fiel ihm ein, daß er selbst ja früher auch andere Menschen bestohlen hatte. Und nun betete Valdir für den Dieb.

In der Abendschule, die Valdir besuchte, seit er in der Heilsarmee war, hatte es ein hübsches Mädchen auf ihn abgesehen. Sie fragte ihn, ob er Lust hätte, sich mit ihr zu treffen. Sie vereinbarten einen Sonntag abend.

Aber bereits auf dem Heimweg wurde es Valdir mulmig zumute. Er wußte, daß sich das Mädchen mit ihm treffen wollte, um mit ihm ins Bett zu gehen. Als er in sein Zimmer kam, kniete er sich an seinem Bett nieder und begann vor Gott zu weinen. «Ich will das nicht, Herr. Ich will mit meiner Sexualität anders umgehen. Aber ich schaff das nicht ohne deine Hilfe!»

Am nächsten Abend, als er das Mädchen wieder antraf, sagte er, er habe sich anders entschieden und wolle die Verabredung absagen.

«Ph!» machte sie abschätzig. «Traust dich wohl nicht, nur weil du Christ bist, was? Ich werde in der ganzen Schule verkünden, was für ein Schlappschwanz du bist!»

«Und ich werde in der ganzen Schule verkünden, daß du ein Flittchen bist und mit jedem ins Bett steigst», antwortete Valdir.

Das Mädchen drehte sich um und schwänzelte beleidigt davon. Nie wieder wagte sie sich an Valdir heran.

Ja, Valdirs Leben hat sich geändert, *wirklich* geändert, und trotz aller Höhen und Tiefen, die er noch durchmacht, ist mir Valdir zu einem großen Vorbild geworden. Er lebt seine Beziehung zu Jesus in einer Natürlichkeit, die ich bewundere.

Eine Zeitlang arbeitete ich mit Valdir im Heilsarmeeprojekt «Coração». Da er früher selbst durch dieses Projekt gegangen war, hatte er einen ganz besonderen Draht zu den Jugendlichen. Er sprach ihre Sprache, und selbst wenn er eine ganze Stunde lang aus seinem Leben erzählte, hörten ihm alle mucksmäuschenstill zu.

Am 1. November 1998 kam eine Frau ins Projekt, um ihren Neffen, einen Jungen namens Hamilton, abzuholen. Der Zehnjährige war von zu Hause geflohen und hatte sich zwei Wochen lang bei uns aufgehalten, ohne uns auch nur den geringsten Anhaltspunkt über seine Familie zu geben. Doch ein anderer Junge aus dem Projekt hatte ihn bei seiner Tante verraten. Noch am selben Abend erschien die sehr dicke schwarze Frau bei uns und warf uns alle Schande an den Kopf, weil niemand sie verständigt hatte. Sie war derart außer sich vor Wut und Haß, daß ich nur betete: «O Gott, was sollen wir bloß tun?»

Hamilton weinte und klammerte sich an mir fest, und die Frau schrie den kleinen Jungen in glühendem Zorn an: «Brauchst gar nicht Händchen zu halten bei dieser Frau, die dich nur zwei Wochen lang kennt. Ich habe dich von klein auf erzogen, und du wirst sehen, was ich mit dir machen werde, wenn wir zu Hause sind. Ich werde dich windelweich prügeln! Ich werde dich umbringen, du unnützer Rotzjunge! Es wäre besser gewesen, du wärst auf der Straße gestorben. Dann hätte ich jetzt keine Arbeit mehr mit dir!»

Der Kleine schluchzte und zitterte und versteckte sich hinter mir. Ich begann innerlich zu kochen über all die schrecklichen Dinge, die diese Frau über Hamilton ausstieß. Noch nie in meinem Leben hatte ich eine derartige Situation erlebt. Er war, als würde der Teufel höchstpersönlich zu uns sprechen!

Niemandem gelang es, die zornige Frau zu beruhigen. Gerade wollten wir die Polizei alarmieren, da geschah etwas Unerwartetes: Valdir bat Hamilton und seine Tante ins Büro, um alleine mit ihnen zu reden. Das Gespräch schien eine Ewigkeit zu dauern, doch als Valdir die Tür öffnete und die beiden herauskamen, waren sie verändert. Die schwarze Frau war ruhig und beherrscht. Und Hamilton packte sein Kleiderbündel zusammen und ging ohne Widerrede mit seiner Tante mit. Draußen wartete ihr Mann im Auto. Wir verabschiedeten uns friedlich, und sie fuhren davon. Ich konnte mir meine Neugier nicht lange verkneifen. Ich mußte wissen, was geschehen war!

«Worüber hast du denn bloß mit den beiden gesprochen, Valdir?»

«Ich habe Hamiltons Tante mein Leben erzählt», sagte Valdir. «Wie meine Eltern mich zum Teufel gejagt haben und ich auf der Straße groß geworden bin. Ich sagte ihr, *ich* hätte viel darum gegeben, eine Mutter zu haben wie sie, die ihren Sohn sucht. Denn als ich auf der Straße war, kümmerten sich meine Eltern nicht darum, was aus mir geworden war. Ich habe der Frau auch von Jesus erzählt und sie gefragt, ob sie ihm nicht ihr Leben geben wolle. Und sie wollte! Sie nahm Jesus an! Ich sagte ihr dann, sie solle Hamilton umarmen, denn im Grunde sei sie ja nur deshalb so aufgebracht, weil sie sich so sehr um ihn gesorgt hatte. Da kamen ihr die Tränen, und die beiden rutschten auf dem Sofa näher zusammen und umarmten sich schließlich weinend.» Ich war absolut gerührt.

Inzwischen arbeitet Valdir nicht mehr abends, sondern tagsüber in der Heilsarmee. Er hat sich eine Wohnung gemietet, und vorübergehend wohnen sein Vater und sein Bruder Valdemir bei ihm.

«Weißt du», verkündete mir Valdir strahlend, «es kommt mir so vor, als würde Gott durch mich meine gesamte Familie wieder vereinen.»

Wie die Zukunft aussieht, weiß er noch nicht. Doch er möchte auf jeden Fall im sozialen Bereich arbeiten, um Menschen zu helfen, die durch dieselben Schwierigkeiten gehen oder gegangen sind wie er. Und ich bin überzeugt: Gott wird ihn dabei noch enorm gebrauchen!

Valdir

Adressen (für Briefe)

Damaris Kofmehl
Exército de Salvação
Rua Taguá 209
Liberdade
01508-010 São Paulo
Brasilien

Kontaktadresse:
Berty Kofmehl
Niederweg 103
8907 Wettswil
Schweiz

Damaris Kofmehl arbeitet weiterhin aktiv bei der Heilsarmee in São Paulo mit. In ihrem Rundbrief berichtet
sie spannend, hautnah und sehr persönlich über die
aktuelle Situation. Dieser Rundbrief kann bei folgender
Anschrift bestellt werden:

Rundbriefversand:
Carola Nadler
Dammhaldenstrasse 4
9240 Uzwil
Schweiz

Spendenkonten

Schweiz
Die Heilsarmee
Postfach 6575
3001 Bern/Schweiz
Postkonto: 30–3117–4

Deutschland
Heilsarmee Köln
Bank für Sozialwirtschaft
BLZ 370 205 00
Konto-Nr. 40 777 00

Vermerk: Mission, Projekt Coração, São Paulo

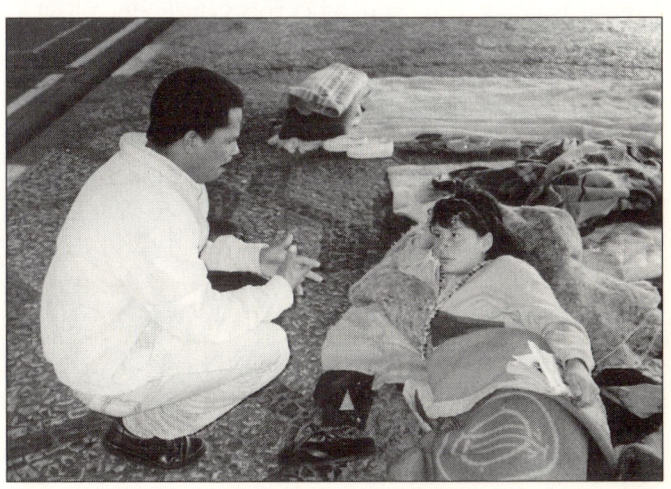

Virgilio mit einem Straßenmädchen

Marcio – ein brasilianischer Straßenjunge packt die Chance seines Lebens:

Marcio – ich will leben!
Ein brasilianischer Straßenjunge wagt das Unmögliche
220 Seiten, ABCteam-Taschenbuch,
Best.-Nr. 113.588

Marcio, Sohn einer brasilianischen Prostituierten, haut aus dem Waisenhaus ab, in welchem er und seine jüngeren Brüder fast täglich geschlagen werden. Bald schon muß er feststellen, daß das Leben auf der Straße noch brutaler ist als das Leben im Heim. Immer auf der Hut vor kriminellen Straßenkinderbanden und der rücksichtslosen Polizei, versucht er verzweifelt, auf ehrliche Weise sein Geld zu verdienen. Tatsächlich glückt es ihm, eine Anstellung als Kellner zu finden, und mit fünfzehn Jahren kann Marcio von seinen Ersparnissen ein eigenes Haus mieten. Dann aber reißt sein Erfolgsfaden jäh, und alles sieht so aus, als ob seine Bemühungen, ein Leben in Anstand und Würde zu führen, umsonst gewesen wären.

Eine überaus spannende «Real Life Story» aus São Paulo.

Brunnen Verlag · Basel und Gießen

Was Valdirs Freunde erlebt haben, lesen Sie in einem weiteren dramatischen Buch von Damaris Kofmehl:

Christus kam bis São Paulo
Wie Straßenkinder ihrer Hölle
entrinnen
254 Seiten, Taschenbuch,
Best.-Nr. 113.606

In diesem Buch berichtet Damaris Kofmehl über eine wenig bekannte Wirklichkeit: Es gibt Straßenkinder, die ihrer Hölle entronnen sind und ein neues Leben begonnen haben. Die Autorin weiß, wovon sie schreibt, denn sie ließ sich für zwei Jahre in eines der gewagtesten Missions-Nachtprojekte in São Paulo einbinden. Die Schriftstellerin und Heilsarmee-Mitarbeiterin läßt rund zwanzig Jugendliche zu Wort kommen, die ihr Leben Jesus Christus übergaben und dank seiner Hilfe Drogen, Kriminalität, sexuelle Perversion und physische Gewalt überwinden konnten.

Lebensschicksale, die extrem unter die Haut gehen...

Und jetzt neu als Hörbuch!

2 MC
Laufzeit ca. 120 Minuten
4 verschiedene SprecherInnen
Best.-Nr. 198.751

Brunnen Verlag · Basel und Gießen